现代产教融合
系列培训教材

工作管理

Work Management

王相森　主编
彭　洋　龚全新　陈云端　副主编

化学工业出版社
·北京·

内容简介

《工作管理》系统梳理了企业管理体系、时间管理等六大核心内容，是实用的企业管理指南。第一章解析工作管理体系，围绕产业革命推动的管理变革趋势，从职能管理到流程管理，再到战略绩效运营管理体系的构架与关键指标，清晰呈现企业管理体系脉络。第二章聚焦时间管理，剖析时间价值、常见问题，提供时间管理四象限矩阵等实用方法，帮助读者高效掌控时间。第三章阐述目标与绩效管理，涵盖目标管理内涵与法则、目标的层级化分解与执行、绩效管理工具与方法。第四章围绕科学授权，分析管理者忙乱根源，给出授权原则与技巧，助其摆脱事务纠缠。第五章讲解管理决策与方案策划的基础理论和方法。第六章介绍会务管理的基本要领。

全书内容通俗易懂，兼具理论性与实操性，为职场人士特别是管理者提供了丰富且实用的管理知识与技能，助力提升工作效率与管理水平，更好地跨越“优秀的陷阱”，奔赴卓越与伟大。

图书在版编目（CIP）数据

工作管理 / 王相森主编 ; 彭洋，龚全新，陈云端副主编. -- 北京 : 化学工业出版社，2025. 12. --（现代产教融合系列培训教材）. -- ISBN 978-7-122-49508-2

Ⅰ. F272

中国国家版本馆CIP数据核字第2025TW5784号

责任编辑：林　洁　高　宁　　　文字编辑：范晓峰
责任校对：李雨函　　　装帧设计：刘丽华

出版发行：化学工业出版社
（北京市东城区青年湖南街13号　邮政编码100011）
印　　装：中煤（北京）印务有限公司
710mm×1000mm　1/16　印张14½　字数244千字
2025年12月北京第1版第1次印刷

购书咨询：010-64518888　　　售后服务：010-64518899
网　　址：http://www.cip.com.cn
凡购买本书，如有缺损质量问题，本社销售中心负责调换。

定　　价：78.00元　

现代产教融合系列培训教材
编委会

《工作管理》编写人员名单

主　　编：王相森

副 主 编：彭　洋　龚全新　陈云端

参编人员：陈远姨　朱　蓓　罗小放　龙春娥　陈世淦
张莉莉　闫冬雪　陈尚林　向凡平　付仕琳

序一

在中国经济高质量发展的新征程中，化工产业作为国民经济的支柱产业，正经历着前所未有的转型升级。随着“中国制造2025”“智能制造”等国家战略的深入推进，产业急需大批“懂工艺、精装备、善管理、会创新”的现场工程师，教育培训亟待打通“学科孤岛”与“企业围墙”。然而，长期以来，我国化工教育与产业实际需求之间存在着“两张皮”现象，人才培养与企业需求脱节，导致既有的人才供给难以满足产业发展的实际需要。

产教融合是解决这一矛盾的重要途径。它打破了传统教育与产业之间的壁垒，实现了教育链与产业链的有机衔接，促进了优质教育资源与先进产业要素的深度融合。在此背景下，湖北兴发化工集团股份有限公司（以下简称“兴发集团”）与湖北三峡职业技术学院联合，倾力打造“现代产教融合系列培训教材”，旨在为化工行业培养“下得去现场、攻得下难题、带得好团队”的高素质技术技能人才提供有力支撑。

本系列教材涵盖化工安全、化工工艺、机电仪、智能制造、企业管理等多个领域，以实际工作过程为导向，以典型工作任务为载体，将企业真实案例、前沿技术和工匠精神融入教材内容，努力实现“教学做合一”。本系列丛书的《现场管理》《工作管理》《团队管理》《自我管理》《化工生产现场技术员》《化工单元操作》等教材，均由兴发集团一线技术专家与湖北三峡职业技术学院资深教师及行业专家合作编写，既有理论高度，又有实践深度，既体现学理性，又强调应用性，是产教融合的生动实践和丰硕成果。

这套教材有三大显著特点：一是立足产业实际需求。编写团队深入企业生产一线，全面分析岗位典型工作任务，精准提炼核心职业能力，确保教材内容与企业实际生产需求紧密对接。二是突出职业能力培养。教材以工作过程为主线，以项目为载体，以能力为本位，引导学习者在“做中学、学中做”，实现知识学习与技能训练的有机统一。

三是体现技术前沿发展。教材及时融入新技术、新工艺、新材料、新装备，反映行业发展前沿，增强学习者的创新意识和创新能力。

化工产业是一个技术密集型、资金密集型产业，对从业人员的专业素养和技术水平有着极高的要求。同时，它也是一个高风险行业，安全生产永远是第一位的。本系列教材既注重培养学习者的专业技术能力，又着力提升其安全意识和规范操作能力，力求为企业输送全面发展的高素质技能人才。

作为兴发集团与湖北三峡职业技术学院合作的成果，本系列教材凝聚了双方专家的智慧和心血，是校企深度合作的典范。兴发集团作为国内主要的精细化工企业之一，拥有丰富的生产实践经验和先进的技术工艺；湖北三峡职业技术学院则在化工人才培养方面积累了丰富的教学经验和教育资源。双方优势互补，共同打造了这套既有理论深度又有实践价值的精品教材。

在新时代背景下，希望本系列教材能够为广大化工专业学生和企业一线员工提供系统、实用的学习资源，帮助他们掌握必备的专业知识和关键技能，培养精益求精的工匠精神和持续学习的创新意识。同时，也希望本系列教材能为职业院校教师提供优质的教学参考，促进课程改革和教学创新，为产教融合、校企合作探索新路径、提供新样板。

化工强则中国强。随着我国化工产业向高端化、智能化、绿色化方向发展，对高素质技术技能人才的需求将更加迫切。我们期待这套教材能够在培养新时代化工人才方面发挥重要作用，为中国化工产业高质量发展贡献力量。

中国化工教育协会第四、第五届理事会会长 郝长江

2025年8月

序二

企业的持续稳健发展，关键靠科技、根本靠管理、最终靠人才。人才是企业的第一战略资源，知识员工、创意员工是智能信息化时代的引领者，以“大国工匠”为代表的技能员工队伍是制造类企业的基石。建设战略学习型组织，通过高质量的职业培训为各类人才提供学习与成长的机会，是建设世界一流企业的重要基础。

职业培训的生命力源于产教融合的程度，关键在于搭建理论与实践之桥，把概念性、原则性的理论知识转化为通俗化、具有操作性的语言、方法和工具，不仅易学易记，更要有用有效，帮助企业解决堵点、难点、痛点、关键点等实际问题，这就需要开发符合职业培训特点的课程体系和培训教材。

中国化工教育协会原会长郝长江同志指出，职业培训教材建设主要有两条路径：一是高等院校教材的简化版，这在体系化、规范化方面比较成熟，但适用性有待加强；二是从岗位胜任力出发的实操版，显现了良好效果和生命力，但体系化、规范化方面有待提高，才能更好推广普及。这两条路径具有互补性，但解决理论与实践“最后一公里”问题，更需要从岗位能力出发，根据国家职业大典和技能等级资格认定标准，丰富工具和方法，才能知行合一，为职业教育改革特别是产教深度融合探索新路径，创造新成果。

兴发集团是全国职业教育教师企业实践基地、湖北省首批产教融合型企业，积极探索建设“工作管理为核心、团队管理为关键、自我管理为基础”的管理培训课程体系，组织编印了“现场管理”“工作管理”“团队管理”“自我管理”等培训教材。2019年6月以来，这些教材内容持续在兴发集团等多家企业管理干部集训班试用，获得了学员的广泛好评，为正式成册出版提供了重要实践基础。

“现代产教融合系列培训教材”是集体智慧的结晶。有关企业管理和职业培训的研究探索成果浩如烟海，编者精心筛选集成，力求为在职人员特别是管理者提供简洁适用的管理理念、方法和工具。丛书编委会副主任王相森具有30多年职业培训和20多年大型国有上市公司高管的丰富经历；专业培训机构高级讲师孙志虎、彭洋、龚全新，全程参与了教材的策划、编写与培训工作；湖北三峡职业技术学院朱蓓、陈云端、罗小放、龙春娥教授对教材内容的思想观念合规性、知识案例合理性、工具方法操作性进行了认真把关；湖北大学郭志文、娄兆文、叶红春、徐江琴教授给予了悉心指导；退休中文教师、原天星供电公司培训主管吴绪纲先生进行了细致的文字把关；兴发集团培训中心陈远姨、陈世淦、张莉莉、闫冬雪、向凡平、陈尚林、付仕琳承担了教材组稿、校对、教学管理等大量基础工作；特别是中国化工教育协会有关专家深入公司指导教材建设，组织全国20多所高等院校的化工专家现场调研交流，提出了弥足珍贵的意见和建议。对所有参与者的辛勤付出，在此一并致以最衷心的感谢！

本书可以作为企业中基层干部的培训用书，也可以作为各类管理人员、基层员工、学校师生、社会人士的参考读物。

兴发集团党委书记、董事长 李国璋

2025年7月于昭君故里

前言

如何正确、高效率地推进工作，是职场人士共同探索的重要课题。我们常常看到这样的现象：一些管理者案头堆满了文件，日程排得满满当当，加班成了常态，但工作业绩却不见起色；而另一些管理者，从容不迫，举重若轻，总能高效地达成目标，赢得认可。这其中的差距，往往不在于努力程度，而在于“工作管理”能力的高下。

工作管理能力的提高，需要管理者从“盲目做事”转向“管理做事”。这不仅是角色的转变，更需要一套系统化的方法。为此我们编写了本书，本书包括六章内容：

第一章，工作管理体系。全面介绍了工作管理体系的基本结构及其变革迭代路径，包括层级组织的职责分工与技能要求、传统职能管理向现代流程管理的演变、平衡计分卡对战略绩效管理的革命性创新、战略绩效管理体系的基本构架、核心绩效指标体系与企业护城河。

第二章，时间管理。通过“四象限法”“六步工作法”等基本工具，识别时间黑洞，学会区分轻重缓急，将有限的时间用在刀刃上，破解“忙、盲、茫”的困局。

第三章，目标与绩效管理。主要包括如何将公司战略转化为清晰的部门目标，如何将目标分解为可执行的“价值工作”，又如何通过有效的过程跟踪与绩效面谈，确保目标的达成。这些内容构成了一套完整的闭环管理思路。

第四章，高效授权。通过背“猴子”的经典案例，深刻理解授权不当的危害，掌握授权的原则、技巧与“反授权”的防范方法，帮助管理者解放自己，激活团队，破解“救火队长”与“事必躬亲”的魔咒。

第五章，决策与策划能力。运用“策划之轮”这一管理工具，对重要问题进行系统谋划，更好预见风险与机会，科学决策，让执行变得有章可循。

第六章，高效会议管理。掌握“三段式”会议管理法，搭建有效的会议体系，确保议而有决、决而有行，精简高效。

本书致力于探索日常工作管理的思路、流程、标准和方法，内容浅显易懂，是一本适合职场人阅读的实操性工具书。

囿于编者理论知识和专业能力，不足之处在所难免，敬请专家、读者批评指正，便于再版时改进。

编者
2025年9月

目录

第三章 目标与绩效管理 / 092

第四章 科学授权 / 143

第一章
工作管理体系

企业是一个纵向多层级、横向多部门协调运转的有机体系。管理者需要在企业总体管理体系中准确定位自身的角色和职责，才能更好地开展工作。本章介绍层级组织的工作管理体系，包括其在工业化时代的职能管理与“大企业病”的诊疗，信息化时代的流程管理、企业战略绩效运营管理体系的基本构架、核心绩效指标与企业护城河等内容，为各级管理干部更好地理解和贯彻公司全局性工作协同提供必要的理念、工具和方法。

第一节
管理体系变革趋势

企业、政府、军队、教育等各类层级组织的内部管理体系，需要根据组织内部任务目标和外部环境的变化，持续变革创新。如何科学合理推动企业管理体系创新，是国内外长期研究的重大课题，直接关系到企业能否跨过“优秀的陷阱”，奔赴卓越和伟大。

一、产业革命与全球产业大转移

从科技与管理发展的历史长河来看，人类历史可以划分为农业社会、工业社会、信息社会三大阶段。全球经济科技发展的非均衡性，催生了全球产业链分工体系。

当今全球地缘政治经济呈现“一带三中心，四强两阵营，中东作平台，南方绘未来”的格局。在地球北温带集中了西欧、北美、东亚三大全球经济科技中心，分别由欧盟、美国、中国主导。欧盟是国家间的经济联盟，与中国、美国等国家具有明显不同的内部运转机制；俄罗斯不属于全球三大经济中心，但其能源、原材料、农产品、重工业特别是军工体系在全球市场具有举足轻重的地位和影响力。中国、美国、俄罗斯、欧盟四强竞争合作，形成了东、西两大阵营。中东是全球能源中心，始终是全球地缘政治经济博弈的核心舞台；“全球南方”国家的相对落后状态和巨大市场潜力为世界经济长期有效增长提供了重要空间。目前，全球形成了多层次的产业链分工体系，中国、美国、德国、日本等全球主要经济体已经由工业社会跨入了信息社会，其中以 G7 为代表的少数发达经济体处于以高端工业、生产性服务业为主的智能信息化社会，中国的综合性产业体系正在快速迈向高端工业化和智能信息化阶段；东南亚和南美洲等以一般制造业为主国家，正处于工业化进程中；中东、俄罗斯持续稳定为世界发展提供源源不断的能源、原材料；“全球南方”国家继续在农业现代化和工业化的道路上探索前行。

从 18 世纪 60 年代英国工业革命以来，全球主要经济体经历了三次科技革命、四次工业革命，以及由此推动的五次产业跨国大转移，推动人类社会由工业化时代跨入智能信息化时代，如表 1.1 所示。

表 1.1　三次科技革命、四次工业革命简表

三次科技革命与四次工业革命简表				
序号	时间	科技革命	工业革命（时代标志）	
1	18 世纪 60 年代	牛顿力学	蒸汽时代	（蒸汽机）
2	19 世纪 70 年代	电磁学	电气时代	（电力与内燃机）
3	20 世纪 40 年代	量子力学、计算机科学和核物理	电子信息时代	（原子能、计算机、航天技术、生物工程等）
4	21 世纪 10 年代	智能信息	智能信息时代	（大数据、云计算、人工智能、物联网）

（一）第一次产业革命

英国主导了 18 世纪 60 年代至 19 世纪 40 年代以蒸汽机为代表的第一次产业革命。当时的中国处于康乾盛世之后由盛而衰的历史阶段，历经乾隆、嘉庆、道光三代皇帝执政。

（二）第二次工业革命与第一次产业跨国大转移

美国主导了 19 世纪 60 年代至 20 世纪初以电力与内燃机为代表的第二

次工业革命，伴随原子能、计算机、空间技术和生物工程等产业发展。

第一次产业跨国大转移：产业由英国转移到美国及德、法等西欧国家。

（三）第三次工业革命与第二、三、四次产业跨国大转移

美国主导了20世纪40年代至21世纪初以计算机与信息技术为代表的第三次工业革命，期间伴随发生了三次产业跨国大转移。

第二次产业跨国大转移：20世纪50—60年代，产业由美国向日本及西欧转移。日本作为美军在朝鲜战争时期的后勤基地，实现了快速复兴。美国实施欧洲复兴计划（马歇尔计划，1948—1951年）和共同安全计划（每年援助西欧75亿美元），推动西欧持续20年繁荣。美式经济模式得到深入认同与依赖，强化了美国对这些国家的影响力。

新中国成立初期，百废待兴。美国带头封锁中国，1949年11月主导成立巴黎统筹委员会，专门负责“对共产党国家出口管制”；朝鲜战争（1950年6月—1953年7月）爆发后，美国于1950年12月3日宣布对中国实行全面禁运，1951年5月进一步操纵联合国大会通过《实施对中国禁运的决议》，对中国实施全面封锁与禁运，涉及商品品种达1700余种。中国积极从苏联及东欧国家引进156项重点工矿业基本建设项目，配套建设900余个限额以上大中型项目，不仅奠定了中国初步工业化的部分经济基础，更初步建成了较为完备的工业经济体系。

第三次产业跨国大转移：20世纪60—70年代，产业由美国、英国、日本、德国等向亚洲四小龙（韩国、新加坡、中国香港、中国台湾地区）转移。

中国这个时期的国民经济虽遭受严重困难，但在工业交通、基本建设和科学技术等领域仍取得了一批重要成就（包括多条新铁路干线与南京长江大桥建成，一批大型技术先进企业投产、“两弹一星”研制成功、籼型杂交水稻育成和推广等）。

第四次产业跨国大转移：20世纪80至90年代，产业由发达国家及亚洲四小龙向亚洲四小虎（泰国、马来西亚、印度尼西亚、菲律宾）和中国等发展中国家转移。

中国正处于改革开放新时期，成为此次产业跨国转移的最大承接地和受益者。国家实施出口导向型发展战略，“世界工厂”的发展模式被发挥到极致，推动了国家工业化获得长足进步，最终于2010年成为全球第一大工业经济体和第二大经济体。

（四）第四次工业革命与第五次产业跨国大转移

2010年以来，由中国、美国、日本、德国等科技大国为主导，推进了以智能信息技术为核心（高级智能机器人为代表的）的第四次产业革命。

第五次产业跨国大转移：当前世界局势动荡变革、混沌无序，中、美两国展开激烈的竞争博弈。美国实施“再工业化”，强制推动高端制造业回流本土，同时促使中低端产业迁出中国。中国构建双循环新发展格局，通过《一带一路》倡议、金砖国家合作机制、上海合作组织等多元渠道，深化与“全球南方”国家的发展合作。

二、工业化时代的管理变革

科技革命与管理革命之间的代际交替，并非一蹴而就或泾渭分明，而是由一个量变到质变的复杂过程。旧时代是孕育新时代的母体，尽管信息化时代的管理具有明显区别于工业化时代的本质特征，但工业化时代形成的极其丰富的企业管理理论和实践经验，为信息化时代的企业管理创新提供了丰富的养分。

企业、政府、军队等各类层级组织的永恒目标都是追求短期绩效和长期发展的协调统一，为此需要研究解决三个基本管理问题：一是微观运营管理效率（聚焦日常运转执行），二是宏观行政管理效率（侧重思想文化与战略规划引领），三是宏观行政管理与微观运营管理的协同效率（实现战略规划与战略执行深度融合）。这些基本问题还要进一步转化为企业文化、战略规划、组织管理、团队建设、工作流程、绩效评价等多方面内容，形成逐层分解的目标体系与执行方案，确保有效落地执行。

尽管18世纪60年代的英国第一次产业革命就开启了工业化进程，但相对成熟的企业管理理论直到20世纪初期才逐步形成。工业化时代管理变革的基本轨迹，主要包括科学管理、行为科学、事业部制与管理系统理论、全面质量管理和企业文化建设等重要创新。

（一）科学管理

20世纪初至“1929—1933年资本主义世界经济危机”，是古典管理时期，主要是系统地研究企业生产过程管理和行政组织管理。

企业生产过程管理研究，以泰勒的科学管理理论和福特的流水线作业模式为代表，着重研究如何提高车间劳动生产率问题，通过推行标准化、规范化的作业流程和生产流程，将当时的劳动生产率提升了 6 ～ 50 倍。科学管理之父泰勒，18 岁时考入哈佛大学法律系，后来由于眼疾不得不辍学。1878 年，泰勒进入米德维尔钢铁公司，从学徒一直干到总工程师。他于 1881 年开始了“时间研究”和“金属切削试验”，这是后来科学管理的基础。1893 年，泰勒开始独立从事企业管理咨询工作，两年后在美国机械工程师协会发表论文《计件工资制》。1898 年，泰勒以顾问身份加入伯利恒钢铁公司，期间开展了著名的“生铁搬运试验”和“铁锹试验”。1902 年，泰勒当选为美国机械工程师协会主席。1911 年，其出版了划时代的伟大著作《科学管理原理》，标志着科学管理理论正式诞生。

行政组织管理研究，以法约尔、韦伯为代表，探讨大企业整体的经营管理，重点研究行政级别组织体系理论。组织管理之父马克斯·韦伯在 20 世纪初提出“层级官僚制理论”，认为最理想的组织形式是一种以“分部—分层、集权—统一、指挥—服从”为特征的组织形态，这一形态也是现代社会实施合法统治的行政组织制度。这种以劳动分工、权责清晰的等级制、详细的规章制度及非个人化的关系为特征的组织形式，倡导用制度替代人治，为制度化管理提供了思想源泉和理论研究基础。管理理论之父亨利·法约尔首次将管理活动的核心职能系统划分为计划、组织、指挥、协调和控制五项基本职能，奠定了现代管理职能划分的基础框架，成为企业管理和公共管理领域的通用分析模型。

科学管理理论与实践的突出特点是：以“事”为中心，聚焦“规章制度”建设，在提高劳动生产率方面取得了显著成绩，但因带有专制型管理特征，遭到了工人尤其是工会的抵制与反抗。

（二）行为科学

1929—1933 年的资本主义世界经济危机，促使企业研究硬件技术之外影响效率的因素，以“人”为中心的行为科学管理理论随之诞生。该理论经历了“人际关系”学说和“行为科学”两个阶段。

人际关系学说：从 20 世纪 20 年代至 1949 年首次提出行为科学的概念，人际关系学说创始人、美国哈佛大学教授梅奥主持了有名的霍桑实验，发现工人的工作动机和行为并不仅仅为金钱收入等物质利益所驱使，工人不是只受金钱刺激的“经济人”而是“社会人”；影响生产效率的根本因素不是工作条件，而是工人自身的积极性与协作状态。企业管理者必须以“人”为中心，研究人的行为，实行民主型管理，重视非正式组织活动。

行为科学理论：从 1953 年美国福特基金会正式定名为“行为科学”开

始，主要涵盖四个核心领域：人性假设是行为科学管理理论的出发点（工具人、经济人、社会人、自我实现人、复杂人、决策人等六种基本类型）；激励理论是行为科学的核心内容（需要层次理论、行为改造理论、过程分析理论）；群体行为理论是行为科学管理理论的重要支柱（群体心理是研究群体行为的重要组成部分）；领导行为理论是行为科学管理理论的重要组成部分（包括领导者的素质、领导行为、领导本体类型、领导方式等研究）。

（三）事业部制与管理系统理论

20 世纪 40 至 50 年代，企业规模迅速膨胀，时间、空间和人员的有效管理成为突出问题，系统管理理论得到长足发展。

1. 事业部制

阿尔弗雷德·斯隆创建了“集中控制下的分权”事业部制，使濒临倒闭的通用汽车起死回生并发展成为世界上规模最大、治理最完善的公司，为庞杂而分散的超大规模企业提供了集中控制下的分散经营组织模式，影响至今。同时，现代管理之父彼得·德鲁克受邀在通用汽车进行为期两年的观察和研究，出版了《公司的概念》《管理的实践》，奠定了当代管理学和现代企业的管理基础，其核心是不再以控制和命令为基础，而是涵盖计划、组织、决策、选人、控制、协调和领导等职能。斯隆和德鲁克联手将管理的概念、职能以及管理人员的修养和能力等重要内容，贡献给了全世界。

2. 新老“三论”

20 世纪 40 年代，“老三论 SCI”（系统论、控制论、信息论）创立并迅猛发展，从整体结构、调控机制和信息流动三个维度研究复杂系统的行为规律，推动自然科学与社会科学的交叉融合，奠定了早期系统科学的框架，并推动了20世纪70年代以来“新三论DSC”（耗散结构论、协同论、突变论）的快速发展。新、老三论相互渗透融合（系统论提供整体分析框架，控制论指导调节机制设计，信息论建立沟通传导模型，耗散结构理论解释系统开放性特征，协同论揭示要素协作规律，突变论处理系统异常状态），并向社会科学扩张，促进了世界科学图景的改观、人类思维方式的变革和当代哲学观念的深化。

3. 管理系统理论

20 世纪 70 年代后，管理系统理论形成完整的框架。该理论体系继承了中国古代天人合一思想与西方运筹学的研究成果，融合了新、老“三论”的基本内核，运用系统观念全面分析管理活动，其核心在于通过整体优化的系统规划实现管理目标，提出管理系统各要素与外界环境存在物质能量交换关系，强调要素协同产生的“1+1>2”的系统效应。

（四）全面质量管理和企业文化

20世纪80年代，戴明全面质量管理（TQM）和丰田精益生产为代表的企业文化，推动日本企业取得了前所未有的成功。这个时期的管理，出现了两个影响深远的根本性改变：

1. 专业知识工作者崛起

发达经济体主要发展高端制造、生产性服务业，需要依靠专业知识员工；专业知识工作者逐步取代数量庞大的蓝领工人，组成企业新的劳动力大军，积累工程师红利，标志着西方发达国家快速进入知识型社会。专业知识员工需要企业持续培训。同时，承接中低端产业转移的国家，加快从农业社会进化到工业社会，需要培养大量蓝领工人。

2. 企业文化管理

为了有效解决“大企业病”的严重困扰，日本企业从使命愿景、组织战略、组织变革、企业文化、主人翁精神、系统管理等多方面进行了深入探索和创新，迅速崛起并大规模进入美国市场。美国理论界深入研究日本企业的成功秘诀，形成了完整的企业文化管理理论，为美国企业重回世界舞台C位奠定了重要基础。比如面对日本雅马哈在质量、成本、性价比等方面的显著竞争优势，哈雷摩托“卖文化”（提出“哈雷不生产摩托车，而是生产自由奔放的美国精神”）、“卖服务”（组建车友俱乐部）、“卖影响力”（推出哈雷标志的穿戴物），打造出世界顶级休闲摩托车品牌。

（五）敏捷管理

20世纪90年代，英特尔和微软的迅速崛起和第一代互联网的出现，标志信息化时代进入互联网阶段，对工业化时代的传统企业文化、组织结构、领导力模式和信息传导方式形成强烈冲击，敏捷管理应运而生。

1. 颠覆性创新理论

把创新区分为维持性创新和颠覆性创新两类，具有重要的实践价值小改小革、合理化建议等维持性（延续性）改进，已经成为企业持续改进的常态化工作。颠覆性创新是推动企业和社会进步的关键因素。现代管理学之父彼得·德鲁克在《创新和企业家精神》一书中提出“破坏性增长”概念，认为“创新”是企业根本的核心竞争力，并大力赞扬具有冒险和追求卓越特征的企业家精神是创新的源泉。哈佛商学院教授克莱顿·克里斯坦森在

《创新者的窘境》中提出“延续性技术创新”与“破坏性技术创新”的分类。延续性技术指满足主流市场需求的渐进式改进，破坏性技术通过低端或新兴市场实现颠覆。克里斯坦森指出，“渐进性的变革不起作用。即使可能造成破坏，我们也必须彻底与过去决裂。”一些开发出具有“颠覆性技术”的公司，以廉价和相对并不成熟的产品，从低端市场和边缘切入，逐步扩展，最终打入原有市场领导者长期占据、利润丰厚的高端市场，蚕食甚至吞并曾经高高在上的市场领导者。企业往往受制于客户导向的“价值网络”，往往过度投资延续性技术而忽视破坏性威胁，导致被新兴竞争者取代。英特尔的 CEO 安迪・格鲁夫据此迅速向市场推出了定位低端的赛扬处理器，取得了重要成功。

2. 摩尔定律与知识员工崛起

英特尔联合创始人戈登・摩尔阐述了“摩尔定律”：每 18 个月，半导体在价格不变的情况下性能提升一倍，标志人类所拥有的计算能力进入到一个不断加速的时代，昭示着现代知识更新迭代的速度越来越快。信息时代，知识工作者逐渐成为企业劳动力大军的主角。曾经代表美国中产阶级的蓝领工人，到 2010 年仅占劳动力人口的 1/10。提高知识工作者的劳动生产率，成为企业最核心的管理问题。但知识型创新工作成果具有难以直接衡量的特点，至今依然是企业管理研究的焦点。

3. 自主管理团队与经理人行为方式

大型组织的官僚习气即“大企业病”导致不少曾经辉煌的企业陷入困境，被迫转型变革，采取措施提升企业灵活性、敏捷性和适应能力。一是创建自主管理“团队”组织形式。以创新和解决特定重要问题为目的，一般由 3 ～ 12 个人组成小规模的“项目型”管理团队，技能互补。这种团队依靠专业知识和正向激励而不是命令和权威进行领导，成为高效率应对各种变化的组织形态。二是根本转变经理人的思想观念和工作方式。思想观念上，从过去的强调战略稳定性、长期规划、线性增长等观念，转变为快速调整应对变化、聚焦少数领域的关键成果、中短期实现 10 倍速的发展等；工作方式上，各级经理人将时间和精力投入到那些具有高杠杆率的管理活动之中，推行“走动式管理”，亲临一线，贴近客户，把远大的目标和阶段性的关键成果作为最大的激励因素之一。

4. 基于信息系统的知识共享、管理和决策

企业资源规划系统 ERP、电子邮件等工具逐步普及，为绩效考核和管理决策提供了更多数据支持，显著提高了运转效率。德鲁克指出：“信息是一种衡量的手段，是未来的行动基础……现在脱颖而出的公司是围绕着骨架发展的，这个骨架就是信息，是把公司整合在一起的新系统和公司的关节。”

5. 管理工具发明

目标与关键成果法（OKR）：英特尔公司联合创始人安迪·葛洛夫发明了 OKR（Objectives and Key Results，即目标与关键成果法），这是一套明确跟踪目标及其完成情况的绩效管理工具和方法，旨在确保员工集中精力达成可衡量的"关键结果"。

平衡计分卡（BSC）：1992 年初，哈佛商学院教授罗伯特·卡普兰与复兴全球战略集团总裁大卫·诺顿公开发表论文《平衡计分卡：驱动绩效指标》，平衡计分卡有效解决了战略执行（即战略绩效运营管理）的问题。《哈佛商业评论》1995 年评价"平衡计分卡是 75 年来全球最伟大的管理工具发明"。美国政府 1993 年通过了《政府绩效与结果法案》，推动联邦政府的几乎所有部门、州政府、各军种、学校、医院、慈善机构及非政府组织实施。特别是 2020 年以来，美国大量中小企业也开始采用战略绩效运营管理的理论和方法，平衡计分卡得到了越来越多的企业认可，在美国进入了推广普及时代。

三、智能信息时代的管理变革

（一）智能信息时代的颠覆性变化

智能信息时代与传统的工业化时代比较，出现了市场供求格局、生产力发展方式、管理技术手段、管理方法与工具的颠覆性变化，为根治职能管理缺陷（特别是"大企业病"）提供了重要条件。

1. 市场供求关系的颠覆性变化

查理·芒格说："钓鱼的第一条规则是，在有鱼的地方钓鱼"。智能信息时代，物产极其丰富，市场供过于求，进入了过剩经济和微利时代，大量高价值业务逐步跌落到低价值区，过去"有鱼"的地方现在没有鱼，赚快钱的时代已一去不复返了。

亚当·斯密在《国富论》中指出：商业繁荣的结果是利润率下降，赚钱越来越难。随着商业的繁荣，各行各业的门槛越来越低。比如开直播、做短视频、摆地摊等，智能信息化社会是人人都可以有商铺、有产品、出作品的时代，社会更加公平；但同样的商品、服务、作品，只要还有利润，就会有更便宜的商家或平台诞生。同时，消费者比价会越来越方便，始终是全网最低价最受欢迎，这时就会有人低价抢市场甚至赔本赚吆喝，必然导致利润趋零，甚至是负数。中国人讲究"和合共生"，无论数字经济、人工智能发展到何种地步，都不会也不能阻断人际交往。零售业是老百姓身边的商业，不仅需要便利性，也需要人性化的“温度”，这就是实体店的生存基础。数字经济与实体经济相互赋能、融合激荡，将创造更加美好、多元、丰富的场景体验。在“变”与“不变”中，更多实体店将脱胎换骨、浴火重生。

马克思主义理论揭示了上述现象的内在规律：技术进步在提升生产效率的同时挤压平均利润率，平均利润率呈现长期下降趋势，但利润总量持续增长。比如网购，给消费者带来了便利和优惠，却让大量实体零售店陷入困境——利润去哪儿了？被平台公司集中占有了。平台技术具有较强的垄断性，这是智能信息技术与传统工业技术的一个重要区别，将对未来发展和财富分配带来深刻影响，也是《反垄断法》需要研究完善的问题。

2. 生产力发展方式的颠覆性变化

市场供求格局的颠覆性变化，直接导致工业化时代支持增长的关键性要素退变为沉淀性要素，传统发展动能失效，需要积极发展新质生产力，培育发展新动能。新质生产力 = 智能物联网 + 产业，是通过智能信息技术“跨界”集成多种生产力要素形成的新型生产力发展方式。

“胶片双雄”柯达和富士胶片，2000 年时实力相差不大，但到 2010 年，柯达失败了，而富士胶片取得了巨大成功。很多人认为，柯达失败的原因是没有跟上数码技术的步伐，但真相恰好相反。柯达投资 10 多亿美元固守胶片照相技术，并持续大规模投资数码相机技术。《哈佛商业评论》报道：1993 至 1999 年，柯达投资 20 多亿美元研究数字成像技术，继任者更是宣称将三分之二的研发预算投入到了数字项目上。后续管理层进一步宣称将三分之二的研发预算投入数字项目，但由于担心数码业务冲击胶片主业的利润根基，始终未能下定决心彻底转型，导致技术研发与市场应用严重脱节。最终，柯达在数码时代衰落，成为面对技术革命时“创新者困境”的典型案例。表 1.2 对比了柯达与富士 2010 年主要收入与利润来源。

表 1.2　柯达与富士胶片 2010 年主要收入与利润来源

公司	胶片 / 收入	胶片 / 利润	2000—2010 年收入变化
柯达	72%	66%	下降 48%
富士胶片	60%	66%	增长 57%

从 2000 年开始，富士胶片公司的胶片业务陆续整合为富士胶片生态系统。2010 年，其胶片生态系统的收入达总收入的 60%、利润占总利润 66%。而其他数据显示，同年该公司的数字成像部门收入却占总收入的比例不足 16%，这表明富士成功的支柱产业依然是胶片技术，而不是数字成像技术。

富士胶片公司成功的秘诀：一是精准预判胶片照相和数码照相业务的市场趋势。2000 年，预判数码照相技术对胶片照相业务的冲击很大，胶片照相业务甚至面临灭失的巨大风险，迅速断崖式衰退不可避免。同时，尽管数码相机业务用户流量巨大，分享便捷，但成本高、收入和盈利能力低，不足以创造出弥补胶片业务损失的收入与利润流量。二是精准定位胶片技术横向迁移的主营业务方向。确定卤化银胶片技术属于高壁垒的专业化工技术，与医药、化妆品、高功能材料等新兴市场高度关联，盈利能力强，具有安全广阔的市场空间。研发部门用一年半时间，系统梳理富士胶片技术，并与国际市场需求对比，列出现有技术可与未来市场需求匹配的技术清单。2004 年富士推出为期 6 年“将富士胶卷从灾难中拯救出来，并确保其作为一家年销售额 2 ～ 3 万亿日元的领先公司生存能力”的战略计划。在收缩胶片生产线规模、关闭冗余设施的同时，整合胶片研发资源，大规模推进胶片技术多元化迁移创新：包括高功能材料（高性能 LCD 偏光片，满足电视、电脑、智能手机制作 LCD 面板需要，占据全球七成保护性 LCD 偏光片市场）、化妆品（基本原理是：明胶作为照相胶片主成分，提取自胶原蛋白中，人的皮肤中 70% 为富有光泽与弹性的胶原蛋白）和抗氧化技术（抗人类皮肤老化和胶片褪色的同源技术）、医药（收购放射性药物公司——富士胶片国际制药公司等）。

3. 管理手段和工具与方法的颠覆性变化

首先，智能物联网辅助人脑，为“跨界”集成多种要素、发展新质生产力提供了重要技术手段；其次，流程成为体系化管理的基础，将日常管理权力交给流程，“流程面前人人平等”，可以有效规避人治的随意性，治理“大企业病”；最后，基于平衡计分卡（BSC）的战略绩效运营管理框架，为解决战略规划与战略执行“两张皮”提供了卓越工具。

（二）智能信息时代企业管理体系创新的基本要求

1. 符合新质生产力发展需求

新质生产力是以新技术特别是智能信息技术的推广应用为核心，跨界集成各类要素的生产力发展新模式。管理体系必须适应新质生产力“跨界集成”的发展需求。

2. 符合新质生产关系变革需求

新质生产力必然推动生产关系的相应变革，管理体系需在生产资料所有制（特别是股权制度）、分配关系及其决定的消费方式等方面，体现新质生产力和社会主义核心价值观的要求。

3. 有效治理“大企业病”

日常管理流程化，将日常事务管理权赋予流程，最大限度减少人为因素对日常事务的干预，使战略规划与战略执行深度融合。

4. 充分体现企业价值观

企业管理体系必须成为体现使命、愿景、价值观、企业精神等企业文化内涵的基本载体，坚持以价值观为主导，有效实现企业文化、战略与执行的对接转化。

基于上述要求，智能信息化时代的企业管理体系是“价值观主导的流程化信息集成管理平台”：价值观是主导，流程是根本，信息集成是关键。

（三）智能信息化时代的主要管理创新成果

2010年是全球发展史上的重要里程碑，主要因中国跃升为全球第一大工业经济体，美国逐步走出了次贷危机诱发的金融海啸阴影，中美等全球主要经济体进入高端工业化和信息化时代，即智能信息化（AIOT）时代或智能物联网时代。AIOT（智能物联网）是AI（人工智能）+IOT（物联网）技术的融合。

2010年以来，以中国、美国等全球科技强国为主导，智能信息产业迅猛发展。以人工智能、清洁能源、机器人技术、量子信息技术、可控核聚变、虚拟现实以及生物技术等高端制造和智能信息产业为代表的新质生产力持续发展。华为、大疆、宇树、DeepSeek等科技型企业强势崛起，中国的阿里、腾讯、百度、搜狐，以及谷歌、亚马逊、Meta（原Facebook）等国际网络平台型企业迅猛扩张。信息技术基础设施（算力、算法、云网、大数据、区块链、移动计算、智能物联网AIOT）日益完善，信息技术应用需求（搜索、社交、零售、出行）全面爆发，智能互联网+推动传统农业、制造业、服务业重构裂变，老树发新芽，重塑产业格局，世界主要经济科技强国由计算机、互联网时代跨入智能信息化时代。

在AIOT背景下，企业必须重新定义公司、重新定义团队、重新定义人才甚至重新定义管理。谷歌前任CEO埃里克·施密特宣称：“有关管理策略，当时我们唯一确定的，就是我们在20世纪所学的东西有一大部分都是错误的，现在到了颠覆过去、重新开始的时候了。”重复传统做法没有出路，谷歌从不依照哪个管理理论或者管理大师的观点来指导企业经营实践。这家由软件工程师组成的公司，把每一项主要的管理活动都视为科学实验，基于实验的结果与事实依据，再逐步全面推广。

智能信息技术的迅猛发展，推动了企业管理的深度变革，主要包括智能生态与平台型组织理论、心流与自我超越理论等。这里主要介绍智能生态组织体系与创意精英理论。

1. 智能生态组织

AIOT 最终追求的是构建一个智能化生态体系。这可以用量子力学奠基人、诺贝尔物理学奖得主薛定谔的熵减理论、诺贝尔化学奖得主普里戈金的耗散结构理论来理解。生命体是最为典型的耗散结构和开放系统，通过新陈代谢、进化等方式，不断与外界交换物质和能量，以摄取负熵流，实现熵减，从而维持自身结构和功能的有序性，展现出活力和生命力。

在智能生态组织体系内，实现了不同智能终端设备之间、不同系统平台之间、不同应用场景之间的互融互通，万物互融。除了在技术上需要不断革新外，与 AIOT 相关的技术标准、测试标准研发、以及相关技术落地与典型案例的推广和规模应用也是现阶段物联网与人工智能领域亟待突破的重要问题。那些真正有活力的生态系统，外界看起来似乎是混乱和失控的，其背后实质是组织在自然生长进化、探索创新；那些所谓的失败和浪费，也是复杂系统进化过程中必需的生物多样性。生态型组织的内部表现形式就是通过提供资源和资金，鼓励内部创业和竞赛，其典型形式就是华为、小米、阿里等企业实行的合伙人制度。

生态型组织包括内部的生态平台和外部的生态平台两个维度。与 20 世纪现代管理学之父德鲁克将目光聚焦到社会而获得的管理洞见不同，21 世纪即互联网时代组织理论的深刻观察者和创建者凯文·凯利，将目光聚焦到自然和科技发展上，开启了当今世界范围内组织管理的新纪元。他说："我最终发现，想要得到和生命真正类似的行为，不是设法创造出真正复杂的生物，而是给简单的生物提供一个极其丰饶的变异环境。谁具有灵活的外在表现形式，谁就能获得回报——这正是进化的精髓所在。"他认为未来的创新不是由组织刻意设计和调研开发出来的，而是在大量的失败之中"涌现"出来的，并将这种思想运用到组织当中："传统组织结构将置企业于死地，未来的企业组织会更类似于一种混沌的生态系统。"马化腾认可并实践了这一组织理论，他认为：在传统机械型组织里，一个"异端"的创新，往往很难获得足够的资源和支持，甚至会因与组织过去的战略、优势相冲突而被排斥，因为企业追求精准、控制和可预期，很多创新难以找到生存空间。要想改变它，唯有构建一个新的组织形态——生物型组织。

生态型组织外部的表现形式就是搭建一个线上的双边市场。当今世界市值前五的企业，全部都是平台企业。它们仅用了十几年的时间，就迅速超越了那些有着上百年历史的汽车、能源、金融等行业巨头，其中发挥关键作用的就是网络效应。麦特卡夫定律理论指出，网络价值同网络用户数量的平方成正比，即N个连接可创造N^2量级的效益。

生态型组织的另外一个趋势是广泛投资能够产生协同效应的大量创业型公司，建立企业生态群。小米的生态链企业推出的产品，覆盖了耳机、移动电源、手环、插座、血压计、空气净化器、净水器、运动相机、平衡车、电池、床头灯、电饭煲等，并孵化出华米、紫米、智米、创米、蓝米、云米、万魔声学等众多子品牌。腾讯在2019年前的11年间，总计在全球范围内投资700多家企业，涉及社交、数字内容、O2O、智慧零售、金融科技、人工智能等领域。马化腾认为，腾讯有半条命是掌握在自己手中，另一半则由所投资的众多企业赋予。

2. 灰度管理

任正非提出“灰度管理”，这与格鲁夫“让混沌丛生，然后掌握混沌”的理念如出一辙。“水至清无鱼，水至浑死鱼”。“清晰明了”只是人在思维逻辑层面的要求，而不是自然和社会生态的实际状况。在坚持清晰原则和方向的基础上，领导者应该容忍甚至鼓励一定程度的混乱、试错和冗余。马化腾高度认可这一说法，并总结出了互联网时代的灰度法则的7个维度：需求度（以用户需求是产品核心）、速度（小步快跑、快速迭代）、灵活度（主动应变以保持敏捷）、冗余度（容忍努力后的试错，允许适度资源冗余，鼓励内部良性竞争）、开放协作度（开放与协作是互联网的本质）、进化度（在没有控制的过程中，拥有自进化的自组织能力）、创新度（创新不是源头，而是跃迁和进化）。

3. 创意精英赋能与自我驱动

谷歌成功的最重要原因是竭尽所能招募、培养和激励他们称之为“创意精英”的人才。区别于德鲁克所说的传统知识工作者或专家，“创意精英”特指那些能将前沿技术、商业思维及创新想法结合起来的人。这些人具备实践经验，认真努力，乐于挑战现状，敢于从不同的角度切入问题（谷歌前CEO施密特认为，这是互联网时代取得成功的关键），进而围绕这些“创意精英”打造快乐文化，构建激动人心的愿景使命，营造激发创造力的沃土。

在智能信息科技潮流的强大推动下，企业在提升内部资源效率（尤其是“人”的效率）方面，发生重大转向——从最初聚焦工人的劳动生产率，转向知识创造者的“效能”。同时围绕这一内部核心目标，企业在组织形式、信息传递、领导风格、工作方法等方面不断更新，构建数字化和灵动的生命型组织。20世纪工业大规模发展初期的亨利·福特曾说，他原本只是需要工人们的“双手”，但工人们却还带着“脑袋”。如今的情形正好相反，如何激发“头脑”的创造力，灵活适应复杂多变的外部环境，已成为管理的核心。

拥有技术背景的创业者、企业家和高管人员，他们既是实践者也是理论家，这个时期没有哪个管理研究者能够超越这些创业者。泰勒百年前宣称“科学管理”建立，依托于一场“全面的心理革命”。当人类的自我意识普遍觉醒时，一场以心灵对话、心流体验、超越自我为特征的新的管理革命已显露端倪。

激励那些能够被激励的人，从这个意义上说，今天的组织应该是这些“创意精英”实现自我价值的平台，而不是通过雇佣这些人才去赚取利润，利润只是这些“创意精英”在自我实现道路上的附带结果之一。组织的各级管理者就是想尽办法为这些“创意精英”提供好的软环境和硬环境。

丹尼尔·平克在《驱动力》一书中提到了“自我管理的复兴”，指出在传统的“胡萝卜加大棒”激励模式失效的时代，创造性人才最大的驱动力源于三个要素：自主（“我做什么，由我决定”）、专精（通过心流体验达到高效且愉悦的状态）和目的（以实现自我和超越自我的理想目标）。

4. 产品主义

组织对“创意精英”的赋能及其自我驱动方面的所有投入，最后的成果都落脚到杰出的数字产品上。尽管“产品主义”在以往的几个时代都存在，但“产品即战略”是 AIOT 时代最大特征之一。个人或小型团队要突破大企业的围堵，需要借助互联网的指数级传播效应，通过敏捷迭代，把体验杰出的产品迅速推向大众。时间是数字化时代决胜的关键，借助互联网的指数级传播效应，让杰出产品在短时间内获得市场认可，已成为数字化时代最突出的成功模式。

5. 心流体验与自我超越理论

智能信息化时代，人类的自我意识普遍觉醒，以心灵对话、心流体验、自我超越为特征的新型管理模式快速兴起，管理将迈入以敏捷响应个性化需求为特征的全员绩效赋能平台时代。全员绩效赋能管理平台是生态组织体系的升级版，只有依托生态组织的体系化管理优势，全员绩效赋能才能有效规避主观随意性，提升专业化与职业化水平。

第二节
职能管理体系

工业化时代，企业普遍采用直线制、直线职能制、事业部制等典型职能型管理模式。职能管理虽然存在比较严重的内在缺陷，但“过往”是孕育未来的母体，其丰富的理论与实践探索成果，是企业管理体系创新的沃土。

一、管理层级分工与协同

（一）传统职能管理与大企业病

管理层级与管理跨度呈逆向关联关系。随着企业规模的扩张，传统企业往往不由自主地遇到了管理层级越来越多，机构林立，职能交叉等行政化倾向，导致运转效率和执行力下降，“大企业病”越来越严重。这类现象反映出企业内部运转的秩序性、稳定性和效率都出现了问题。很多企业都遭遇过这样的场景：老板干老总的事，老总干中层的事，中层干基层的事，基层聊老板的事。结果导致层级越高越忙碌，层级越低越易“混日子”。如何有效解决这类问题？华为的“砍三刀”给了我们重要启示。

第一刀：砍掉高层的“手脚”。砍掉高层的“手”和“脚”，只留下“脑袋”用来仰望星空、洞察市场、规划战略、运筹帷幄。企业高层的关键是指挥好团队作战，而不是自己卷着袖子和裤脚下地埋头干活。如果高层习惯性地陷入事务性工作中，用手脚上的勤快掩盖思想上的懒惰，用战术上的忙忙碌碌掩盖战略上的碌碌无为，那就是舍本逐末、不务正业，这不仅会直接干扰下级的工作部署，破坏组织正常运转秩序，更会导致组织走向平庸。

第二刀：砍掉中层的“屁股”。砍掉中层干部的“屁股”，有三层含义：一是要打破部门本位主义，不能“屁股决定脑袋”。每个中层干部都不能“各人自扫门前雪”，只从本部门利益出发开展工作，还要坚决反对那种没有全局观念的干部主导工作，推行不考虑全局利益的“局部优化”。二是要走出办公室，到现场和市场推行走动管理，因为答案在现场，现场蕴含解决问题的关键。中层干部绝不能只坐在办公室里打打电话，听听汇报，看看“奏折”，而要将指挥所建在听得见炮声的地方，要亲赴一线去指挥作战。任正非就经常深入一线体察业务实情，巡回督战。三是要让干部的眼睛盯着客户和市场。华为的核心价值观就是始终坚持以客户为中心，快速响应客户的需求。凡是“屁股对着客户”的干部，要坚决“砍掉他的屁股”，予以调整或免职。

第三刀：砍掉基层的“脑袋”。华为员工都是高学历的“秀才”，如何把这些清高的“秀才”打造成能征善战的“兵”？任正非对此煞费苦心：在各种场合都强调“要服从组织纪律，建设流程化组织，建立业务规则”的重要性。基层员工，不管硕士还是博士，必须遵守公司的流程制度和规则。他在致新员工的信中明确指出：华为反对基层员工下车伊始“哇啦哇啦”，不了解情况，就写个“万言书”，对公司发展激昂陈词、指点江山。基层员工必须按照流程要求，把事情“简单、高效、做正确”，不需要自作主张，随意发挥，因此要砍掉他们的“脑袋”。

华为的“砍三刀”，砍出了高层的决断力、中层的理解力、基层的执行力，打造了一支“敢打仗、能打仗、打胜仗”的狼性团队。华为“砍三刀”的效果为什么这么好？秘诀就是“科学分工”，有效规范各层级的职责、权力与利益边界，让各层级、各岗位员工“各安其位、各司其职、各显神通、各得其酬”，从而减少了职能交叉带来的推诿扯皮，强化了组织运转的秩序，提高了工作效率。

（二）管理层级与职能职责

企业基层、中层、高层的角色与职责明显不同。遵循层级间的职能职责分工，企业各层级管理者切实做到“到位不缺位，补位不越位”，这是企业高效协调运转的重要基础，可通过下表 1.3 学习、理解。

表 1.3　组织层级与职能职责对应关系简表

组织层级	基层	中层	高层
职能职责	执行	管理	领导
	做好事情	维持秩序	实现变革
	工作管理	关系管理	创新管理

1. 高层领导

领导就是带团队，把平凡的团队打造成不平凡的集体，职责是推动变革与创新，重点抓好“谋战略、带队伍、定政策”三件事，推动企业实现长期有效增长的目标。高层最大的价值就是战略观和使命感。战略观就是“取舍选择”，透过迷雾指明前进的方向，发现别人发现不了的机会，看到别人看不到的远方。战略不是在现有条件下被动选择，而是主动改变现有条件以创造新的选择。使命感就是敢于担责，充满激情。要始终保持对事业的激情、热情和冲动，坚守长期主义思维，并强化自身能量场，让别人愿意跟着你一起干，这样才会越干越有劲。

2. 中层管理

管理就是带领平凡的团队干成不平凡的事情。中层最重要的职责是协调上级、同级、下级之间的关系，建立良好的工作秩序和环境。向上管理，要准确领会、传达、执行上级的工作安排；横向协同，要协调各关联部门，理顺工作流程，形成良好的工作协同秩序，为提高工作效率提供保障；向下管理，就是带领团队达成目标，包括明确团队工作目标，合理做好团队内部分工，抓好关键过程节点的事中管控，规范工作绩效考核与奖惩机制，对下属进行工作指导和心理辅导。

3. 基层执行

执行是把目标变成结果的过程，主要是按照规定流程、标准、制度，把事情做好，让工作结果符合乃至于超越目标。执行层面不需要多少创新，对执行中发现的问题要按规定报告并提出建议，再根据上级决定来改进。刚参加工作的年轻员工，富有激情，想多干点事，这是非常好的状态；但工作不需要“好奇宝宝”，不能在基本办事流程、技术标准等基本情况都没弄清楚时就随意发表意见，“指点江山”。尤其对制造类企业，人、机、料、法、环、测、安等方方面面，光有理论不行，必须高度重视基层经验的积累，在实际工作中提高研究解决问题的能力。

管理者要有意识地警惕以下错误倾向：

一是习惯定势。很多干部是从骨干员工中提拔起来的，个人业务的能力比较强。走上管理岗位初期，往往惯性使然。当遇到下属干事的能力和效果不够好时，心里一着急就亲自上手，代替下属做具体事情，而不是指导下属去做。为什么会这样？理论上讲就是角色转换不到位，也就是自己熟悉、擅长的思维定势、行为习惯仍继续惯性发展，越俎代庖。各层级管理者（尤其是刚提拔的管理者）首先要与自己过去的习惯和专长“断舍离”，控制住直接做事的冲动，学会如何对团队和下属进行工作指导和心理辅导。

二是人情世故。各层级管理者都要具备良好的人际协作能力，其科学内涵是以业务流程为核心，建立分工协作的良好工作秩序，为提高工作效率提供保障。但很多管理者的思维认知出现了偏差，把人际协作能力变味成“吃吃喝喝、团团伙伙、拉帮结派、溜须拍马”，背离了“以工作关系为核心”的本质。保持良好的人际关系很重要，但要“以工作关系为核心”来建立，否则就会变形走样，不利于管理规范化，甚至会败坏组织内的文化风气。

（三）管理层级与工作类别

企业高层、中层、基层需要面对不同类型的工作。根据工作发生的重复性，可以将其划分为例行类工作、问题类工作、创新类工作三类，并与管理层级相对应，形成表 1.4 所示的对应关系。

表 1.4　组织层级与工作类别对应关系简表

工作类别	基层（执行）	中层（管理）	高层（领导）
例行工作	70%：遵守规定，把工作做到位	20%：对例行工作验收把关	10%：检查终端执行的符合性
问题工作	20%：发现并按规报告	60%：查找问题根源，提出解决方案并明确资源需求	20%：审批方案并提供资源
创新工作	10%：在例行工作中创新方法	20%：原样复制上级创新成果并转化为可操作流程	70%：探索新思路、新方向、新路线，突破传统并开展试验

根据重要性和紧急性，可以将事务划分为“重要紧急”、“重要不紧急”、“紧急不重要”、“不紧急不重要”四类，不同管理层级关注的重点也有明显差别。这属于时间管理的范畴，将在后续章节中具体介绍。

此外，也可以把工作分为维持性工作和创新性工作两类，相应地，企业员工可划分为维持型人才和创新型人才两大类：维持性工作与例行工作本质一致，这类工作就像居家过日子一样，“开门七件事，柴米油盐酱醋茶”，大多都是日常琐事；问题类工作和创新类工作可归为创新性工作范畴。传统“二八原理”指出：维持型人才约占员工总数的 80%, 完成总工作量的 80%，而带来的收益只占总收益的 20%；创新型人才虽占员工总量的 20%，却创造了企业收益的 80%。

维持型人才是企业员工的绝对多数，可称为“长尾”。那么现在问题来了,“长尾现象”是否违背了人岗匹配和绩效导向等人力资源管理核心原则？正常范围内的长尾是企业不可或缺的。长尾具有普遍性，这是创新型人才和维持型人才之间的关系决定的。企业要抓住 20% 的少数创新型人才，同时还得抓好 80% 的普通人才队伍建设。维持性工作虽然创造的收益少，但对创造性工作顺利开展具有重要支撑作用，能确保工作流程有序顺畅运行，有效对抗“熵增”。对这类事情，要把握四个要点：一是“必不可少”。就像一日三餐，不吃不行，不管是在家里做，还是下馆子、点外卖，无论什么形式，都得有。二是“不得拖延”。早中晚三餐的时间相对固定，太早太晚都不好。三是“持续重复”。这件事做完了，那件事马上来，日复一日，年复一年，持续反复，没完没了。四是“投入高产出低”。特别耗费人力、时间和精力，但并不创造多少直接收益。

超出正常范围的“长尾”是不正常的，必须坚决砍掉。包括两种情况：一是企业内部流程不合理、职能分工不科学，机构臃肿、人员冗余导致的“长尾”；二是在岗人员不胜任，但难以“新陈代谢”所导致的“长尾”。这就需要借助流程重组和智能 AI 大模型，推进组织扁平化，同时创新人员培训、绩效考核、干部任用机制等内部改革，才能有序高效地化解。

正常范围内的“长尾”，专注于做好例行工作。其诀窍就是熟能生巧，为此需要抓好三件事：一是建立流程导向的制度管理体系。规范办事流程、标准、制度，并根据实际情况持续优化，打造敏捷管理体系。二是强化培训。通过讲解、演练、考试、竞赛等各种可行方式，让员工全面熟练流程、标准、制度。三是严格奖惩。对实际执行情况要有严格的抽查和奖惩制度，强制矫正行为，逐步养成习惯。维持性工作主要是按规定办事，对创新要求较低，关键是培养员工养成良好行为习惯，因此需多惩轻奖。对于不按规定流程、标准、制度办事的员工，及时处罚，强制培训；对于按规定完成工作的，要依据绩效考核方案及时给予奖励。创新性工作则需“容错纠错，重奖轻罚”。

（四）管理层级与管理技能

管理效果在很大程度上取决于管理者是否真正具备了所必需的基本管理技能。企业骨干员工、基层管理者、中层管理者、高层管理者等不同层级的岗位，职责不同，所需技能也不一样。美国管理学家罗伯特·库茨在《有效管理者的技能》一文中提出，有效的管理者应具备技术技能、人际技能、概念技能这三种基本管理技能，不同组织层级与技能组合关系如表 1.5 所示：

表 1.5　组织层级与技能组合关系参考表

管理技能	基层	中层	高层
技术技能	70%	20%	10%
人际技能	20%	60%	20%
概念技能	10%	20%	70%

不同层级所需要的技能，取决于各层级的基本职责，均为技术技能、人际技能、概念技能的合理组合，三者缺一不可，但权重各不相同。我们可根据组织层级的职能职责和工作类别，分析组织层级需要哪些技能。表 1.5 所列技能组合关系的权重，只是参考值，可根据实际需要进行弹性调整。

1. 概念技能

概念技能是指管理者面对问题时形成自身的观点，并将其关系抽象化、概念化的能力。概念是思维的基本形式之一，它反映客观事物一般的、本质的特征。具有概念技能的管理者能够统观全局，面对复杂多变的环境，通过分析、判断、抽象和概括并认清主要矛盾，抓住问题实质、形成正确概念，进而做出正确决策的能力，也就是洞察组织与环境要素间相互影响和作用关系的能力。概念技能包括感知和发现环境中的机会与威胁的能力、理解事物的相关性并找出关键影响因素的能力、权衡不同方案优劣和内在风险的能力。

2. 人际技能

人际技能是指管理者处理人事关系的能力，即理解、激励他人并与他人共事的能力，主要包括领导能力、影响能力和协调能力。人际技能要求管理者了解他人的信念、思考方式、感情、个性及态度。研究表明，人际技能可以有效地帮助管理者取得更大工作成效，对各层级管理者具有同等重要的意义。

3. 技术技能

技术技能是管理者掌握与运用某一专业领域内的知识、技术和方法的能力，即“做事的能力”，也叫业务技能、专业技能。如人力资源经理应该熟悉人力资源管理制度、招聘流程、薪酬设计和绩效考核的方法。技术技能对基层管理者至关重要，而对中高层管理者而言，掌握技术技能的必要性稍小。

围绕各层级工作职责和工作技能的金句很多，如管理岗位用人的法则：基层重做事轻做人，中层既做事又做人，高层重做人轻做事；基层看才能，中层看德行，高层看胸怀；用待遇留基层，用情感留中层，用事业留高层。这些概念性的总结，深入浅出、通俗易懂，直观地揭示了层级组织管理的诸多实际规律，为我们研究相关问题提供了重要参考。随着信息网络时代的发展，这些脍炙人口的金句，正成为大众津津乐道并竞相传播的“心灵鸡汤”。然而，这些话虽然充分展示了语言的感染力和传播力，但有些表述还不够严谨，尤其缺乏具体操作性，亟待进一步完善。

技能是内涵丰富的综合性概念，其构成可概括为：技能＝知识＋技巧，也等于概念技能＋人际技能＋技术技能。大家不妨思考：仅拥有丰富理论知识的人算有技能吗？我们不能狭隘地把技能等同于做好具体事情的专业能力，其中还包括协调各方关系的人际能力，以及系统思维与创新的概念能力。博士、硕士掌握了丰富的知识，拥有以知识体系为支撑的高阶技能，这类高知群体无疑是做研发领域的高手。而那些学历不高但社会经历丰富的人，如果让他们从事研发，往往一事无成，但如果让他们协调日常事务关系，常常会是一把好手。

企业用人，对个人要扬长避短，对团队要扬长补短。《翟鸿燊：中国大智慧》中提出：“看人长处，天下无不可用之人；看人短处，天下无人可用。”清代顾嗣协《杂兴》诗曰：“骏马能历险，犁田不如牛；坚车能载重，渡河不如舟；舍长以求短，智者难为谋。”因此要讲求团队合作，团队成员需要形成互补的技能结构。陈寿《三国志·夏侯玄传》中“和羹之美，在于合异，上下之益，在能相济”的阐述，就充分论述了取长补短，优势互补的重要性。

上述内容告诉我们，卓越组织和团队的高效运作，需要管理者做到“职责清晰、补位及时、边界明确、授权有度”，有效落实“到位不缺位，补位不越位”这一重要原则。为此，要从五个方面努力：一是明确职责，到位不缺位。管理者应清晰界定自己的职责范围，确保在关键时刻和重要事务上亲自履职，避免因疏忽、推诿导致工作脱节或延误，需主动承担责任，保障团队运作顺畅。二是协同配合，补位不越位。在团队协作中，管理者应具备补位意识，当其他岗位成员因故无法履行职责时，及时补位以避免工作断层；但补位时需尊重原岗位的职责和权限，避免越权干预，维护团队的正常运作秩序。三是授权与监督相结合。管理者应合理授权，给予下属充足的自主空间，同时建立有效的监督机制，确保工作方向不偏离目标，避免因过度授权导致失控。四是强化边界意识，职责分明。管理者应清晰划定自身的管理边界，既不过度干预下属的工作，也不放任自流。在补位时，需明确自身的角色为临时支持，而非长期替代。五是动态调整，灵活应对。管理者应根据实际情况动态调整自身的角色和职责，在团队需要时及时补位，在问题解决后适时退出，避免长期越位导致团队依赖或混乱。

二、企业内部稳定性与管理创新

层级组织的“大企业病”，实质是组织内部秩序性、稳定性下降的熵增状态。若熵增持续，企业会逐步衰退甚至走向毁灭。管理创新的使命，就是要通过改革，有效对抗熵增，实现熵减，从而提高组织内部的有序性、稳定性和效率，更好地应对外部环境的不确定性，确保企业基业长青。企业内部稳定性是企业管理体系和管理能力的综合体现。

（一）企业内部稳定性变化规律

我们先来看看西欧国家比利时持续 541 天没有正式中央政府的状况，然后运用管理熵理论（熵增、熵减原理）、耗散结构理论等知识，分析威胁组织内部稳定性的原因、表现及对策。欧洲国家比利时，面积 3 万多平方千米，人口 1100 多万，周边与荷兰、德国、卢森堡、法国接壤，西北隔多佛尔海峡与英国相望，海岸线 66.5 千米。其首都布鲁塞尔位于塞纳河畔，享有“欧洲首都”和“欧洲心脏”的美誉——既是欧盟和北约所在地、国际贸易和立法中心，也是200多个国际行政中心及超过1000个官方团体日常会议的举办城市。2010年6月至2011年12月，因连续多次组阁失败，比利时经历了长达541天无正式中央政府的特殊状态，创下全球无中央政府时长的纪录。在这一年半的时间里，经过国王和过渡政府的努力，比利时不仅平稳担任了欧盟轮值主席国，且国民经济发展状况比法国、英国、意大利都要好，2010年GDP增长2.1%。

比利时社会在长期缺乏中央政府的情况下仍能保持基本稳定，其主要原因在于：比利时具备高度的社会自治能力和健全的地方分权制度，政治体系具有较强的弹性和稳定性，各政党在地方层面有着广泛的自治权；大量中小企业在国家发展中发挥主导作用，社会福利体系完备；金融发达，居民收入和生活水平较高。这些方面共同形成了其成熟稳定的社会基础，即便在没有中央政府的情况下，有效维持社会秩序和公共服务的正常运转。

韩国与比利时形成了鲜明的对比。韩国虽早就是高收入国家，但直到2021年7月2日才被联合国贸易和发展会议认定为发达国家，一个很重要的原因就是韩国的社会治理体系和治理能力存在缺陷。与国际货币基金组织、世界银行等机构更多关注经济指标不同，联合国贸易和发展会议认定发达国家的标准更注重社会发展指标。韩国内部长期党派斗争、历任总统鲜有善终、财阀经济等突出问题，表明其整体社会成熟稳定度不够，国际形象欠佳，深层原因之一便是国家治理体系和治理能力存在不足。

1. 熵增原理

熵是衡量组织内部无序化程度的指标。熵值越高，组织内部秩序越混乱。在孤立封闭系统中，熵总是趋于增加的，这就是熵增原理，即热力学第二定律。简单来说，熵增意味着系统会自发地从有序走向无序，进而失去发展动力，最终走向毁灭，即“熵死”。因此，系统要实现健康发展，就必须对抗熵增、实现熵减。

2. 熵减理论

熵减理论源于薛定谔对生命现象的研究。薛定谔是量子力学奠基人和1933年诺贝尔物理学奖得主，他在量子力学研究中的地位堪比牛顿在经典力学中的地位，且对生命科学、统计热力学、哲学等领域影响深远。他在《生命是什么？》一书中提出“生命以负熵为生”，揭示了生命系统与熵增定律之间的对抗关系。生命系统通过持续从外界摄取“负熵流”（有序的物质、能量和信息）来对抗熵增趋势，维持自身的有序性和稳定性。

熵减理论为企业管理创新提供了全新视角。企业管理者要树立对抗熵增的强烈意识，通过推动系统开放、优化流程、清理冗余环节、引入新鲜血液等措施，追求熵减，实现从无序到有序的转变，从而保持竞争力与活力。“熵减”的核心目标是通过一系列措施对抗组织的自然熵增趋势，从而激发组织活力，保持组织的高效运转和竞争力。企业使命是其存在的根本目的和价值导向，在“熵减”视角下，组织的使命不仅是实现短期经济目标，更是通过持续有效的熵减机制，保持组织的长期活力和竞争力，从而更好地服务客户，推动社会进步。可见，“熵减”不仅是组织管理的一种策略，更是组织践行其使命的内在要求和必然选择。华为创始人任正非，在企业管理中创造性地引入熵减理论，将“以客户为中心”作为核心价值观，通过熵减机制确保组织始终围绕客户需求运转，锤炼出华为管理思想的精髓。

3. 耗散结构理论

诺贝尔化学奖得主普里戈金在1969年正式提出关于非平衡系统自组织的耗散结构理论，其核心观点是：一个远离平衡态的开放系统，可以通过与外界不断进行物质和能量的交换，实现从无序到有序的转变，进一步解释了生命系统的有序性。企业如果不与外界开展有效互动，内部的无效能量会不断增加，导致熵增。因此企业需要不断引入新的理念、技术和人才，同时清理落后制度和无效流程，才能维持低熵状态。

生命体是耗散结构的典型代表。从宏观上看，生命本质上就是“对抗熵增”。因为生命系统是开放系统，生物体通过新陈代谢、进化等方式，持续与外界交换物质和能量，摄取负熵流，实现熵减，从而维持自身结构和功能的有序性。在生命的早期阶段，负熵流大于熵增速率，生命体快速生长和发育。随着年龄增长，负熵流逐渐减少，熵增速率逐渐增加，生命体逐步衰老。新陈代谢是生物通过摄取营养物质（低熵）并排出废物（高熵），维持自身的有序状态：例如，植物通过光合作用吸收太阳能，将其转化为化学能，从而维持自身的有序结构。生物从简单到复杂、从低级到高级，进化出更复杂、更适应环境的结构，本质上也是一种熵减的过程。

上述原理解释了组织系统运行的基本规律：熵增原理揭示了封闭组织必然走向无序与低效的基本规律；熵减理论和耗散结构理论提出了解决组织无序和低效的基本路径是内部改革与对外开放。

（二）企业内部稳定性影响分析

关于企业内部稳定性和效率下降的研究成果相当丰富，这里选择性介绍七个比较常用的理论原理，供学习参考。

1. 彼得原理

美国管理学家、现代层级组织学的奠基人，教育哲学博士劳伦斯·彼得的巨著《彼得原理》中提到：层级组织里的每位员工，若在原有职位上的工作表现好，就会被提拔到更高的职位。如果继续表现好，将再次被提升，直至晋升到其无法胜任的职位为止。这就是彼得原理。

彼得原理是各类层级组织普遍存在的熵增现象，这是由彼得高地的特性所决定的。彼得原理中“不能胜任的职位”被称为彼得高地，深刻领会彼得高地的诱惑力、广泛性和零提升商数三个重要特点，是理解彼得原理（特别是彼得陷阱）的关键：一是彼得高地的强大利益诱惑力。职位越高，统合调度资源的权力和利益就越大，这种权力和利益诱惑力，是激励千军万马奋力攀爬彼得高地的强大内驱力。彼得高地实际上是个人职业生涯所能到达的顶峰，是员工梦寐以求的奋斗目标，因此彼得原理也被称为“向上爬”理论，这是人性的正常激发。攀爬彼得高地的方法有两种：上层“拉动”和自我“推动”。上层拉动就是依靠人脉（特别是裙带关系）从上层获得提拔；自我“推动”则是依靠自我训练来提高胜任力，凭实力晋升。现实社会中，人们普遍优先利用人脉关系达成晋升目标，只有在无法依靠人脉关系的情况下，才会更多依靠自我奋斗。二是彼得高地的广泛层级性。对于不同层级的员工，存在不同的彼得高地。例如，一名技术技能良好，但人际技能、概念技能难以提升的基层员工，班长就是他能达到的彼得高地；而一名技术技能强、人际技能和概念技能也比较好的基层员工，其彼得高地则可能是高管职位。由此可见，组织内部的各种层级都存在彼得高地，并非局限于高阶职位。三是彼得高地的提升商数（PQ）为零。处于彼得高地的在岗人员，其发展潜力已经达到了极限，无法通过继续培训等各种办法有效提高其胜任力，因此难以改变现状、创造更好的业绩。

彼得高地导致的熵增现象，即彼得陷阱。彼得陷阱的广泛存在，主要有两个方面的原因：一是组织的绩效考核与职务晋升机制。组织习惯于把优秀的人提拔到更高职位。例如，一名很优秀的教授，组织上可能优先将其提拔为大学校长；一位优秀的运动员，被提升为主管体育的官员。这种绩效考核与职务晋升机制，并不能确保被提拔的人能够胜任更高职位的工作，可能导致本来可以在较低职位上大展拳脚的人，却不得不在一个自己不能胜任的较高职位上努力或苦熬。近些年出现很多类似的现象，有些人千方百计寻求提前退休或转任非领导职务，有些人乐于干好自己喜爱的事情但不愿意“当官”。这种情况形成的彼得陷阱，对于员工和组织双方都没有好处。二是人性的激发与约束机制不匹配。彼得高地的强大权力与利益诱惑力，能够同时激发人性的善与恶。善的方面，就是激发人性的正面活力和张力，在没有到达彼得高地之前，会拼命“向上爬”；恶的方面，会释放人性的负面自私与贪欲，在到达彼得高地之后，要拼命“保位子”。可见，人性的盲目发展必然导致熵增，破坏组织秩序和效率。卓越组织都要基于人性开展员工管理，采用合理的制度机制，惩恶扬善，有效引导人性向有利于组织的方向发展，从而趋利避害，实现熵减。

彼得原理的发现“无意间”奠定了层级组织学的基础，解开了所有阶层制度之谜，成为了解整个文明结构的关键所在。凡是置身于商业、工业、政治、行政、军事、宗教、教育等各界层级组织，都受彼得原理的控制，最明显的就是各国政府现行的人事制度。有关干部任用和政府现行公务员制度中明确指出，提升到某一级别的职位必须在下一级（或半级）职位任职达到一定年限，逐层向上提升，并将选拔范围限定到极小的圈子内。最终结果正如彼得原理的合理推论：“每个职位最终都将被一个不能胜任其工作的员工所占据，层级组织的工作任务多半是由尚未到达胜任阶层的员工完成的”。这是一个多么颠覆大众认知、多么犯众怒的结论，但事实就是如此讽刺与残酷。卓越企业和企业家的使命与乐趣，就是深刻洞见并有效对抗彼得陷阱导致的熵增现象，这就必然触碰大量既得利益者的“奶酪”，需要应对各种艰难困苦，风雨过后才有彩虹。

彼得原理从人员晋升与激励制度层面，解释了层级组织的熵增现象，为卓越企业建设提供了改革创新的重要方向和思路。为了克服彼得高地普遍存在的低效率，企业通常采取三条应对措施。一是增加下属人手。这种做法的短期好处显而易见，但潜在危害极其严重。短期来看，既可以迅速缓解当前压力，又能够保障在岗人员的既得利益，规避人事矛盾，还可以扩大直接用人单位的局部团队规模和战斗力。但长此以往，必然累积大量深层次的机制性问题：雇员增加或许可以使效率得到暂时提升，但是这些新进人员最后将因晋升过程而到达不胜任阶层，改善的方法就是再次增雇员工以获得暂时的高效率，随后效率又会逐渐回落至无效率状态。如此周而复始，结果就是人员膨胀、机构臃肿、效率低下的“大企业病”越来越严重，掉入彼得陷阱之中，最终牺牲企业整体效率和利益。这是大量企业管理难以从平凡走向卓越，甚至更加平庸的重要原因。二是培养下属能力。这是很多企业积极实践的办法，但受多方面因素的影响，效果不够理想。抛开“教会徒弟饿死师傅”的传统思想障碍不说，更大的问题是等不起、留不住。下属能力的提升需要一个摔打磨练的过程，难以迅速见效，所以等不起。很多大企业内部都有一种有趣的现象，就是谁都在为缺人而苦恼，但都会把手下不太适用的人往外“贴金举荐”，都千方百计把自己看得上的人挖过来，并且都期望公司加强人才培养工作，但唯独不轻易提自己如何培养人。为什么会这样呢？因为抢人比育人的效果更立竿见影，培养人是一件耗时费力不讨好的事情。好不容易培养的人，大概率是“为他人做嫁衣”：被职位更高的看上了，可能连招呼都不打就弄走了，或自己有更好去处的也果断飞走了。在现实社会中，很多企业因为缺乏有效的人力资源开发战略和良性的人才培育机制，形成了“傻瓜蛋培养人才，聪明人一抢了之”的熵增状态，不利于人力资源队伍建设。三是鼓励退位让贤。这是个非常理想，但不能轻易选择的方法。社会关系本质上是以工作关系为核心的价值交换关系，工作关系是以职位为载体的，职位代表着在岗人员的价值，体现为资源统合调配权力和经济利益，离开职位也就失去了这些诱人的既得利益。由此可见，“人走茶凉”是正常的普遍现象，因此处于彼得高地的人千方百计谋求保位或晋升也是正常的普遍现象。现在很多企事业单位人员老化、骨干短缺，越来越多的工作采用外聘、外包方式解决，很大程度上就是彼得高地的人员退出机制不完善所造成的熵增状态。

上述应对彼得陷阱的三条措施，第一条与卓越企业的追求背道而驰；第二、三条是卓越企业建设的客观需要，但缺乏落地的具体路径和方法。而“问题的解决方法往往隐藏在问题之中”，所以化解彼得陷阱，需要建立科学的人才培养与老员工有序退出的政策机制。例如，人才退出的政策机制，改革开放总设计师邓小平设立中央顾问委员会，让大批中共元老退出实职仍能继续发挥积极作用；党政机关大批接近退休年龄的领导干部，在“不降低甚至提高经济待遇”的前提下退出实职，为更多优秀年轻干部腾位子——这些改革比较顺利推进的关键，在于有完善的利益保障政策。湖北兴发集团的“黄金小道”和深圳华为的“金色降落伞”，便是为老员工有序退出量身定做的利益兜底政策。

兴发集团是从三峡地区走出来的大型化工新材料制造商，其芯片用电子化学品等高端产品的加快发展，需要加快优化员工队伍结构、提升高技能、高学历、年轻员工占比。在采用股权激励等方式打造年轻骨干人才“黄金手铐”的同时，兴发集团也为老员工有序退职铺了条“黄金小道”。一是专家委员会政策。总经理助理以上且年满 55 周岁人员，可以转任高级专家委员、专家委员等非领导职务，正式退休前根据公司需要负责单项工作，并给予相对合理的经济待遇保障；二是内部退养政策。兴发集团安置了数千名三峡库区移民，导致很多学历低的老年员工，技能水平难以有效提高，又不能重新推向社会。针对这个老大难问题，公司准许达到规定年龄的初中以下学历人员提前退出岗位，公司按政策计发内退工资，并为其缴纳社保，直到正式退休为止；三是退休人员“返聘”政策。高技能人才是化工新材料制造企业的稀缺资源，返聘政策发挥了积极作用。

华为“金色降落伞”政策规定：年满 45 岁、连续工作年限 8 年以上，且达到一定职位要求的华为员工，可以申请提前退休；如果满 45 岁还想继续工作，可以提交申请由人力资源部门（HR）评估其价值，符合条件的继续留用；提前退休员工只要签订并履行包含某些限制性条款的协议，可以全部或部分保留华为股权，与在职员工同等享有股权收益。据悉，一名42岁退休的华为20级员工，保留100万股（协议约定不允许再去找工作），年分红收入200万，他平时就是投资、看书、旅游，偶尔回华为大学讲课。华为的“虚拟股制度”产生了非常积极的作用。首先，员工认购意愿强。如果一名员工45周岁退休，保留虚拟股权10万股，按2019年每股的分红为2.21元，年均分红总额22.1万元；按照活到80岁来计算，累计分红总额773.5万元，再加上养老保险，未来“躺赚”高收入的预期，谁还不愿意成为奋斗者？其次，是员工对公司的长远发展更加关切。只有华为发展得好，退休员工利益才能得到保障。美国制裁华为后，很多退休员工申请不要报酬回去编代码，免费指导新员工工作。最后，为竞业限制保驾护航。退休员工在享受高额分红的同时，也要承担保守商业秘密、遵守竞业限制、不损害公司利益等必要义务。若违背内部退休规定，公司有权立刻回收虚拟股权，并终止其内部退休协议。2015年，华为对内部退休保留虚拟股权制度进行修订，新增了竞业限制的条款。

华为已有上万人享受“金色降落伞”政策，每年为此支付巨额资金，是否值得？任正非认为：越来越多的历史贡献者因多方面原因，难以像以前那样奋斗，业绩往往不好不坏，却身居要职，影响了年轻人晋升和公司发展。若辞退这些人，客观上达不到奋斗者末位淘汰标准，还会伤害奋斗者的感情，如果伤害了历史奋斗者的感情，以后就没有人愿意做奋斗者。因此，“金色降落伞”是华为员工新陈代谢的有效方式，有助于突破用人机制僵化造成的熵增状态，综合收益远远大于成本。

2. 帕金森定律

著名社会理论家诺斯古德·帕金森，通过细致观察，生动描述了层级组织中冗员累积的现象。假设组织的高级主管采用分化和征服的策略，故意使组织效率降低，借以提升自己的权势，这种现象叫作“爬升金字塔”。组织中的高级主管为了提升自身权势，不断增雇员工，但这些新员工最终也会因晋升到不胜任的岗位而导致整体效率下降。这种现象会加剧企业熵增——组织规模的扩大并未带来相应的效率提升，反而增加了管理的复杂性和内耗。

帕金森定律和彼得原理都研究了组织冗员的问题，但假设的前提不同。彼得原理假设管理者是“尽职尽责、竭尽所能”，最终因为“提升商数为零”而无法提高效率；帕金森定律则假设管理人员是为了“爬升金字塔”的私利，故意降低组织效率以提高自己的权威。

3. 权威效应

权威效应是指地位高、有威信、受人尊敬的人，所说的话、所做的事，就容易引起别人的重视并相信其正确性。每个人都对身边的人或社会有一定影响力，但“人微言轻，位高言重”，影响力的大小有所不同。一般来说，权威的影响力远超常人，人们对权威的信任远超对常人的信任。

崇尚、迷信权威是普遍的大众心理现象。社会上多数中基层群体，由于学识所限和心理上的脆弱，对超出自己经验与认知范围的问题不甚了解，往往难辨真伪，因而盲目信赖权威。这种盲从通常并不关注“说什么”，只在乎发言者的身份地位。不论是古今中外的君主枭雄、教主领袖，还是市井中有号召力的人，他们的号召力往往正是来自于对大众心理的这种影响与控制。

权威往往具有丰富的职业经历和专业素养，能站在全局、长远和多数的角度对待和处理问题，具有榜样作用。但权威效应也有其消极面，可能放大决策失误、抑制创新、资源分配不合理、组织文化僵化等，导致企业形成“唯上”文化。导致员工更关注上级的意图，而非实际工作效果或事情本身的公正合理性，这会削弱企业的灵活性和适应性，难以应对快速变化的市场环境。

4. 马太效应

马太效应是指强者愈强、弱者愈弱的现象。在企业中表现为资源和机会向少数强势人或部门集中，而其他个体或部门则逐渐被边缘化。这种不均衡的资源分配会导致企业内部无序性增加，进而加剧熵增。

5. 边缘人理论

组织边缘人是指那些在组织中感到被忽视、孤立和边缘化的员工。这类员工往往缺乏归属感，工作积极性低，甚至可能出现消极怠工的现象。这种现象会破坏组织的凝聚力和效率，增加系统的无序性，导致熵增。

6. 信息熵理论

信息熵理论指出，企业内部信息传递不畅，包括信息在传递过程中会因渠道延长、节点增多而出现“耗损”和“扭曲”，导致决策失误和执行偏差，进而增加管理熵，降低管理效率。

7. 熊彼特创新理论

熊彼特的创新理论认为，创新是一种“创造性破坏”，即通过打破现有的平衡和秩序来创造新的价值。企业如果不持续创新，就会逐渐陷入熵增状态，因为创新是企业对抗熵增、维持低熵状态的重要手段。

上述理论从不同角度解释了企业熵增现象及其成因，这是政府、军队、企业、学校、社会慈善机构等职能管理型组织的普遍问题。层级组织的内部熵增问题，还要结合团队和个人执行力等情况来分析，这里不再具体展开介绍。

企业如何通过开放系统、优化管理、创新机制等手段来对抗熵增，提高内部稳定性和效率？这需要从发展新质生产力的需要出发，深入探索管理变革的基本方向与逻辑。

三、职能管理向流程管理变革

（一）职能管理的内在缺陷

职能管理实质上是以部门绩效目标为核心的局部优化管理。因此该模式对中小企业比较适用，但无法解决超大规模企业的庞杂管理问题（尤其整体绩效优化问题）。

职能管理的内在缺陷，最明显的后果就是20世纪40年代以来日趋严重的“大企业病”：职能划分导致部门间协作不畅，部门壁垒影响整体效率；多层级架构导致决策流程“繁琐、缓慢”，难以敏捷应对外部市场变化等不确定性。

工业化时代的局限性，是职能管理缺陷（特别是“大企业病”）难以根治的深层原因。一是短缺经济。工业化社会整体上处于供不应求的短缺经济状态，轻工业、重工业、房地产、汽车等实体产业及基础设施建设持续迭代，“猪都能飞起来”的风口不断出现，是一个赚快钱的创富时代。赚到了钱，就能用钱来化解或延缓大量管理问题，因此管理者的关注点是如何“吹糠见米”赚快钱的营销和产品技术开发等重要紧急事情，而不是管理创新等需要持久耐力才能成功的重要非紧急事情，重经营、轻管理是工业经济时代的常态。良好经营业绩往往掩盖了管理的暗疾短板，最终掉进“优秀的陷阱”——不仅难以实现整体优化，而且积累大企业病等众多问题。二是传统生产力发展方式。工业化时代的企业发展是相对简单的事情，只要有想法、胆子大、快行动，通过粗放式要素投入甚至拉钱负债，往往就能成功。对应的管理方式也比较简单、粗暴、管用，主要以集权的直线制、直线职能制、事业部制等职能管理形式为主，“长官意志、家长式作风”比较普遍。三是技术手段成熟度。超大规模企业管理，技术手段上必须依赖“跨界”集成的复杂语言大模型，但工业化时代的信息技术只是处于“计算机＋互联网”阶段，智能信息技术仍在探索之中。四是管理方法与工具。职能管理虽然在主观上追求“战略规划与战略执行的有机统一”，但缺乏有效的工具和方法，难以解决“战略与执行两张皮”的问题。

问题的解决方法蕴含在问题之中。职能管理虽然本质上是以部门绩效目标为出发点的局部优化管理体系，但对系统整体优化进行了卓有成效的实践探索。目标管理（MBO）、关键绩效结果指标（KPI），目标与关键结果法（OKR）、平衡计分卡（BSC）等管理工具和方法，实质上是围绕解决职能管理的大企业病，逐步探索发展起来的。特别是平衡计分卡这个卓越绩效管理工具，坚持以业务流程为根本，以智能技术（计算机大模型）为支撑，有效推动职能管理向流程管理转型升级。

（二）流程管理与职能管理的区别

1. 流程管理与职能管理的主要特征对比

层级组织的管理体系变革，总体趋势是从“局部优化的职能管理”转向“全局优化的流程管理”，相应管理手段也从“以人脑为主”转变为“以电脑为主”。

（1）流程管理的主要特征

① 结构化　流程任务、规则和步骤，可实现高度标准化、自动化。

② 数据驱动　流程管理的核心是数据、规则和效率，需要借助 AI 大模型标准化处理、自动化、无情感干扰决策、图像与视频处理、全天候运转等优势，快速准确处理大量数据并优化。

③ 复杂性　流程涉及多部门、多系统和外部因素，AI 复杂大模型可以处理这种复杂性，并找到最优解决方案。

④ 敏捷反应　流程管理通常需要实时监控和调整，AI 可快速响应并优化决策。

（2）职能管理的主要特征

① 主观性强　员工能力、行为和态度，需要人脑的主观判断和人际互动。

② 灵活性高　根据员工的具体情况（如个性、职业发展目标）进行个性化处理，人脑在这方面更具优势。

③ 人际互动多　职能管理的核心是人的能力和行为，涉及沟通、反馈和激励等任务，更适合人脑来完成。人脑在创造性思维、情感理解、复杂决策等领域具有不可替代的优势，其灵活性、主观判断和复杂的人际互动能力，更适合处理非标准化和多样化的任务。

2. 职能管理型企业与流程管理型企业的管理模式对比

职能管理型企业以“纵向行政层级指挥”为主，并按职能划分部门，因此难以实现全局优化，并且整体上属于“人治”组织。各级管理者的自由裁量权，易导致层级或部门间的责任、权利、边界的无规律变化，成为“大企业病”等各种熵增问题反复出现的根源。

流程管理型企业以横向跨部门的流程协同为主，借助信息化手段，打破职能部门界限，将日常运营管理权赋予标准化流程，有利于最大限度减少人为因素干扰，提高内部管理的确定性，实现全局优化。

流程型企业管理模式与职能型企业管理模式的对比，如表 1.6 所示：

表 1.6　流程型企业与职能型企业的管理模式对比

管理体系	职能管理型企业	流程管理型企业
组织结构	层级化、职能化	扁平化、网络化
运营模式	以产品为中心	以客户为中心
管理方式	命令控制，决策权集中	授权与协作，决策权分散
核心目标	生产效率与成本控制	流程优化与客户体验
典型行业	制造业、重工业	服务业、高科技行业
技术应用	信息化程度低	信息化程度高
客户关系	交易导向，互动较少	关系导向，互动较多
创新速度	周期长，响应市场慢	周期短，快速响应
运营中心	事业部	流程
工作单位	部门	团队
工作描述	有限（聚焦部门内职责）	宽泛（覆盖跨流程协作）
度量机制	狭窄（侧重部门指标）	端到端（关注全流程成效）
聚焦点	老板	客户
补偿机制	基于业务（部门贡献）	基于业务结果（流程价值）
经理角色	监督者	教练
重要角色	事业部执行官	流程所有者
企业文化	解决冲突导向	高效执行导向

流程管理型企业将重复性的例行管理工作授权给标准化流程，展现了三个方面的显著优势：一是高效率。通过标准化和优化工作流程，减少冗余步骤，提升整体工作效率；二是高透明度。流程清晰可见，有助于提高组织内部的透明度和沟通效率，营造公平公正的管理环境；三是高灵活性。可以根据不断变化的环境，快速响应，灵活调整应对策略和操作。

3. 流程与制度

“管理制度化”是各类层级组织的积极追求，但很难执行到位。突出表现为：制度碎片化，相互间缺乏关联互锁，没有形成闭环管理；缺乏对“行为态度类事项”进行量化考核的机制和方法。解决这些问题，需要理清流程与制度的关系，具体如表 1.7 所示：

表 1.7　流程与制度关系表

序号	流程	制度
1	业务（河流）	规则（护堤石，堤岸）
2	业务出发，不同业务不同流程	部门出发，不同部门不同制度
3	通常跨部门	通常以部门为单位
4	让人正确地做事	让人做正确的事
5	流程基于业务建立	制度基于流程建立
6	流程是制度的核心	制度是流程的支撑
7	整合活动	规范活动
8	保证资源的利用效率和产出	保证活动的统一和规范
9	数量较少	数量较多
10	集成式信息平台	模块式 人工管理

流程与制度的关系，需要放在完整的“效益—效能—业务—流程—制度—活动”链条中理解。这条商业逻辑链是环环相扣的闭环管理系统：利润是目标，效能是保障，业务是核心；业务效能决定企业利润目标的达成程度，但业务效能的提高必须先建立日常运营管理的基本秩序（流程与制度）；流程以业务为核心，制度以流程为基础，活动以制度为边界。

（三）中国企业管理现代化

习近平总书记指出，国有企业是中国特色社会主义的重要物质基础和政治基础，是党执政兴国的重要支柱和依靠力量；要坚持党的全面领导，加快建设一批产品卓越、品牌卓著、创新领先、治理现代的世界一流企业。

《中共中央办公厅　国务院办公厅关于完善中国特色现代企业制度的意见》（2024 年 9 月 21 日）指出：中国特色现代企业制度是中国特色社会主义制度的重要组成部分，以坚持和加强党的领导为根本，以产权清晰、权责明确、政企分开、管理科学为基础，以完善公司治理为重点，以改革创新为动力，弘扬企业家精神，推动具备条件的企业普遍建立中国特色现代企业制度，为建设世界一流企业奠定坚实基础。

国家对企业发展和管理现代化做出了全面部署，内容丰富，重点包括：加强和改善党的领导，完善党领导国有企业的制度机制；建设“产品卓越、品牌卓著、创新领先、治理现代”的世界一流企业；建立归属清晰、结构合理、流转顺畅的产权制度；完善权责法定、权责透明、协调运转、有效制衡的治理机制；科学管理企业，加强战略管理、内部管理、风险管理、民主管理；创新企业组织形式、要素配置机制、激励机制；明确“对党忠诚、勇于创新、治企有方、兴企有为、清正廉洁”的国有企业干部标准。

第三节
战略绩效运营管理体系

一、战略绩效运营管理

（一）绩效管理发展过程

智能信息时代的企业管理，是以全局优化为目标，实现战略规划与战略执行的深度对接，最大限度消除“大企业病”的管理根源。研究资料显示，全世界 90% 的战略都以失败告终，只有 10% 的战略是存活的。为什么战略成功率如此之低？主要原因是把战略规划做出来、把战略地图画出来，都很容易，困难的是战略怎么执行落地。

企业是“以绩效论英雄”的经济组织，绩效始终是企业管理的“指挥棒”。从企业管理变革的历史来看，企业绩效管理先后经历了结果绩效考核、过程绩效管理、战略绩效运营、全员绩效赋能四个阶段。下面我们结合图 1.1 分析理解各阶段的基本内容。

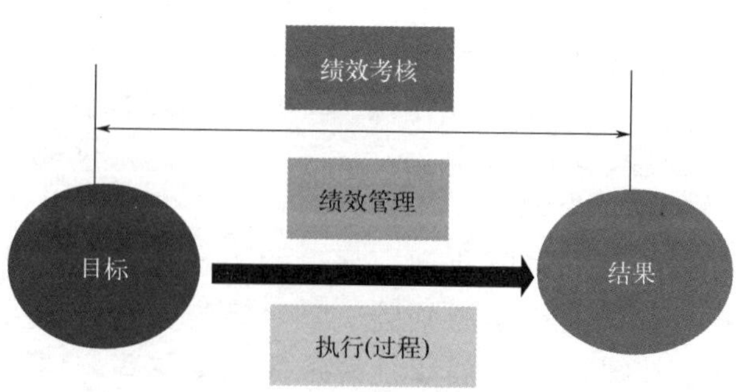

图 1.1　战略绩效管理模型

1. 结果绩效考核阶段

主要是将工作结果与工作目标进行对比，计算出计划目标完成率等关键绩效指标，据此将不同人员的工作绩效划分为优、良、好、中、差，并相应进行收入分配、奖惩激励、人员任用。这种考核办法主要关注的是结果、目标、绩效等关键指标本身，属于典型的"事后评价"，是企业绩效管理中最原始、最基础的管理活动。

2. 过程绩效管理阶段

主要关注的是绩效形成过程与持续改进，由关注结果转变为关注过程。绩效结果由过程执行和资源投入决定的，需要用 PDCA 循环的概念来构建绩效管理体系，提高绩效管理能力和水平，目标与关键结果法（OKR）是具有代表性的工具方法。过程绩效管理的基本思路是：首先要制定绩效目标计划；其次是绩效的跟踪与辅导，对执行过程进行合理管控，确保围绕目标计划的要求做好工作；然后进行绩效考核；最后是绩效的改进和提升。

3. 战略绩效运营管理阶段

企业发展必须追求战略规划和战略执行的高度统一，并最终通过战略绩效来检验。但在企业实践活动中，战略规划与战略执行往往会形成"两张皮"，给企业持续稳健发展带来了诸多困扰。战略绩效运营管理，以绩效作为战略目标分解、战略目标传递、战略目标实现和战略能力提升的核心抓手，解决战略执行落地的问题。

三分战略，七分执行。战略规划很重要，但战略执行更重要。战略规划层面需避免出现重大原则性缺陷，在非重大原则性问题上也无需过度追求完美；非原则性瑕疵，要通过强有力的执行过程来校正和化解。设想 A 企业有一流战略和三流执行力，B 企业是三流战略和一流执行力，最终哪家企业更能成功？结论不言而喻：一流战略 + 三流执行 = 失败，三流战略 + 一流执行 = 成功。

职能管理采用传统财务会计思维，只能衡量过去发生的事情（结果因素），无法评估组织前瞻性领域的投资价值，这种管理方法在工业化时代是有效的，但难以适应信息化时代的需要。智能信息化时代要求企业必须通过在客户、供应商、员工、组织流程、技术和革新等方面的投资，获得持续发展动力，这就需要按照"三分技术、七分管理、十二分数据"的理念，建立战略绩效运营管理体系，实质上是流程化信息集成管理平台。

科技是关键，是业务经营的重要支撑，要坚持产品主义，提高产品开发技术能力，通过优质产品和服务赢得客户，将业务经营打造成卓越的利润中心，确保公司年度适度利润目标的实现。

管理是根本，是通过提高内部资源整合能力，持续增强对外部资源的吸引力，从而与利益关系人建立良好合作生态，为企业发展创造更好环境。管理体系要以业务为核心、客户为中心、流程为基础、制度为边界，保障内部运转的秩序性与稳定性，提高效能并控制成本，为企业长期有效增长提供有力保障，从而为客户创造价值，为自己获取利益。

数据是核心，是智能信息时代最为重要的基础原料，数据与个人相关联就是信息，数据与过去相关联就是知识与规律，数据与未来相关联就是方向与指引。数据流、资本流、物质流既相对独立运行，又相互融合促进，最终发展成数字经济、虚拟经济、实体经济“三驾马车”，推动经济与科技的发展。

4. 全员绩效赋能管理阶段

战略绩效运营管理并不能解决企业管理的所有问题，其根源是人的岗位胜任力问题。人是生产力中唯一的主动因素，一切工作最终取决于人的能力、素质和激情。必须围绕人这个核心要素综合施策，优化资源配置，科学运用绩效管理工具，高效敏捷响应未来个性化社会的需求。

（二）战略绩效运营管理工具：平衡计分卡

战略绩效运营管理体系的有效实施，得益于平衡计分卡（BSC）这个卓越战略绩效管理工具的诞生与发展。

平衡计分卡通过图、表、卡，从学习与成长、业务流程、客户、财务四个维度，评估组织业绩，将组织战略转化为可操作的衡量指标和目标值，实现了财务指标与非财务指标、长期目标与短期目标、结果性指标与动因性指标、组织内部群体与外部群体、领先指标与滞后指标等五个方面的平衡，有力推动了企业管理体系和管理能力建设。

1. 财务维度

回答的是企业的核心追求。企业是以营利为目标的经济组织，企业的核心追求是利润，企业绩效管理的本质是利润。财务维度要科学设定利润目标，并做好财务核算、收入分配等支撑工作。

2. 客户维度

回答企业的核心追求即利润来自哪里。企业与投资者、员工、客户、合作伙伴、政府等各类利益关系人的互动关系表明，只有客户是用货币形态的价值购买企业的产品与服务，企业才能将产品变成商品，从而获取利润。因此，只有客户是企业利润的直接来源。客户维度处理企业与外部市场客户的交易关系，就是大家常说的企业经营问题，被称为经营模式、商业模式。

3. 内部运营维度

回答企业如何赢得更多优质客户。客户看的是产品和服务的有效质量、性价比、交付与服务，即优质产品和服务是企业获得客户认可的核心手段。对客户来说，结果（产品和服务）才有交换价值，过程（产品和服务的生产过程）没有交换价值。如果没有好的结果，一切工作过程不仅白费，更是资源浪费。但对企业来讲，好结果源于持续均衡的过程保障。企业为客户创造的价值，只能看结果好不好，不能看过程付出了多少“苦劳”和“疲劳”，绝不能把内部过程导致的问题作为违背对客户质量、价格、交期、结算等各种交易承诺的借口。由此可见，内部运营管理能力，才是企业赢得更多优质客户的基本功。

4. 学习与成长性维度

回答企业如何提高学习、创新和持续改进的发展能力。组织的学习成长能力，需与组织的战略目标和核心竞争力相匹配，并为组织提供持续改进和创新的方向和动力。学习与成长的能力，通常包括培训与发展、知识管理、创新与改进、持续学习、知识产权管理、创新项目的成功率和创新成果的商业化率、技术能力提升度等内容。

平衡计分卡的内容与结构比较复杂，学习与落地应用的难度都比较大，更适用于管理基础扎实的大企业使用。中国企业特别是传统大型制造类企业，要深刻洞见未来国际经济技术竞争，已经不再是单一生产要素、产品技术的竞争，而是产业链协同、商业模式创新及体系化管理能力的竞争。平衡计分卡的理论和方法，是建设战略绩效运营管理体系，对抗传统职能管理类企业熵增问题的卓越工具。

华为是引进西方战略绩效运营管理体系取得伟大成功的标杆企业。据了解，华为耗资数十亿元，聘请美国 IBM 公司十年磨一剑，打造出了令美国政府都深感震撼的战略绩效管理体系。现在有个很有趣的现象，就是很多人对华为很钦佩，认为华为不仅有世界顶级的科技创新能力，更有世界顶级的企业管理体系和管理能力。很多企业积极学习华为搞科技创新，但对学华为搞管理十分纠结，甚至认为学华为搞管理就是找死。为什么会这样？我们从华为的成功实践中来寻找答案。

华为的管理创新累计投入数百亿元人民币，还购买了全球多家顶级企业的管理方案来研究和融合。华为的职位与薪酬体系来自 Hay 体系，任职资格体系来自英国的职业任职资格体系，产品开发、研发、供应链、财务流程来自 IBM，财务四统一由毕马威主导推进，股权由韬睿设计，客户关系管理由埃森哲协助构建，企业文化由人民大学支持，生产工艺、质量控制由德国技术应用研究院支持，精益生产借鉴日本丰田模式。

华为对未来怎么走，用平衡计分卡（BSC）解释得非常清楚，明确了在财务、流程、内部运营、学习和成长方面分别要做什么。战略确定了，下一个关键性问题就是要找到战略支撑平台，即信息化集成管理平台。这个平台为华为的战略落地提供了强大的动力。华为的信息集成管理平台优势显著，因为这个平台让华为的成功不再依靠能人和英雄，而是依靠体系和平台的支撑，华为的日常管理权限依托于流程。每个企业都有管理，但很难形成华为这样一个强有力的、相互支撑的、耦合紧密的、可循环的管理平台。

华为的信息集成管理平台是如何搭建的？1998 年 3 月，伴随着《华为公司基本法》的颁布，华为开始与世界级企业管理体系接轨。1998 年 8 月至 2003 年 12 月，IBM 顾问完成了为期五年的第一期管理变革，内容包括华为未来 3 ～ 5 年向世界级企业转型所需开展的 IPD（集成产品开发）、ISC（集成供应链）、IT 系统重构、财务四统一等八个管理变革项目，IPD 理念最终融入华为人的灵魂和血液之中，并彻底改变了华为人的做事方法。2004 年至 2007 年，IBM 咨询进行了 EMT（企业最高决策与权力机构）、财务监管等第二期管理变革，潜心学习“领导力、决策、市场、流程管理、财务监管”，终于修成正果。2008 年 2 月，华为举行盛大欢送晚宴，隆重答谢 150 多名 IBM 顾问过去 10 年间给予华为的指导和帮助。

华为是全球顶级 IT 公司，因此华为管理变革的重点难点显然不是 IT 自身，华为根本不需要 IBM 来做 IT 建设。那么，IBM 咨询团队长达 10 年的工作，究竟为华为做了什么？其实就是流程重构。信息集成管理平台建设的成败，取决于流程体系这个基础，只有流程体系梳理清楚了，IT 软件才有立足之地。华为以 IBM 的业务流程管理为底盘，融入中华传统文化和红色文化元素，打造了全球排名前十的强大管理能力。由此可见，华为的伟大，关键是技术能力，根本是管理能力，这就是华为管理变革取得伟大成功的第一个核心秘诀。

华为管理创新的第二个成功秘诀就是任正非亲自挂帅，强势推行。流程重组、管理变革，本质是对既有利益格局和传统习惯的突破，如果没有任正非“一把手工程”的强势组织推动，是很难成功落地的。

对标华为在管理流程建设上的“系统化构建”，大量企业无法学华为搞管理的原因就一目了然了。很多大企业的信息化管理体系建设，往往将其外包给优秀的第三方 IT 机构，由企业内部信息中心牵头，组织第三方与公司各部门进行面谈，进而形成信息化建设方案，报公司高层会议批准后实施。如果实施效果不理想，就换个更优秀的第三方 IT 公司接着做。如此循环往复，结果是各个单元的 IT 模块虽日益完善，但始终难以形成高效敏捷、协同联动的体系化管理能力。

（三）战略绩效运营管理的研究范围

企业管理体系的核心在于实现文化、战略、执行的有效衔接，主要内容是“文化战略化、战略业务化、业务目标化、目标层级化、层级方案化、方案流程化、流程信息化”。

1. 战略规划

战略规划的内容包括“文化战略化、战略业务化、业务目标化”，就是把企业精神文化转化为企业的差异化战略定位，明确主营业务发展的基本方向、总体目标、基本规则。企业精神文化主要包括使命、愿景、价值观等核心要件，目的在于凝聚共识，汇集正能量，发挥导向和激励作用。

企业使命阐述企业存在的理由和价值主张，是企业战略的基础，主要站在客户的角度，表达企业对外部的社会责任和对利益关系人的承诺，侧重于凝聚企业外部共识与合力，有助于建立企业的品牌形象和文化认同，需要秉持利他原则，用动宾结构来表达。

企业使命要通过主营业务产品的深层价值来体现。产品是主营业务战略落地的基本物质载体。产品价值由市场需求决定，一般包括显性需求、隐性需求、深层需求三个价值层次。兴发集团的化工产品，显性需求是五钠、磷酸等具体的产品名称及其理化指标，隐性需求是产品的基本功能，深层需求是产品对外部客户等利益关系人和社会的影响。工业五钠，隐性需求是去污（洗涤剂的重要原料），深层需求是通过改善卫生环境来提高舒适度和生活品位；电子级磷酸，隐性需求是芯片制造的蚀刻液，深层需求是支持中国芯片产业突破国外技术封锁，助力中国式现代化和中华民族伟大复兴。环保是化工企业的生存基础和社会责任，其深层价值在于守护人类赖以生存的自然环境。基于上述分析，兴发集团的使命可以概括为“守护人类赖以生存的自然空间，改善人们日常生活的品质”。

企业使命要转化为企业战略、愿景。战略、愿景主要站在企业的角度，阐述企业发展方向和梦想，侧重于凝聚内部团队共识，激发员工的创造力和积极性。使命与战略的对接转化，就是从三个方面来差异化定位企业的主营业务战略：一是可以干什么？企业存在的第一个理由就是满足社会的合法需求，不能干非法的事，这是从需求界定企业使命的边界。比如，法律严厉禁止的贩卖毒品、走私武器等非法暴利行业，坚决不可以干。二是能够干什么？企业要清醒认识自身的专长和能力，做自己擅长的事情，这是从供给界定企业使命的边界。社会的合法需求千千万万，并且不同行业的回报率很不一样，如何选择，关键看自身能力是否许可。三是想要干什么？熟悉的业务发展到什么水平，打算向哪些新领域进军，发展到何种程度等。这三个方面的交集即共同点，决定企业该干什么，也就是差异化定位企业的主营业务战略。

兴发集团是从湖北三峡库区兴山县的一个县属国有小型企业发展起来的。兴山是王昭君故里，山清水秀，水能、磷矿、农林旅游资源相对富集。20 世纪 80 年代，兴山县实施“小水电先行，矿产品突破，深加工振兴”的工业经济战略，发展水电、矿山、化工等产业，1999 年底整合重组为兴发集团。兴发集团确立了“建设世界一流精细化工企业”的战略定位，在实现了销售收入五百亿、中国企业五百强的“双五百”目标后，提出了“千亿兴发，世界一流”的新目标。这就是兴发的“文化战略化、战略目标化”。

企业使命、愿景、战略具有深层次互动关系，但各自担负着不同的角色和责任。企业精神文化还包括价值观、企业精神等重要内容，需要深刻理解并转化为公司发展的思想理念和流程、标准、考核、激励等制度规则，有关内容在此不展开介绍。

2. 战略执行

执行是把目标变成结果的过程，绩效是结果达成目标的情况。从流程管理的视角看，战略执行的基本内容是“目标层级化、层级方案化、方案流程化、流程信息化”，就是把企业的总目标拆分成可执行的具体层级目标体系，并制定各层级的实施方案，形成由上向下分解与由下向上支持相统一的关联互锁流程，并借助信息手段集成管理，科学实施过程控制、结果评估与反馈。

战略执行要始终紧扣目标、执行、结果三个关键词，构建以“拆目标、定方案、控过程、评结果”为内容的战略绩效运营管理体系。表 1.8 展示了绩效运营管理体系的基本执行落地过程。

表 1.8　战略绩效运营管理体系

<table>
<tr><td rowspan="2">拆目标</td><td rowspan="2">a 企业目标（事前）</td><td>b 空间维度（事前）</td></tr>
<tr><td>c 时间维度（事前）</td></tr>
<tr><td rowspan="3">定方案</td><td colspan="2">d 行动策略（事前）</td></tr>
<tr><td colspan="2">e 行动计划（事前）（关键事项策划）</td></tr>
<tr><td colspan="2">f 费用预算（事前）</td></tr>
<tr><td>控过程</td><td colspan="2">g 行动控制（事中）</td></tr>
<tr><td>评结果</td><td colspan="2">h 绩效考核与薪酬激励（事后 + 事前）</td></tr>
<tr><td colspan="3">事前 6.5 项，事中 1 项，事后与事前各 0.5 项</td></tr>
</table>

（1）拆目标　我们聚焦于年度目标的层级化，方法是从时间和空间两个维度将年度总目标拆分为层级化的目标体系。一是时间维度的目标分解。把年度经营目标分解为半年目标、季度目标、月度目标，形成可动态监督、考核与激励的目标体系。大家熟悉的“年初开门红、年中双过半、年底结硬账”，就是从时间维度的分解与推进工作的典型方法。二是空间维度的目标分解。根据公司层级组织结构，形成总公司、业务单元、子公司、业务团队、岗位目标，形成“从上往下做规划、从下往上强支持”的层级体系。

（2）定方案　行动方案是根据层级目标体系，针对行动策略、行动计划、费用预算等重要问题的执行计划，为过程控制提供基本依据。很多管理问题源于行动方案准备不到位。凡事预则立，不预则废。人们常说“要事要静，急事要缓，难事要变，烂事要离”，就是说遇到任何事情，不要急于直接去解决问题，而是先冷静对待，精心准备好应对方案，然后再行动，才能磨刀不误砍柴工。准备不到位，急于行动，执行过程中的随意性就大，往往欲速则不达，甚至造成新的问题。精心准备是为了更好行动，但要避免过度准备，特别是不要谨小慎微或者纠缠某些非重大原则性的细节。细节决定优劣，关键性细节要确保一流，一般性细节合格即可，并通过强有力的执行过程来消化。

（3）控过程　把目标变为结果的执行过程，是创造价值的关键环节。目标管理的初衷，就是通过对过程的有效控制，来矫正执行中的偏差，以更好保障结果符合目标的要求。这是由“事后管理”向“事前、事中管理”的重要进步。

（4）评结果　结果是无法改变的客观事实。评结果包括三个方面的工作：一是价值核算，严格按照财务制度，准确核算成本收益情况。二是价值分配，将价值核算结果与目标对比，确认目标完成程度，评定绩效优劣等级，据此进行收入分配和奖惩激励。薪酬体系是价值分配的核心内容，绩效薪酬体系设计十步法等核心内容，事关企业核心价值观的落地，并决定企业发展动能的强弱，将另外专题介绍，在此不具体展开。三是总结复盘、持续改进，分析绩效差距的原因、开展绩效面谈，组织制定绩效改进方案，为更好完成后续工作提供有效的支持。

上述绩效管理四个方面的内容，在企业管理实践中，转化为更加具体的“七带”工作法：凡工作必带目标、凡目标必带计划、凡计划必带执行、凡执行必带检查、凡检查必带结果、凡结果必带责任、凡责任必带奖惩。这七个方面环环相扣，形成了流畅的工作流程和管理闭环。

二、战略绩效运营管理体系的基本构架

根据智能信息化时代的基本趋势，世界一流企业需要按照“科技为关键、管理为根本、数据为核心”的思路，构建战略绩效运营管理体系，实现商业模式、管理模式、治理模式的无缝衔接，以有序、均衡、高效、敏捷运转的内部确定性，有效应对外部市场的不确定性。

（一）优秀的陷阱

管理体系建设的首要问题是明确战略定位：以什么为起点进行体系重构。我们首先思考一个问题：为什么多数企业优秀而不卓越？著名管理专家、《基业长青》和《从优秀到卓越》的作者吉姆·柯林斯说：“优秀是卓越的最大敌人”。很多企业容易滑入“优秀的陷阱”，去实现那些清晰的目标，获得成就的快感，但若在这些成功中投入努力、获得认可，就可能离卓越的公司越来越远。企业家最大的可悲之处不是不努力，而是永远在低层次领域或错误方向持续努力，追求所谓成功，然后又轻易用这些成功的快感来自我感动和感动他人。

优秀很不容易，要超越大多数的人和企业，这需要更聪明、更努力。但相对于卓越，优秀是看得见、摸得着的，比较容易得到大众认同。优秀的努力方向是多快好省，能被大多数人所认可。但卓越完全不一样，是实现近乎不可能的事情。因为他们的所思所为，是超前和与众不同的，以至于在很长的时间内都得不到认同。卓越都是事后认定的，只是因为最后强大的结果让大家不得不接受，才有了所谓“卓越”的最后认同。风雨过后见彩虹，艰难困苦铸辉煌。这就是走向卓越极为艰难的旅程，但这个过程本身就会让你和企业无法替代，成就卓越伟大。

优秀依赖的是正向思维，即大家习以为常的惯性思维，主要受过去的经验和常规思维支配。与优秀在正反馈的认同中成长截然相反，卓越一直在负反馈的狂风暴雨中挣扎，对人的压力和挑战完全不是一个量级的。驱动卓越的是逆向思维，与优秀的套路恰好相反。正是从这个意义上讲，优秀是卓越的大敌。有勇气挑战常规，是追求卓越的基本前提。今天的最好表现是明天的最低追求。追求卓越，需要特别警惕优秀的诱惑。卓越如此稀缺，正是由于优秀已经很难。优秀看起来足够好，处于舒适圈，容易让人自我满足，成为迈向卓越的大敌。

兴发集团的管理体系建设，如何才能避免“优秀的陷阱”？有三个方面的问题，需要特别重视：

一是避免碎片化与经验主义。兴发集团近半个世纪的发展，积累了大量宝贵的管理与变革经验，但总体上比较碎片化。为此，首先要对标华为、IBM等世界顶级企业管理体系，打造体系化、标准化、流程化、信息化的管理体系，同时充分吸纳长期实践积累的宝贵经验和中华传统文化的精髓。

二是选用恰当的管理体系建设工具。华为、海尔、IBM、苹果等企业在管理创新上各有所长，都值得学习和借鉴。但“一个人不能同时骑两匹马”，需要科学选择。从人类管理创新迭代的历史长河来看，平衡计分卡是近百年来全球最伟大的管理工具发明。美国1993年就通过《政府绩效与结果法案》推广应用这个工具，显著提高了政府、军队、企业、学校、社会慈善机构、非政府组织的管理绩效。充分借鉴西方战略绩效运营管理的有益成果，是中国企业打造世界顶级管理体系的客观需要。

三是坚持用一流的执行过程保障结果。目标管理的初心是把目标作为管理对象，通过过程来保障目标的实现。但很多管理者把目标管理当工具用，对下属的口头禅是“只要结果，不管过程”。有些企业管理者勇于作为，但不善于作为，部署工作习惯于用一些看似优秀的结果性指标要求下属创一流，但缺乏制定操作性工作方案的思路、方法和工具，这就难以取得好结果。没有执行力就没有竞争力，必须高度重视执行方案的科学制定、有效落地与考核激励。

（二）战略绩效运营管理体系

战略绩效运营管理的内容相当丰富，需要根据企业发展和管理实践活动的需要，划分为若干个二级管理模块，各个二级模块再根据需要建立若干管理子流程，形成具有可操作性的层级构架。

战略绩效运营管理体系的总体构架，可以概括为“一个管理平台、三个管理模块、九个管理子流程”，即战略绩效运营管理139平台，如表1.9所示。

一个管理平台，即流程化信息集成管理平台。流程化是基础，要将日常运营管理权责赋予流程。信息集成是关键，要用信息化管理手段提高管理效能。

三个管理模块，就是将管理总平台拆分为商业模式、管理模式、治理模式三个部分。商业模式相当于前线作战部队，是水面上的冰山；管理模式是二线主力部队，是浅水区的冰山；治理模式是三线统帅部，是深水区的冰山。

九个管理子流程，就是将三个管理模块的内容进一步转化为若干具体业务流程，并实现信息化集成管理，形成多个能够执行落地的管理子流程。

表 1.9　战略绩效运营管理体系的总体构架图

	一个管理平台	三个管理模块	九个管理子流程	经营管理导向
企业集团战略绩效运营管理139平台	流程化信息集成管理平台	治理模式（文化智慧）	1. 思想文化管理流程（引导）	绩效导向
			2. 知识能力管理流程（支持）	
			3. 组织人员管理流程（保障）	
			4. 项目决策管理流程（主导）	
			5. 财务绩效管理流程（指引）	
		管理模式（科学方法）	6. 项目实施管理流程（核心）	流程导向
			7. 内部运营管理流程（积淀）	
		商业模式（经营艺术）	8. 客户关系管理流程（中心）	客户导向
		—	9. 信息集成管理流程（集成）	—

上述三个模块是连接管理总平台和管理子流程的纽带，需要重点把握以下几方面。

1. 客户导向的商业模式

商业模式处理企业与外部市场和客户的关系，聚焦长期有效增长和交易成本结构优化，通过为客户提供价值提高自身盈利能力，是企业的利润中心。

商业模式又称业务模式、经营模式，是处理企业与外部市场和客户关系的管理平台，即客户关系管理系统（CRM）。企业必须通过提供优质产品和服务为客户创造价值，从而为企业建立稳定的市场渠道和客户资源，才能让企业赚更多的钱。

业务经营包括企业财务报表、产品和服务、市场地位、客户满意度等可见部分，是企业与外界接触的第一层面，直接决定企业的生死。如果商业模式不成功，物态产品就难以转化为商品，收入和利润目标就难以实现，企业就失去生存发展的基础。为此，必须以客户为中心，以业务为核心，构建良好的客户关系管理流程（CRM）。

企业流程、制度、文化等一切工作，都要服从和服务于业务经营的需要，坚持以业务为核心、客户为中心来构建。为什么必须牢固树立“客户为中心、业务为核心”的理念？因为客户和业务决定企业生死。产品如果不能卖出去，企业就不能获取收入和利润，就失去了活下去的基础。马克思讲，把商品变成货币是一次惊险的跳跃，如果跳不过去，摔坏的不是商品，而是商品的占有者（即企业、投资人和员工）。任正非说：这个世界上，对企业最关爱、最重要的是客户。政府指着企业要税收，员工指着企业要工资，老板指着企业要分红，只有客户给企业送钱。但“客户导向”的理念仅仅挂在墙上是没用的，如何在组织上、流程上、管理上、考核体系上真正实现客户导向，是个很艰难的过程。如果企业内部人员只是逢迎上级而忽视客户需求，那便是一种畸形的“奴才文化”。华为一定要提拔那些真正以客户为中心，敢于对上级说真话的员工。

2. 流程导向的管理模式

商业模式靠什么来支撑？就是企业内部的运作管理流程，这是企业的基本功，是企业的成本控制中心和企业强不强的体现。企业强与大的关系是什么？强就是内部的体系化管理能力，体现为标杆车间与班组的管理模式；大就是内部标杆管理模式的复制。很多企业对外收购重组，往往需要经历很长的磨合期，根源在于没有可复制、可传承的管理模式。

家有梧桐树，引得凤凰来。大企业要用企业内部管理的稳定性应对外部环境的不确定性，实质就是提高内部资源整合增效能力，增强对外部资源的吸引力。内部资源的整合增效能力，包括产品技术开发与生产、供应链、仓储物流、质量管控、安全环保等日常运营管理能力，是企业长期有效增长的重要基础，能够吸引外部利益相关方建立更好的合作生态，加固企业护城河，从而为客户创造更大价值，为企业获取更多利益。

内部运作管理怎么干，关键靠流程。流程要快捷、高效、可复制、可测量。流程如何确保企业有序高效运转？关键是要处理好业务、流程、制度之间的关系，做到流程以业务为核心，制度以流程为基础，并相应建立集成供应链管理系统（ISC）（供应商管理 SRM 的升级版）、集成产品开发系统（IPD）（研发与生产集成）等重要管理子流程。

现场管理是内部运作管理的基石。现场管理包括生产班组现场管理、工程项目现场管理、办公现场管理、会务接待现场管理等各种现场工作活动的规范化运作。内部运作管理的基础要建立在现场班组管理上，围绕利润目标和人、机、料、法、环、测、安等现场管理要素，建设标杆管理班组，形成可复盘、可传承的班组管理规范，为企业快速扩张提供可复制的现场管理模式。

内部运作管理要区分运营管理和项目管理两种情况。运营管理是指有先例可循、已经常态化运行、可复盘的工作，也就是项目正式投产后的日常生产经营管理。运营管理需要积攒最佳实践经验，形成可复盘的流程式管理规范，不受人员变动等主观因素影响，叫做运营管理积淀流程。项目泛指各种没有先例、第一次开展的工作，不仅仅是狭义的工程项目。项目管理包括两个流程：一是项目决策管理流程。项目是否实施，这是公司决策层的事情，叫做项目决策主导流程。二是项目实施管理流程。就是把公司高层已经批准的项目，组织实施到位，这是项目经理和项目部的责任，叫做项目管理核心流程。

项目管理和运营管理有很大区别，不能错配。据说北京至天津高铁动车组的研制和运营，就因此走了一段很大的弯路。动车组的研制，开始采用了铁路部门非常熟悉的铁路运营管理方式，进展缓慢，这将导致在北京2008年奥运会前开通的目标难以实现，进而带来非常负面的国际影响。为此，就请国际知名咨询公司帮助研究，关键措施就是改用项目管理模式，很快取得了突破。动车组试验成功交付运营之后，管理层认为动车研发的项目管理模式很优秀，便继续把这套办法用于高铁运营管理，效果很不理想，于是再找咨询公司研究对策，办法是改用传统铁路的运营管理模式，很快走上了正轨。由此可见，管理方式本身没有优劣之分，关键在于与生产发展方式相匹配。

3. 绩效导向的治理模式

治理模式是企业整体治理系统的顶层构架，以公司治理结构为框架，以企业使命、精神文化、核心价值观、愿景等精神文化为灵魂，以创新决策为核心，体现了最高管理当局的治理智慧，是企业思想文化和战略决策中心。

治理模式主要包括三个层面的内容：一是治理结构。主要是“新老三会”的关系，“新三会”指股东会、董事会、监事会，“老三会”指党委会、职代会、工会，即“三会一层”（股东会、董事会、监事会、高管层）和“老三会”的协同，这是狭义的公司治理结构，是治理模式的基本框架。二是决策机制。主要是“三重一大”（重大事项决策、重要干部任免、重大项目投资决策、大额资金使用）决策，这是治理模式的核心，为管理模式和商业模式提供基本遵循。三是思想文化。企业使命精神、核心价值观、组织人员、知识能力等重要非紧急事项，是治理模式的灵魂。企业是以营利为目的的经济组织，最高管理当局需要回归企业的底层逻辑，坚持绩效导向。绩就是业绩，是工作的结果；效就是效率，是工作的过程、方法与策略。绩效是结果与目标的对比，其核心是利润，本质是达成目标，基础是秩序和效率。企业的一切工作，都要围绕绩效这个核心指标来谋划，打造绩效导向的企业文化。

企业发展管理工作千头万绪，需要建立高、中、基层之间的合理分工与协同机制，核心是科学界定各层级的责权利边界。特别是高层领导要带头管住自己的“手脚”，聚焦控大局、抓重点，搭班子、带队伍，重考核、强激励。高层领导的核心职责是创新，主要体现在三个方面：

一是优先处理重要紧急事项。一般花费 20% ～ 25% 的精力，按照“预案先行、立即行动、亲自行动、连续行动、迅速结项、复盘推广”的要求来处理好重要紧急事项。目前，很多传统大型国有企业在处理重要紧急事项时的能力较强，主要体现在“预案先行、立即行动、亲自行动、连续行动”四个方面，但在“迅速结项、复盘推广”方面比较拖拉，缺乏质量，远不如全球顶级企业。

二是重点处理重要非紧急事项。一般花费65%～80%的精力，按照“亲自处理、常态机制、专家支持、复盘推广”的要求来处理好重要非紧急事项。“亲自处理”要求主要负责人亲自组织做好战略规划、实施计划、政策机制的顶层设计；“常态机制”就是建立常态化研究机制，严格执行，防止拖延；“专家支持”就是借助专家力量提高问题研究解决的质量；“成果固化”要求将解决问题的方法提炼成可复制和传承的流程、标准、制度，把例外事项转化为例行事项。很多优秀企业在思想文化、组织建设、人力资源等柔性工作方面，往往虚而不实。客观来讲，虚功实做是一件非常不容易的事情，要把务虚的精神文化转化成务实的战略绩效目标及其实施方案，除了破除习惯思维定势等障碍外，还需要良好的专业功底。很多企业管理者，想为、敢为但不善为，结果是反复折腾，浪费了大量宝贵资源，根本原因在于内功不足，缺乏解决问题的可操作的方法与工具，遭遇了“有想法没办法”的尴尬。卓越企业要建设良好的组织人员保障流程、知识能力支持流程、思想文化引领流程，打造战略学习型组织，持续苦练内功，切实把理论、原则、结果性指标等一般性的“空洞”道理和要求，转化为操作性的方案、方法、技巧与工具，有效解决实际工作的堵点、难点、痛点和关节点。

三是突出强化总结复盘推广能力。高层的领导与创新是开创性工作，还有中基层日常运营具体工作，都要总结形成常态化流程、标准、制度和机制，确保各层级执行过程中的稳定、秩序和效率，成为可复盘、可传承的资产。这是一件好说难做的事情，因为很多人是处理具体问题的能手，但不善于总结复盘，最终难以成为化解问题的高手，更不能为后来者留下可以遵循的“套路”。毛泽东 1965 年 7 月 26 日在中南海接见刚从海外归来的原国民党政府代总统李宗仁夫妇及其机要秘书程思远时说：“我是靠总结经验吃饭的。”实际上是说中国共产党是靠总结经验不断发展壮大、不断走向成功的。毛泽东认为，红军基层指战员千千万万，但能成长为卓越高级指挥人才的并不多，主要原因在于多数人不善于总结经验。他提出的“敌进我退，敌驻我扰，敌疲我打，敌退我追，游击战里操胜算；大步进退，诱敌深入，集中兵力，各个击破，运动战里歼敌人”这副对联，是毛泽东对游击战术的经典总结，正是他善于总结战争经验、进行理论升华的典范。

需要特别强调的是，尽管战略绩效运营管理系统搭建了企业体系化应对“大企业病”等熵增问题的卓越平台，但并不能解决所有问题。人的激情和能力等深层次个性化因素，需要采用更加有效的全员绩效赋能管理方式，这就需要以战略绩效运营管理体系为基础，以激发员工个性化潜能为出发点，简化流程，提高体系的敏捷响应能力，将战略绩效运营管理体系升级为敏捷信息集成管理平台，最终形成世界顶级的管理体系化与管理能力。

上述“战略绩效运营管理 139 平台”的有效落地，取决于各个子流程的科学构建，需要结合具体业务流程先梳理再科学构建。

兴发集团经过几十年的稳健发展，已经在新疆、川渝贵、内蒙古、河南、湖北、江苏、上海建设了产品研发与生产基地，在中国内地（含北京、广州）及香港特别行政区和印尼、美国、巴西、阿根廷、加纳、科特迪瓦、德国等地建立了子公司，产品销往全球一百多个国家和地区，是全球最大的精细磷化工企业和芯片用电子化学品领军企业，同时还积极发展酒店、景区、漂流等旅游业，为人们休闲娱乐提供不少好去处。如此技工贸协同、产学研融合发展的大型企业集团，如何打造世界一流的管理体系，是一个极具挑战性的重大课题，涉及思想理念、知识体系、流程梳理、手段创新、习惯转变、既得利益再平衡等多方面的深刻变革，既需要最高管理当局的强力推动，更需要专业精神和能力，科学制定方案，稳步组织实施。这是一个久久为功、持续改进的探索过程。

三、关键绩效指标与企业护城河

（一）关键绩效指标

企业的绩效指标很多，必须抓住关键绩效指标，然后兼顾其他关联绩效指标。关键是决定结果的最重要、最直接因素。企业是以盈利为目的的经济组织，关键绩效指标就是利润。

利润 = 销售收入 − 成本。利润、销售收入、成本三个指标高度关联，形成核心绩效指标体系。利润公式可以表述为多种形式：

公式 1：利润 = 销售收入 − 成本

公式 2：短期适度利润 = 交易价值 − 交易成本

公式3：短期适度利润＝长期有效增长－交易成本结构

公式4：短期适度利润＝交易价值护城河－成本结构护城河

短期适度利润由长期有效增长与交易成本结构的生态关系所决定，长期有效增长的潜力来源于交易价值护城河的强大，交易成本结构则取决于成本结构护城河的优化。

1. 短期适度利润

短期适度利润是指企业每个会计年度的净利润。卓越企业的短期利润要满足两个条件：年利润率高于行业平均水平，年净利润增幅高于行业平均水平。

为什么是利润，而不是现金流？很多企业经常用“现金流比利润更重要”这个金句作为盈利能力低下的借口，甚至用现金流代替利润指标。出现这种错误的原因，就在于没有厘清现金流与利润在企业发展中的角色。尽管现金流是企业生存的基础，利润的实现要以稳定的现金流为支撑，但现金流并不能体现企业价值，只有盈利能力才是企业价值的最终体现。由此可见，利润指标的实现隐含了对稳定现金流的要求，但现金流无法包含对利润的要求。说现金流比利润更重要，是指在无法取得利润的时候，要守住现金流，这是企业维持简单再生产，确保当下能活下去的底线。企业不能没有利润，否则就无法扩大再生产，也就没有必要的发展速度，其结果就是被对手超越、被市场淘汰。

为什么要适度，而不是利润最大化？适度是《易经》思想的精髓之一，是中国传统文化对企业经营管理理念的重大贡献。适度利润，就是利润不能太少，也不能盲目追求利润最大化。利润太少，企业难以扩大再生产。利润最大化是一个能鼓舞人心但很不严谨的表述，可能带来急功近利、顾此失彼等隐患和风险。只有适度利润，才能更好统筹把控风险、现金流、规模速度、利润、品牌无形资产、产业链等要素间的关系，持续提高企业内部稳定性和资源统合能力对外部资源的吸引力，在为客户创造价值的过程中，为企业创造更多收益。

对于短期适度利润的理解与应用，要重点把握两个方面：

首先，短期适度利润需要从全局优化而不是局部优化的层面来理解。企业整体上有适度利润，并不等同于所属各个局部单位都要盈利。在内部运营管理特别是成本控制水平基本稳定的情况下，不同产品的年度盈利能力取决于外部市场供需关系的变化。不同行业、产品的供需平衡永远处于变化之中，不同企业、不同产品的盈利能力也处于持续波动中。同时，企业要不被市场淘汰，就必须有效扩大再生产，持续新上项目。新项目从投产初期的亏损到盈亏平衡再到盈利，需要一个合理的培育过程。企业各业务单元盈亏相抵后，整体上要有适度盈利，否则企业就没有扩大再生产的基础。

其次，绝对值与相对值要合理匹配。适度利润是利润绝对额与相对值的统一，不能偏废。绝对值与相对值不恰当适用，可能会导致严重后果。利润绝对额和销售收入利润率，这两个指标要科学结合起来，才能有效评价企业价值。很多大盘股上市公司，利润总额很高，但利润率低，因此缺乏投资价值，股价持续低位徘徊。还有很多小企业，利润率很高，但利润额低，同样没有投资价值，因为利润总额太少，扩大再生产就缺乏足够的财力支持，长期有效增长的追求便会落空。现在有些大企业，年销售收入额很高，但成本也很高，结果是微利甚至亏损，这类企业往往已经处于衰败之中。要重视用销售收入利润率这个相对指标，来评估企业的发展状况。这个指标高于行业平均水平的企业，往往内部运营管理（尤其是成本管理）做得好，具有长期有效的增长潜力。

2. 长期有效增长与交易价值护城河

用长期有效增长和护城河理论来理解销售收入的丰富内涵，实质上是研究解决企业中长期发展战略问题。

巴菲特认为，护城河是“衡量一个伟大企业的首要标准”。交易价值护城河也叫价值护城河、经济护城河、外护城河。外护城河就相当于房屋的地基，属于企业发展的前端基础保障，确保大厦建设在基岩上而不是沙滩上。又宽又深的外护城河具有重要的防御作用，阻止外敌入侵，保障城内安全。

长期有效增长要求企业保持高于行业平均水平的发展速度，这是不可忽视的战略生存问题。小企业没有规模优势，扛不住外部风浪，必须以较高的发展速度做大做强。大企业要有效应对外部不确定性，就要通过改革提高内部稳定性。改革创新是对现有组织结构、体制机制和既得利益的变革，往往会遭遇强大阻力，化解阻力的有效策略就是加快发展、做大蛋糕，足够的发展增量，是解决问题的重要物质基础。

3. 成本结构与交易成本护城河

企业的内护城河也称为成本结构护城河。内护城河比较隐秘，相当于是水井和物资储备，可以在外护城河失陷的情况下，固守待援。

成本控制能力取决于交易成本结构。成本结构是商业模式的关键内容，实质上是企业与利益关系人合作共生的生态关系。企业需要持续改善交易成本结构，提高成本竞争优势，降低价值消耗，这是价值和利润保护的关键。

年度总成本增幅低于总收入增幅，是企业经营管理能力的重要体现。在短期收入没有明显增长的情况下，利润由成本结构来决定。很多企业在快速成长中陷入困境甚至倒塌，深层原因就是销售收入的快速增长掩盖了成本结构的劣化，收入增量不足以弥补成本增量，盈利能力持续下降甚至恶化。

企业成本控制要把控五个重要的数据界限：材料成本占总成本的20%～50%；礼品福利性支出占总成本的5%～10%；人员工资占总成本的17%～22%（占比过高会侵蚀正常利润，可能导致亏损）；企业净利润占总营业收入的15%～20%；年营业收入不低于投资额的2.5倍（过低则表明存在管理缺陷与投资风险）。

企业关键绩效指标可以从很多层面和角度来衡量。我们这里聚焦利润公式中的三个指标，不介绍其他重要内容。

（二）企业护城河的内容

企业护城河的基本内容见表1.10。

表1.10　企业护城河的基本内容

企业护城河的四个大类九个小类	
大类	小类
无形资产	1. 品牌资产　2. 专利　3. 政府授权
转换成本	4. 转换成本
网络效应	5. 网络效应
成本优势	6. 流程优势　7. 地理优势　8. 资源优势　9. 规模效应

1. 无形资产护城河（3个）

包括品牌护城河、专利护城河、政府授权垄断护城河三种类别。这三类无形资产中，专利技术护城河由于容易被技术迭代、被竞争对手模仿，相对比较弱，但它的力量常常被高估，而政府授权形成的垄断相对比较强。

（1）品牌　拥有强大的品牌能给企业带来定价能力，以及可复制的商业模式，甚至能转化为可持续的经济利润。咖啡是全球互通商品，价格透明，具有很高的替代性。顾客愿意为一杯带有绿色美人鱼商标的星巴克咖啡支付额外费用，这主要得益于其为顾客创造的美好消费体验以及对咖啡质量的保证。

（2）专利　也是一项重要的护城河来源。如果一家公司的产品受到专利的保护，而市场上也不存在真正的替代品，那么专利会阻止行业中的其他厂家参与同质化竞争，让这家公司享有持续的定价能力。例如吉利与比亚迪，靠的就是专利技术取胜。

（3）政府监管制度和法律牌照　是另一项无形资产来源。如果政府限制其他公司进入该市场领域，那么这一家公司就获得了重要的可持续竞争优势。比如在中国拥有支付牌照的公司，可享受监管带来的准入壁垒优势，它们比同行拥有更宽阔的护城河。

2. 转换成本护城河

对于客户来说，转移到竞争对手那边去的成本比较高，或者手续非常麻烦，这就是转换成本。当客户面临高昂的转换成本时，就不会轻易地尝试新的产品，除非新产品在价格或功能上有很大的改善。比如每个家庭的银行存款账户，由于存款账户捆绑了手机、捆绑了每月扣缴水、电等生活费用，捆绑了信用卡还款、捆绑了电子商务支付平台，所以一旦更换银行存款账户，手续便异常繁琐，导致银行存款账户的更换率只有 15% 左右。再例如：航空公司一般不愿意更换飞机供应商，为的是避免因此重新培训机械师、投资购置新的备用部件等额外成本。当然，转换成本也不是一成不变的，相关环境发生改变时，消费者的价格敏感性就会提高。

3. 网络效应护城河

就是依托互联网的集聚效应，用户越多，使用体验越便利，对平台企业来说护城河就越宽，用户就越来越离不开。随着越来越多的用户使用某种产品或服务，该产品或服务对新老用户的价值也随之增加，这便形成了网络效应。网络效应有一种循环强化的作用，会使强大的公司变得更加强大，这对互联网公司尤为适用。比如 QQ、微信、淘宝。如果有人做了一个类似 QQ 的即时通信新平台，由于自己的亲朋好友都在 QQ 上，你即使加入了新平台，也会退出来。谷歌公司凭借网络效应，成为世界最有影响力和盈利能力的互联网企业，其在搜索、在线视频及人工智能领域的主导地位，竞争对手难以撼动。

4. 成本优势护城河（4 个）

流程优化的低成本、独特优越的地理位置、与众不同的独占资源和较大的生产规模，企业在这四个方面形成的绝对成本优势，就是成本优势护城河。如果公司有能力以更低的成本提供产品或服务，那么它就拥有了成本优势。公司能以更低的价格参与竞争来抢占市场份额，也能以与竞争对手相同的价格出售产品或服务，获得更丰厚的利润。成本优势在一些企业中的作用突出，比如富士康等拥有复杂工艺流程的制造公司就依靠大规模生产，从规模效应中获利。对于铁路公司来说，成本优势也是关键的驱动力，它会使铁路运输比其他运输方式更为便宜。

成本结构的优化，需要从微观、中观、宏观三个层面采取措施：

一是微观层面降本增效。比如，生产单位严防跑冒滴漏、降低机物料消耗、推进机械化与智能化改造、提高人员岗位胜任力、实现现场管理扁平化等，这是企业中层必须有效落实的关键工作。很多企业“干毛巾拧出水来”，反映了微观挖潜的狠劲儿，但要有科学的性价比分析，防止矫枉过正。

二是中观层面优化竞争格局。宜昌兴发集团对宜昌市区、兴山县、五峰县、神农架林区、襄阳保康县等多地的景区、酒店、漂流、滑雪场等旅游资产进行重组整合，形成了旅游板块统筹、区域子公司协同的业务关系，从中观层面来优化产业竞争格局，提高收入和盈利能力。

三是宏观层面稀缺价值投资。聚焦具有潜在增值空间的稀缺性资源，这是投行的手法，聚焦资源或资产的稀缺性，获取价值增值。中国产业政策严格限制新建黄磷、工业硅等高耗能、高污染项目，各地招商引资也严格限制这些传统项目。但这些初级加工产品是生产高附加值高端产品的基础原料，市场需求持续稳定增长，因此具有显著稀缺性，潜在增值空间大。湖北兴发集团在湖北保康、贵州、四川等地收购老旧黄磷、工业硅生产企业，然后技改扩产，为构筑产业链模式提供重要基础。

稀缺性价值投资隐含了一个重要的经济常识，就是大家普遍追求的高附加值、低污染项目是从哪里来的？“贵以贱为本，高以下为基。”在当前技术条件下，大量依赖高耗能、高污染、低附加值的中低端原材料工业，是高端产业的地基。发达国家将这些中低端产业转移到国外，形成全球产业链分工体系。当前和今后相当长时期内，面对发达国家“脱钩断链”的严峻外部环境，中国能否也将这些产业转移到其他国家去？中国的制造业规模已经超过了美日德法的总和，全球没有哪个国家或区域联合体能够有效承接，现实路径是部分转移到东南亚、非洲、拉美等“全球南方”国家，大量产业还得转移到中西部地区，形成东部沿海高新技术和生产性服务业主导、中西部产业链与供应链匹配的内循环格局。我们必须明白，未来全球经济科技的竞争，已经不是单个企业、单个产品的竞争，而是以产业链为载体的产业生态集群的竞争。这既为高耗能、高污染产业提供了重要转型机会，也是卓越企业构筑产业链竞争优势的重要战略机遇。

持久护城河是一种结构性的竞争优势。如果你的竞争对手明知你的秘密却仍然无法模仿的话，你就拥有了这种结构性竞争优势，那才是真正的护城河。对企业护城河理论的理解与应用，需要把握以下两个重要观点：

一是明确哪些东西不是企业的护城河。人们经常错误地把“产品优质、市场份额高、执行力强、管理团队优秀”等结果性指标当作企业护城河，但这不仅不是护城河，反而有可能是投资陷阱。因为这些优秀的结果性指标正是企业追求的美好目标，目标要达成，就得结果好，但结果只能由过程来保障，因此过程才是基本功。基本功是怎样练成的？就是秉持创新型企业家的做法：坚持长期主义，扎扎实实打基础管长远，构筑企业护城河。德鲁克的目标管理，强调通过过程的持续改进来获得更好的结果，从而更好达成目标。目标是企业对优秀绩效指标的追求，企业必须围绕一流的绩效目标，制定执行方案，硬化实施措施。管理者的最大悲剧，就是期望有更好的结果，却没有持续改进过程的思路、方法和工具。很多管理者没有正确理解目标管理和OKR管理的精髓，对下属往往"只要结果，不管过程"，导致内功不足，难以基业长青。绩效导向的企业文化，就是用优秀的绩效管理目标当指挥棒，推动企业在产品研发、管理创新、队伍建设等方面坚持长期主义，苦练内功，加宽加深护城河。

二是护城河是定量概念，不是定性概念。护城河到底有多宽、多深，不是一个定性概念，而要形成"毛利率"和"三费占比"两个直接的量化指标来衡量。无形资产护城河、转换成本护城河、网络效应护城河，可以决定一个企业的毛利率，因为拥有这些护城河的企业产品定价可以高于同行，高多少取决于企业的护城河强度。拥有成本优势护城河的企业，可以用比同行更低的三费占比来经营，低多少也取决于护城河的强弱程度。

兴发集团在建设企业护城河方面，展现了坚守主营业务的定力、长期主义的韧性和产品主义的务实精神。兴发的生态产业链模式，源于兴山县20世纪80年代"小水电先行、矿产品突破、深加工振兴"的工业发展战略。1999年，兴山县人民政府决定组建宜昌兴发集团有限公司，整合县内水电、矿山、化工三大产业，在全国率先建成了"电、矿、化"一体化的产业链模式。在此基础上，按照"两头延伸、三区聚集"的思路布局，拓展发展空间，走出了一条持续稳健发展的探索之路。两头延伸，就是一头向上游战略性能源原材料产业延伸，发展清洁能源（水电、光伏、余热发电），掌控战略性矿产资源（磷矿、硅石矿、石灰石矿）；一头向深加工延伸，持续强化产品技术开发能力，发展食品添加剂、芯片用电子化学品、有机硅新材料等高端产品。三区聚集，就是初级大宗原材料产品制造基地向原材料产地聚集，基础化工原料产品制造基地向靠近交通物流中心的大型产业园聚集，高端精细产品制造基地向以大城市为核心的消费市场附近聚集，并相应建设了湖北宜昌、宜都、襄阳、内蒙古乌海、新疆阿克苏等集群式发展的大型循环经济产业园，构筑了"精细化工为主导、资源能源为基础、关联产业相配套"的发展格局，夯实了企业"绿色化、高端化、智能化、国际化"发展的基础。这种立足实体经济，围绕精细化工产品研发、制造、营销，构筑"技、工、贸"融合的综合型产业集群，显著提高了企业内部资源整合能力和对外部合作伙伴的独特吸引力。

兴发集团的生态产业链，已经具备三个方面的突出优势：一是无形资产护城河。包括品牌、专利、政府支持。习近平、栗战书、李强等党和国家领导人先后视察兴发，充分说明了企业良好的发展态势。二是转换成本护城河。兴发集团长期积累的市场客户资源，特别是互利共赢的良好合作理念和客户关系，为企业有效应对外部市场的不确定性提供了稳定支撑。三是成本优势护城河。兴发集团的地理优势、资源优势、规模效应等方面的组合成本优势明显。公司在湖北襄阳（谷城、保康）、神农架、宜昌（兴山、猇亭、宜都、五峰）等地的生态产业园，由郑万、沿江、呼南三条高铁联通，并与长江黄金水道对接；宜昌、宜都、保谷、乌海、新疆等大型产业园，实现集约式发展；磷矿、硅石等战略资源基本实现自给自足。目前，兴发集团正在推动数智化转型，探索构建世界一流的商业模式、管理模式、治理模式，有效提高内部运转的规范稳定性，推动对外合作生态的持续优化，努力在为客户创造更大价值的过程中，为企业创造更多利益。

第二章
时间管理

在当今社会众多管理者身上，“忙、盲、茫”几乎是工作管理方面的一种常态。第一个“忙”，体现为许多管理者总感觉时间不够用，工作任务繁重，每日加班，压力巨大；第二个“盲”，表现为一些管理者在工作中毫无清晰的工作思路，找不准工作目标，抓不住工作重点，仿佛无头苍蝇一般；第三个“茫”，表现为不少管理者尽管每日繁忙，但工作效率低下、工作业绩欠佳，难以获得公司与领导的认可，显得茫然。实际上，上述“忙、盲、茫”的工作状态，其问题的症结是管理者在时间管理方面出现了问题。

时间是每一位管理者都公平拥有的资源。为何同为部门经理，有的人每日加班忙得晕头转向却没什么业绩；而另一些部门经理很少加班，感觉轻松自在，到年底还能评优评先呢？其实问题很简单，就是二者时间使用效率上存在差异。一位经理每天八小时的工作效率比另一位经理十个小时的效率还要高得多，他自然能够“轻松自在”。所以，如何高效地管理时间，是管理者做好工作管理的基础。在本章中，我们首先通过一个测试，让管理者了解自身在时间管理中存在的问题，然后重点介绍时间管理的工具和方法。

第一节
时间管理概述

一、人生时间表

我们分析人这一生的时间构成，会得到一组很有意思的数据。在 2024 年延迟退休政策出台以前，一个中国人，无论寿命长短，到了花甲之年，也就是 60 岁，一般都会达到“退休”年龄。如果一个人能活 75 岁，他的一生将是这样度过：睡觉 20 年，吃饭 6 年，生病 3 年，工作 14 年，读书 4 年，体育锻炼、看电视、上网等娱乐活动 9 年，闲聊 4 年，打电话 1 年，无事等待 4 年，旅行 5 年，打扮修饰 5 年。

看到这组数字，你是不是很吃惊？请不要置疑它的真实性与准确性。不信，我们可以换一种方式来计算：一个中国人，除去青少年的成长期 20 年，用于工作或创造价值的时间可能为 40 年，再减去这 40 年中睡眠、吃饭、娱乐、等待及其他消耗的时间，那么最后剩下的时间大约为 15 万个小时，也就是说一个人一生中的真正有效工作时间大约为 6250 天，也就是 17 年多一点儿。

当然，以上数据都是平均数。但是，这两组简单的数据，却不得不引发深思。每个人的生命都是普通而有价值的，普通的生命要度过有价值的一生，该在哪里节省，该在哪里用力，认真看一下这组数据，就一目了然了。可以说，时间对任何人都是公平的。生命的价值，完全取决于人对时间的把握。

在观察一系列时间管理培训活动的场景时，不难发现一个有趣的现象：课程参与者涵盖了不同的年龄层与职业背景，既有初出茅庐、二十岁上下的大学毕业生，也有身处职场中坚、年龄在三十至四十岁之间的中高层管理者。每当培训聚焦于“把握时间”这一核心议题时，年轻学员中往往流露出一丝不以为然的神情：似乎在他们眼中，时间如同父母慷慨给予的金钱，充足且可随意消耗，并未意识到其珍贵与有限。

然而，当镜头转向那些在职场中摸爬滚打过的成年学员时，情况则截然不同。他们的脸上写满了对知识的渴望与对现状的深思，每个人的眼中都藏着一个共同的难题——“我的时间总是捉襟见肘”。这些在职人员如同寻求救赎的旅人，满怀期待地希望能在培训中找到那把开启时间管理之门的钥匙，一种能够瞬间扭转局面的“秘方”，以帮助他们摆脱时间上的重重束缚，从不断累积的时间赤字中解脱出来，重新获得对时间的掌控与自由。

人人都说，时间犹如生命。每个人都珍惜自己的生命，但却极少有人珍惜自己的时间。即使明白了时间的重要性，也少有人真正去“掌控”它。在日常生活中，确实很难见到一个毫无拖延的人。浪费时间成了人类的共性，一个利用时间的高手并不比一个天才更容易找到。人们总是以为时间还来得及，没有必要现在就开始做，没有必要现在就全力以赴，当等到不得已被迫面对的时候才发现，很多事情已经来不及了。

时钟上的秒针走一圈，时间就消失了一分钟，一分钟的价值有多大？也许很多人会说，这么一点点时间，有什么了不起的。确实，一分钟非常短暂，在人类的历史长河中不算什么。但就在这短暂的一分钟里，电子计算机可以运算 90 亿次，“协和式”飞机可以飞行 36 公里，会计能数 300 张人民币，铅笔厂可生产 1600 支铅笔等等。“时间老人”每天都会给每个人的账户存入 1440 分钟，支配每一分钟的方式，决定了我们能得到什么。

当然，此番论述的初衷并非倡导将个体变为无休止运转的“工作机器”。生活的真谛在于平衡，无论是必要的餐饮时光，还是闲暇的娱乐活动，都是构成完整人生不可或缺的部分。牺牲所有个人时间，仅仅为了工作而工作，不仅不现实，也违背了生活的意义。真正的智慧在于既要珍惜每一刻时间，不让其白白流逝，又要学会巧妙地驾驭时间，使其发挥最大的价值与效益。

人生真正的课题，就是如何运用时间、驾驭时间，而非被时间所驾驭。对于大多数人而言，时间是主人，是暴君，而非朋友。它会把我们踩在脚下，任意驱使、掌控一切，而我们则常常处于匆忙的节奏中，希望能赶上时间的步伐。但真正的佼佼者，却是时间的主人。他们可以决定什么时间做什么事，而不是让时间来决定应该做什么事。

应该说，时间的运行本无轨迹可言。人们往往只能在时钟指针的分开重叠以及周而复始的日出月落中感到它的存在。也正因为如此，它才让人感觉捉摸不透——它既宽厚又严厉，既友善又无情。当我们珍惜并驾驭它时，它便给予丰厚的回报，成全我们的意愿和目标，将梦想变成现实；当我们轻视和践踏它时，它会让我们一无所得，在不知不觉中蹉跎一生！

德国剧作家、诗人席勒说：“时间的步伐有三种：未来姗姗来迟，现在如箭一般飞逝，而过去永远静立不动。”的确，“现在”转瞬即逝，不会因任何人停留，也不会为谁延长。唯有科学规划、高效利用，才能让它真正为我们所用。过去无法改变，未来尚未可知，唯有当下触手可及。把握现在，珍惜生命中的每一刻，人生才能绽放光彩——这或许就是最好的活法。

二、时间经过管理才有价值

在日常工作中，提起时间不够用，很多人自然而然会想到增加工作时间。从表面上看，增加工作时间的确可以提高产出，提高完成任务的概率，但实际情况未必如此。比如曾有人对全球 500 强企业的 1 万多名员工进行了调查，发现在每周 40 个小时、每天 8 小时的标准工作时间内，员工们每天真正投入工作的时间还不到 6 个小时，大约有 2.09 个小时的时间在做工作以外的事情。为了解决这类问题，有人建议日常多加班 2 个小时。但这样的加班真的有效吗？且不说这浪费掉的 2.09 个小时是无法挽回的，即便是加班也不一定能够带来更好的效果。

时间管理的关键不在于时间的多少，而在于如何管理。时间管理是指通过事先规划和运用一定的技巧、方法与工具，实现对时间灵活有效地运用，从而实现个人或组织既定目标的一种方法。时间管理的最终目的是提高时间的有效利用率，提高工作效率和效能，确保单位时间内的产出达到更高的水平，并且具备更高的质量。

时间管理的首要任务在于减少时间浪费。比如，在日常工作中，很多人缺乏合适的管理方法，时间浪费非常严重：上班8个小时，睡觉8个小时，这些几乎都是固定的，剩余的8个小时究竟去了哪儿？这些莫名消失的时间通常都处于一种说不清道不明的状态，当试图利用这部分时间的时候，却发现时间已经在不知不觉中流逝，这或许就是导致生活一团糟的原因所在。

如果将每天的工作时间进行仔细切割就会发现，不必要地打电话、闲聊、发呆、浏览网页等行为已经浪费了我们大量的工作时间。英国某机构曾经做过一次调查，发现很多欧洲人每天实际工作时间甚至不足5个小时。大量的时间浪费不仅降低了工作效益，还增加了企业的成本。报告还显示，当下的年轻人对工作普遍不够积极，对时间管理缺乏兴趣。

在其他方面，也同样会犯下类似的错误，那就是时间经常处于失控和非常随意的状态，又或者说缺乏掌控时间的意识。要么容易出现严重的浪费行为，要么容易出现拖延的情况，又或者欠缺明确的规划。

所以，扪心自问：我们自身的时间利用价值指数高吗？而想要提升自己的时间利用价值，最简单的做法就是提升自己的时间管理能力。即通过有效的时间管理，有效提高单位时间的利用率。换句话说，时间只有经过合理有效地管理，才会变得更有价值，否则就容易在浪费或者无所事事中消耗殆尽。只有对时间进行合理有效地管理，它才会成为我们的好朋友。正如彼得·德鲁克所言："如果不对时间进行管理，那么任何管理都无从谈起。"

时间管理的价值，主要体现在以下两个方面：

（一）减少时间的浪费

对于精通时间管理的人来说，采取高效的管理策略是减少时间浪费最直接的方式。他们深知时间的宝贵，因此会自觉避免投身于那些无价值的活动之中，也不会轻易将时间耗费在工作之外的琐碎事务上。更重要的是，他们摒弃了工作前的拖延习惯，以积极主动的态度应对每一项任务与挑战。值得注意的是，尽管时间管理并不等同于将每一天的每一刻都安排得满满当当，但它却确保了时间被用于创造真正的价值。这些高效的时间管理者，能够在日常生活中持续不断地做出有意义的贡献，无论是通过职业成就还是个人成长，他们的每一天都充满了实质性的成果与满足感。

（二）效率和效能的提高

一个不善于管理时间的人，可能一样会工作 8 个小时，但是这 8 个小时的产出往往不会太高，而时间管理的作用就在于让单位时间内的每一分每一秒都得到最大限度的利用，确保单位时间的产量和质量。换言之，经过时间管理，我们就能够创造出更多的价值。

从某种意义上来说，时间管理是一个比较大的概念，它看重的是一种规划能力以及对重要事情的把控程度。管理者在进行时间管理的时候，首先要明确自己需要做些什么，必须对所有要做的事情有一个大致的了解；其次他们必须意识到时间是有限的，进而需要明确哪些事情需要立即处理，哪些是最重要的；最后要想办法有效提升自己的工作能力和效能。

想做好时间管理，管理者必须首先找到自身在时间管理上存在的问题。

第二节
时间管理常见问题

一、时间为什么不够用

在日常生活和工作中，很多人常常会觉得时间不够用，尽管他们可能已经非常努力，但还是会渴望获得更多的时间。尤其在工作中，“时间不够”几乎是一种普遍困扰。很多人会产生疑惑：为什么自己总是被事情牵着走？为什么自己明明一刻也没有闲着，但是工作总是越做越多、越做越乱？为什么所有的工作做到最后都那么让人着急？为什么我们做事情的速度总是比别人慢上好几拍？

人类学家认为，人对时间的认知比任何一种动物都要更加深刻。与此同时，人也是最贪婪的，总是渴望时间能够按照自己的意愿安排。当然，除了等待，在多数时候，人们还是希望时间可以更多一些，但越是希望时间可以增加，往往越是感觉到时间的紧迫和短暂。其实不妨做一个测试，看看自己是否已经出现了“时间危机”：

1. 常常觉得不安，因为还有很多事情没做完；

2. 工作时常常担心自己时间不够用，无法顺利完成任务，工作结束后如释重负，整个人都从神经紧绷的状态放松下来；

3. 突然发现自己的时间不够用，哪怕事前做了规划；

4. 经常性地被其他事情打断，工作时断时续；

5. 发现自己正被一大堆烦琐的问题困扰；

6. 常常一整天都很忙，但是自己也不知道忙了些什么；

7. 在一大堆事情面前，常常不知道自己应该先做哪一件事；

8. 常常被老板催促“那件事还没做完吗”？

如果出现了以上几种症状，那么很可能在时间规划方面出现了问题，或者说已经遭遇了时间短缺的危机。处于这种状态下，在生活和工作中自然会出现一系列的麻烦。

二、时间短缺危机的八大原因

究竟是什么原因导致出现时间短缺危机，主要总结了以下八个方面：

（一）不了解自己的职责

很多时候，人们都会做一些自己职责以外的事情，结果会造成本职工作受到影响，导致自己的时间超出预算。而对于一个想要合理控制时间的人来说，首先一定要明确自己的职责，或者制定一个“职责承担表”，把自己所有工作、生活和相关事务中需要承担的职责一一列举出来，做好充分的时间预算，从而保证时间利用更平衡。

（二）时间的摩擦与混乱

由于个人行为无序和组织管理混乱，常常会造成自身的时间管理出现危机：其中时间摩擦意味着常常做一些额外的工作，会无端增加更多的压力，同时也浪费了大量的时间。就像我们常常要做某件事，但是半路不得不放弃，因为忘了另外一些不得不立即去做的事情，这种摩擦与混乱会极大地损耗时间。

（三）不懂拒绝

每个人的时间基本都是固定的，如果想办法帮助别人解决问题，就意味着自己的时间安排会受影响。如果懂得如何去拒绝别人，懂得如何给予自己更多私人空间，那么我们将会在时间管理中掌握更多主动权。

（四）浪费是最大的失误

一个有趣的现象，是那些平时抱怨时间不够的人，恰好是每天浪费光阴的人。他们做事不专注，常常开小差，或者有严重的拖延症，或者做一些无价值、无意义的事。原本他们有足够的时间应对工作，但是每一次到最后都把自己的时间弄得紧巴巴的，工作也难以按时完成。

（五）没有顺序上的安排

有些人在忙完一天的工作后，才发现最重要的事情没有做，却在无关紧要的小事上花费了大量的时间。这些人拿出了应有的工作态度，却没有意识到什么对自己来说才是最重要的，什么样的工作才是应该优先解决的。因此，他们的工作总是长期处于低价值、低产出的状态。

（六）事事亲力亲为

有的人喜欢把所有事情都扛在自己身上，不愿错过任何工作。其实对于任何人来说，时间都是有限的，亲力亲为也不可能解决所有的问题。对于凡事都要亲力亲为的人来说，越是想要做得多，越会导致自己的工作陷入混乱。

（七）不能一次性把工作做完

对于任何一项工作，如果有能力去完成，那么就应该一次性将工作做完，而不是拖拖拉拉留到第二天、第三天才做完。一旦无法将事情一次性解决掉，很可能会让问题变得更加复杂，也将耗费更多的时间去处理这些事情。

（八）缺乏热情

现在很多上班族都出现了职业倦怠症，工作的时候缺乏热情，不够专注，工作状态很差，因此常常无法从容地应对工作。

对于多数人来说，他们都容易因为以上几个原因而导致时间利用率下降。事实上，如果能够改变自己的工作方式，保持良好的工作状态，那么在多数时候，时间其实还是很充足的。当然，无论是改进工作方式还是调整工作状态，最重要的还是要善于管理时间，要主动将时间合理地控制在自己手中，只有这样，才能够保证时间不会“辜负”自己。

三、时间管理问题测评

时间对于管理者是一种非常重要的资源，也是一项非常公平的资源。要想知道我们时间管理到底做得好不好，可以先做一个回答问题的测试，并结合表 2.1 进行测评打分：

如果答案是“非常同意”，请给自己打 5 分；如果是“比较同意”，则打 4 分；如果是“既不同意也不反对”，打 3 分；如果只是“有一点同意”，请打 2 分；如果答案是“不同意”，就打 1 分。

1. 为了避免对棘手的难题采取行动，我于是寻找理由和借口。
2. 我先做经过筹划的事，然后再做未经筹划的事。
3. 我常为了某项重要工作或上级布置的任务，临时召集相关人员开会。
4. 我常对下属说：把材料发到我的邮箱或放在办公桌上，我先看看再说。
5. 为使困难的工作能被执行，对执行者施加压力是必要的。
6. 我经常采取折中办法避免或拖延不愉快的事或困难的工作。
7. 先做熟悉的事，然后再做不熟悉的事。
8. 先做容易的事，然后再做难做的事。
9. 我或我的下属有时会前不清楚要参加会议的主题和内容。
10. 我或我的下属经常在开会前没来得及或没想要准备。
11. 因为参会或主持会议，常让我不得不放下计划好的别的工作。
12. 如果是我喜欢做的事情，我通常不会让下属去做。
13. 我每天花在重要工作上的时间是靠挤出来的，每次几十分钟。
14. 我的下属通常在做完我布置的方案初稿后，就发给我审核，并等待我的下一道指令。
15. 我遭遇了太多足以妨碍完成重大任务的干扰与危机。
16. 当被迫从事一项不愉快的决策时，我会避免直截了当地答复。
17. 我对重要行动计划的追踪工作，一般不予理会。
18. 先做紧迫的事，然后再做不紧急的事。
19. 你每天的计划都安排得满满的。
20. 你的办公桌上有许多并不重要，但长时间未处理的文件。
21. 我或我的下属不是每次参会都会发言。
22. 我或我的下属参加的会议，有时议程不太清晰。

23. 我们的会议，有时并没有一个很清晰的决议，或没能有效追踪决议的执行结果。

24. 我总是不太好意思拒绝别人向我寻求帮助，尽管需要花我较多的时间。

25. 在下属不知道怎么做或没做好的时候，我总需要亲力亲为。

26. 试图让别人替自己执行不愉快的工作。

27. 我常将重要工作安排在下午处理，或者携回家里，以便在夜晚或周末处理它。

28. 你常无暇阅读与工作相关的书籍。

29. 在做重要工作时，经常被一些不必要的事情所打断。

30. 我或下属参会时常会有“会议内容与我的工作关系不大”的感觉。

31. 我或我的下属参加的会议，开始和结束时间不太准时。

32. 我不知道自己做得是否足够多。

33. 我的下属总能提前做完我布置的工作任务。

34. 我在过分疲劳（或过分紧张或过分泄气或太受抑制）时，无法处理所面对的困难任务。

35. 着手处理一件艰难的任务之前，我喜欢清除桌上的所有物件。

36. 在平时工作中，常有些项目性的工作会出现拖延的现象。

37. 我的计划常被突发情况打乱，执行率不高。

38. 我或我的下属不是非常清楚会议会在什么时候结束。

39. 我常说“先放一下，等我想好再回复你”“等我考虑好再做下一步工作”类似的话。

40. 我的工作非常重要，派下属去做时，我担心他们是否真能做好。

表 2.1　时间管理测试表

测试项目	测试题号	每题得分	总分
拖延	1、5、6、15、16、17、26、27、34、35		
工作计划性	2、7、8、18、19、20、28、29、36、37		
会议管理	3、9、10、11、21、22、23、30、31、38		
有效授权	4、12、13、14、24、25、32、33、39、40		

以上测评将管理者的时间管理细化为四个核心维度：拖延、工作计划性、会议管理和有效授权。这一细致划分是基于对众多管理者进行广泛观察、深入调研和详尽访谈后所得出的结论。根据每个项目测试的得分结果，可以明确在该项目维度上的时间管理能力与水平。时间管理项目测试得分及结论如表 2.2 所示：

表 2.2　时间管理项目测试得分及结论

测试总分	基本结论与建议
20 分以下	你的时间管理在该项目上还行，但偶尔有点坏习惯
21—30 分	你的时间管理在该项目上有毛病，但不太严重
31 分及以上	你的时间管理在该项目上问题严重

接下来的章节，将逐一深入探讨这四个维度，旨在为读者提供全面而深入的理解，帮助管理者更好地识别自身在时间管理上的优势与待改进之处。

四、告别拖延症

（一）为什么会有拖延症

20 世纪 50 年代，人类学家提出了“拖延”这一概念，这是一个极其昂贵的词汇。在社会生活越来越紧凑的今天，拖延已经成了商业大敌，无论是个人还是企业，每年都会因为它而损失大量的时间与金钱。

英国著名历史学家诺斯古德 · 帕金森在 1958 年出版的《帕金森定律》中提到了一个非常重要的观点：工作常常会自动膨胀，并占据所有可用的时间。正如其经典表述——“你有多少时间完成工作，工作就会自动变成需要那么多时间”。在帕金森看来，一旦给自己安排了充裕的时间从事一项工作，就会放慢自己的节奏，以便用掉所有可以分配的时间。比如，当管理者规定 8 个小时的工作时间，工作者会在 8 个小时内完成工作；一旦管理者将时间延长为 10 个小时，那么工作者就会在 10 个小时内完成这份工作；如果时间增加到 24 个小时开外，那么工作者通常不会着急在 24 个小时之内完成工作。

帕金森举了一个例子：一位老太太准备寄一张明信片给她的侄女，首先她慢腾腾地花了 1 个小时找那张明信片，接下来花了 1 个小时找自己的老花镜，然后花了 0.5 个小时查地址，1.5 个小时写明信片，去邮寄的时候，又花了 20 分钟来想是不是要带伞。这些原本 3 分钟内就可以完成的事，但是时间充裕的老太太，硬生生地将其拖延成了几个小时。这就是典型的拖延症。人们通常会在工作中出现拖延，认为给自己更多的时间完成一件事可以确保工作质量，或者认定这些工作适当推迟也同样可以完成。但实际情况并非如此，太多延误反而使人越来越懒散、缺乏原动力、效率低，可能还会大幅度降低效率。令人感到无奈的是拖延会像传染病一样传播开来：只要开始拖延，就会产生一种惯性，而且越是拖延就越想要继续拖延。

通常情况下，人们常经历这样的事情，一大早就信誓旦旦地决定，今天一定要草拟好一份工作方案提交上去。然而等到8:00正式上班后，可能并不着急干活，反而对混乱的办公桌产生了兴趣，于是先花了20分钟整理办公桌、打扫办公室的卫生。很显然，花掉20分钟时间算不得什么，重要的是，能使自己感觉处在一个更加干净、舒适的环境中，从而拥有了良好的工作状态。

但当一切打扫干净后，可能会意识到自己也许应该静下来喝杯咖啡。自然而然，作为一种放松的方式，很快又拿起了手机浏览，不知不觉中又浪费了半个多小时。当然，人们会乐于自我安慰："反正浏览手机已经成了每天都在做的事情，现在看完了相关的信息和网页，一会儿就不用去看了。"

喝完咖啡，打开了电脑，开始动手草拟工作方案，又发现昨天的电脑还没杀毒，于是又本着杀毒才能确保电脑更加安全高效的想法，花了十几分钟杀毒。接下来，似乎可以安心工作了，但是领导突然打来电话通知9:30有紧急会议。这个时候，已经意识到自己可能无法在短短20分钟内草拟出相对完善的工作方案，所以只好等到会议结束后，再去解决。而这段时间还要认真准备一下开会的内容，想一想一会儿该说点儿什么。

下午上班的时候，可能会以工作疲劳、大脑反应迟缓、注意力不集中等作为借口，认为设计方案之类的脑力活动最好还是放在上午做，那时大脑无疑会更加清醒。所以自然而然会想方设法告诉自己："还是明天开始这项工作吧。"但到了第二天，能否顺利开展这项工作呢？恐怕连自己也说不清楚。

再看贝尔、格雷、爱迪生的电话发明专利之争，就更能充分说明避免拖延症的重要意义。电话技术的主要发明者有贝尔、格雷和爱迪生三位科学家，但贝尔最先申报了电话发明专利。格雷申报专利的时间仅仅比贝尔晚了2个小时，结果与"20世纪最伟大发明家"的称号擦肩而过。其实早在1854年，电话原理就已经由法国人鲍萨尔设想出来了。六年后，德国人赖伊斯又重复了这个设想，原理是：用电线将两块薄金属片相连，一方发生声音时，金属片振动变成电，传给对方。但这仅仅是一种设想，并未付诸实施。问题在哪儿呢？其实就是送话器和受话器的构造，怎样才能把声音这种机械能转换成电能。

贝尔是美国波士顿大学语言心理学家，专门从事聋哑人语言教育，因此对用电来传送声音具有浓厚的兴趣。最初，贝尔在能随声音振动的薄金属片上安装电磁开关，用电磁开关把电路断开，形成一开一闭的脉冲信号。但是对于声音这样高的频率，这种方法显然是不现实的。在一次试验中，他偶然把金属片连接在电磁开关上，在这种状态下实验，声音即奇妙地变成了电流。分析其原理，原来是由于金属片因声音而振动，在其相连的电磁开关线圈中感应出了电流。这就是电话的送话器原理，把这种过程颠倒过来就是受话器。贝尔发现这个现象是在 1875 年 6 月 2 日，申请专利权是 1876 年 2 月 14 日。

埃利沙·格雷也在这一天申请专利权，其原理是利用送话器内部液体的电阻变化，受话器则与贝尔的完全相同，但申请专利的时间比贝尔晚了 2 个小时。第二年（1877 年），爱迪生又取得了碳粒送话器的发明专利。

贝尔、格雷、爱迪生之间的电话专利之争错综复杂，直到 1892 年才告一段落。造成这种局面的一个原因是，当时美国最大的公司——西部联合电报公司买下了格雷和爱迪生的专利权，与贝尔的电话公司相对抗。最终双方达成一项协议：西部联合电报公司完全承认贝尔的专利权，从此不再染指电话业；交换条件是 17 年内分享贝尔电话公司收入的 20%。

电话专利权的故事告诫我们：不要低估拖延的伤害，也不要高估时间的耐心。想到和得到之间，隔着一条“做到”的鸿沟。正是这条鸿沟，将芸芸众生区分开来。想而不做的人，总是下意识地认为往后还有大把的时间，殊不知最好的时机就在当下，错过了也许就是一生的遗憾。真正把握未来的人，首先把握的是当下。只有想到了就去做，才能抢在别人前面。

（二）如何改变拖延的习惯

毫无疑问，一旦开启拖延的模式，就会习惯性地忽略时间的重要性，把希望寄托在往后的时间里。而为了避免无休止地拖延，首先必须在接受任务的第一时间内，克制拖延行为，积极展开行动，将工作执行下去。那些容易出现拖延症的人，更加需要强制自己执行，确保所有的工作都能够按照事先的规定完成。

其次，还要注意保持足够的专注度，凡事只要下定决心就立即去做，不要犹豫不决，不要被各种杂念左右。事实上，一个人想的东西越多，思考的问题越多，就越是容易动摇自己最初的想法，越是容易在左右摇摆中错失机会，白白浪费时间。启蒙思想家孟德斯鸠说过：“当有一个想法时，我立刻就想要去动手；当有了第二个想法时，我觉得自己还可以考虑考虑；而当想到第三个想法时，我觉得自己应该更加谨慎一些；当我想到第一百条时，我已经没法去做任何事了。”

事实上，在执行任务的时候，需要时刻强化自己的意识，告诫自己如果此时不行动，可能会影响大局，可能会造成机会的流失。这种自我警示和督促往往可以帮助自己养成良好的工作习惯，确保自己能够培养出强大的执行力。

不过，有时候，更需要改变自己的心态，需要让自己在心理上做好调整。美国心理学家威廉·詹姆士做过时间心理学的调查和研究，发现了一个常见的社会心理现象：在工作时，一些拖延习惯的产生往往与个人的厌恶心理有关。也就是说，很多工作者本身就很讨厌这份工作，因此在工作开始的时候，会一直向自己传达这样一种观念："这件工作的确很重要，但它实在让我感到窝火，并且很不爽，因此我干脆拖拖拉拉，拖到最后再说。"在这种充满厌恶的心理机制下，很少有人会对此做出积极正面的回应。

但是詹姆士认为，如果工作者能够主动改变自己的心态，可以这样提醒自己："这不是一件令人愉快的工作，甚至让我感到浑身不舒服，但正因为如此，我最好还是第一时间将其做完，省得它一直让我不舒服。"在这种急于摆脱的心理驱使下，工作者能够快速执行任务，将工作在尽可能短的时间内做完。

总而言之，从某种意义上来说，拖延是一种自我欺骗的过程。事实上，这些事情终究都会在那儿，不立即去做并不意味着可以逃避，也不意味着困难会变少。立即着手去做，实际上是一种非常有效的应对方式，可以彰显自己的决心和勇气，同时确保始终掌控时间利用的主动权。

第三节
时间管理方法

时间管理是一项基本技能。想要提升时间管理的水平和能力，除了采取一些常见的技巧和方法，很多企业和个人会选择一些更加有效的、体系化的时间管理法。时间管理法从建立备忘录的第一代开始，目前已经经历了六代发展，日臻成熟完善。接下来，将分别介绍一些常见且在实践中被公认较为有效的时间管理方法。

一、时间管理四象限矩阵

在当今世界，很多人都对时间管理在认知方面存在误区，认为时间管理就是对时间进行分配，确保每一项工作可以得到安排。然而时间管理的关键，则是要确保有重点地将主要的精力和时间，集中地放在处理那些重要的事务上。首先，如果说没有明确的战略，我们可能会发现自己不知所措、效率低下且不满意；其次，每个人的时间都是有限的，不可能将所有的工作做完或者做好，也不可能真的将所有的工作都安排妥当，所以只能选择那些对自己最有价值的事情来做；最后，时间的价值主要体现在那些最重要的事情上，只要那些重要的工作任务完成了，时间价值就可以获得最基本的保障。

（一）四象限工作分类

艾森豪威尔在担任美国第 34 任总统之前，是美国陆军五星级将军，并在第二次世界大战期间担任盟军远征军最高指挥官。在他的职业生涯中，始终面临着具有深远影响的艰难决定，于是探索采用了一种根据任务的重要性和紧迫性对任务进行排序的简单工具。这种工具被证明能有效管理时间和提高生产力，被称为艾森豪威尔矩阵（又称艾森豪威尔决策矩阵）。

艾森豪威尔矩阵是一个简单的 2×2 网格，根据任务的重要程度和紧急程度对不同任务进行分类和优先级排序，构成图 2.1 的时间管理矩阵图。

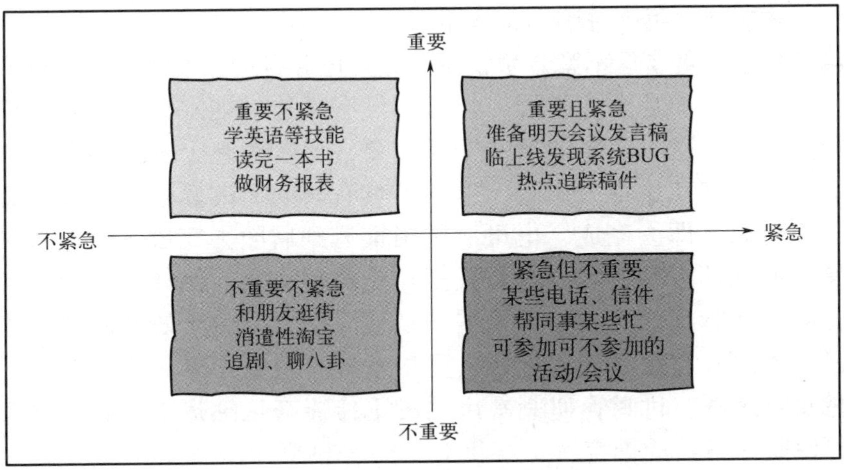

图 2.1　时间管理矩阵图

著名管理学家史蒂芬·柯维在《高效能人士的七个习惯》中提出了时间管理理论，据称受艾森豪威尔时间管理实践的启发，因此本书对柯维的时间管理法与艾森豪威尔时间管理矩阵不作区别。

第一象限：重要且紧急事情 A。这些都是需要立即处理的任务，通常是危机或问题，例如必须立即解决的最后期限或紧急问题。这类事情往往比较紧急并且价值很高，不能回避，也不能拖延，必须在第一时间内优先解决。通常情况下，一些重大项目的谈判、一些重要客户的接洽或者内部召开的重要会议、重大安全环保事故等都属于第一象限的工作。

很多“黑天鹅”事件就是典型的重要紧急问题。研究表明，这类突发重大紧急问题，表面上是偶然性事件，但深入分析后往往具有必然性，且有前兆可循。例如，特朗普首次当选美国总统，让很多人跌破眼镜，但深入分析，就能发现其深厚的社会根源。统计分析表明，特朗普的支持者主要来自于美国传统产业集中的中部地区。原因是过去几十年中，美国经济快速虚拟化，金融服务业主导的东西海岸获得明显发展，而中部地区长期停滞不前，积累了大量社会问题，主流民意的转变，最终汇集成特朗普的强大支持力量。

第一象限内的事情应该最先解决，毕竟火烧眉毛，影响重大。但是如果你总是面对这样的事情，则说明你在时间管理上不到位，成了“救火队员”——可能浪费了很多时间，导致自己的工作变得更加紧张，压力更大，反而影响工作效率。无论如何，还是应该设法减少这一类事情，最好不要连续去面对这种事情。要想从根源上解决第一象限的事情，还得尽可能地把时间花在重要但不紧急（第二象限）的事情上。这样就把问题化解在萌芽状态中，才能减少第一象限的工作量。

第二象限：重要但不紧急事情 B。此类任务有助于实现长期目标和个人成长，对于持续成功至关重要，但可能没有紧迫的期限要求。第二象限不同于第一象限，这一象限的事情非常重要，通常对整个事情的发展或者对工作者个人状态产生重大影响，但是不具有时间上的紧迫性。这就意味着这些工作可以立即去完成，也可以适当推迟到后面去完成，而没有必要非得抓紧时间立即去做，也没有必要把自己逼得太紧。例如，公司准备研发新的产品。尽管当前公司处于发展的鼎盛时期，不急于研发新产品来替代旧产品，不过一旦市场趋于饱和，竞争者开始追赶上来，就需要立即进行产品的更新换代。因此，研制新产品的工作需在近期提上日程，至少应该先制订研制计划。

企业流程重组、管理变革、员工培训、文化建设等大量顶层设计工作，都属于不紧急的重要事项，拖几年也不会出现大问题，但久而久之会积重难返，被竞争对手超越。面对这类工作时，通常会制订各种计划，这些计划中的目标可以在未来的一段时间内达成。

实际上，制订计划的目的是把那些重要而不紧急的事情，按部就班地高效完成。因此，应当学会如何去制订计划和做好准备。一般来说，像制订计划、做好准备、努力学习、进行培训等事情都是重要的预防或者储备工作。

很多“灰犀牛”事件就是典型的重要不紧急事情。人们虽认为这类问题很重要，但因不具有现实紧迫危害性，且处理难度往往相当大，甚至“费力不讨好”，因此“最聪明”的做法就是敬而远之，遇事绕道走，最终成为大家习以为常、熟视无睹的重大潜在隐患和风险。

第二象限的事情必须引起高层管理者的重点关注。一般情况下，应该在那些重要而不紧急的事情上花费 65% ～ 80% 的工作时间，可惜的是多数人可能只投入了 15% 的工作时间。例如，在日常工作中，我们往往有机会去很好地计划和完成一件事，却常常因为某些原因而没有及时去做，因为我们可能忘记了这些事情。而在时间的流逝中，个人的工作状态和工作质量会不断下降，最终导致“心有余而力不足”。因此，把主要的精力有重点地放在重要但不紧急这个象限的事情上，显然是很有必要的。我们最好是采取计划的方式，合理安排时间，将自己的时间有效控制起来，确保不会被其他事情或者人为因素所干扰。通常情况下，第二象限事情的投资回报率也是最高的，因此优先投资第二象限的事情是最重要的。

第三象限：不重要但紧急事情 C。这类事情尽管不重要，但有两个特点：一是很紧急，通常需要现在就关注，并在第一时间去解决，否则就有可能积累起来，影响组织正常运转秩序和效率。二是很多很杂，并有很大的随机性，这件事刚做完，另外一件事可能就接着来了，一件接着一件，今天做完了，明天还得重复做，日复一日，年复一年，周而复始。比如电话、快递、客人临时来访、会议、接待等等，虽然都是日常小事，但随时都在发生，耗时费力，拖延不得，否则就会混乱无序，影响单位的运转效率、形象和口碑。

C 类事情属于常规性问题，讲求熟能生巧，关键在于明确处理流程和要求，委派专人及时处理。比如某个小公司来拜访中国 500 强大企业，寻求合作，如何处理？首先不管自己企业多么有实力，必须安排热情接待，不能失了礼节；其次是这家公司可能的合作价值不多，先期仅需要委派合适职级的人员进行常规接待和洽谈，了解其情况，不需主要领导出面；最后，及时反馈，当场能答复的事情就给予明确回复，需要请示领导后才能答复的事情，讲明情况，然后及时反馈给对方。这样有礼有序，并让对方感受到尊重和真诚，久而久之就能形成良好的形象和口碑。

一般情况下，第三象限的事情会具有很大的欺骗性。毕竟在很多人看来，只要某件事很紧急，那么往往就会觉得它很重要，实际上这是一种心理误导。一些急促的电话、需要立即解决的小事情，实际上都不重要，甚至可以忽略。如果过度看重这类事情的紧急性，而觉得这件事非常重要，就可能因此而忽略很多更重要的事情，错过了解决重要问题的最佳时机。

第三象限属于紧急但不重要的日常工作，高层管理者没有必要浪费宝贵的时间亲自去做。最合理的方式是把这类事务的管理权力完全交给流程。对于不具备信息化管理能力的组织，可以采取过渡性措施——放权给中基层管理者，由中基层管理者确立管理流程、标准、奖惩等制度，再派人按制度落实。

第四象限：不重要也不紧急事情D。第四象限的事情大多是随机性的琐碎的杂事，这些事情没有时间的紧迫性，也根本不重要，几乎没有任何价值，被称为“废纸篓”事情，原则上可以不处理。但因多方面的原因，人们经常会被这类事情干扰，造成时间浪费。要深刻认识这类事情的“随机扰动性”，强化自我修炼，提高辨识能力和“免疫力”，避免养成浪费时间的坏习惯。

（二）优先级排序

人生最大的可悲不是不努力，而是永远在低层次全力以赴，持续努力，然后又轻易地用“努力”来自我感动。现实生活中，很多人将大把时间花在各类紧急但无关紧要的琐事上，工作效率和效能难以提高，关键重点工作难见成效。某些组织的管理流程、制度在顶层设计上存在先天缺陷——没有聚焦关键战略业务，导致员工陷入低水平重复努力之中，造成了资源的极大浪费，阻碍组织发展。艾森豪威尔有句名言“重要的事情很少是紧急的，紧急的事情很少是重要的。”这句名言揭示了事务重要性与紧急性之间的辩证关系，而这正是艾森豪威尔矩阵的核心原理。该矩阵通过将工作任务按“重要性”和“紧急性”两个维度划分为四个象限，再依据上述原则，明确四个象限工作任务的优先级排序——帮助人们在繁杂的事务中理清头绪，合理分配时间与精力，确保既不被紧急事务裹挟而忽视重要事项，也能高效处理关键任务，实现工作效能的最大化。

在现实管理活动中，相当多的管理者都会把紧急不重要事情安排在前面。为什么大家喜欢做那些紧急但不重要的事？因为紧急不重要的事情往往比较简单，很容易就能做出成果，所以做紧急不重要的事很容易给人带来成就感，这种成就感让人无法自拔。而为什么大家不喜欢做重要不紧急的事？因为重要不紧急的事往往难度比较大，需要持续地投入时间和精力，短时间内很难看到结果。人往往都是很现实很短视的，看不到回报就不愿意付出，这就是为什么大家不喜欢做重要不紧急的事。

但问题来了，如果这些重要不紧急的事你不去做，会带来什么样的后果？比如公司要上新项目，需要大量的管理人才，这时再临时去招聘培养来得及吗？甚至可以这样说，只有真正重视并愿意投入时间和资源在重要不紧急工作上的公司和管理者，才是优秀的。如果华为没有持续加大在研发、培训、管理上的投入，能够在美国的严厉制裁下活下来吗?

（三）时间分配法则

艾森豪威尔矩阵的最大价值，就是对不同类型工作占用的时间给出了明确的比例，帮助我们尽可能多把时间花在“重要但不紧急”的第二象限，把工作任务和时间安排调整到理想状态。艾森豪威尔时间分配法则中，对不同类型事务的时间分配比例如下：A 类事务（重要且紧急）应分配 20% ～ 25% 的时间；B 类事务（重要不紧急）应分配 65% ～ 80% 的时间；C 类事务（紧急但不重要）应分配 15% 的时间；D 类事务（不重要不紧急）应分配 1% 的时间。

时间管理最重要的任务，是让事情尽可能都分布在“重要不紧急”这个象限，并且积极合理地安排时间去完成它们。当一个人的工作任务大多数是重要但不紧急的 B 类事情，意味着他既有明确的目标，又有合理的规划，善于把时间和精力主要用于化解处在萌芽状态的重大问题，从而避免拖延成重要紧急的 A 类事情，这是一个优秀管理者区别于平庸者的明显标志。

（四）工作处理规则

按照四象限矩阵明确工作分类、优先级排序和时间分配法则，让我们准确把握应该“先做什么事情、后做什么事情”，但“怎么才能做好每一事情”？这正是工作处理规则要解决的问题，如图 2.2 所示。

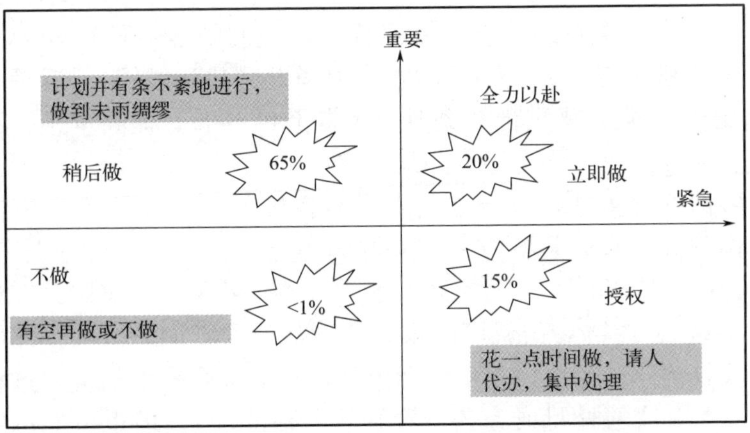

图 2.2 时间分配法则与工作处理规则匹配图

1. 重要紧急事项（A）的处理规则

对于A类事情，各责任主体必须提前按照国家规定制定应对预案并开展预演，事情发生后按照预案规定处置，避免随意性。A类事情的处置规则包括高效行动和总结推广两个大的方面，进一步细分为五项具体要求：

（1）立即行动　该类事情一旦发生，必须“闻风而动”、迅速处置，不可拖延，否则就会造成重大损失或者严重负面影响。

（2）亲自行动　对该类事情的处置，必须由具备资源统合调度权力的主要领导亲自负责，不得委托他人。

（3）连续行动　要用整块时间来处理，一气呵成、中间不得间断。“抓而不紧等于不抓”，如果不能用整块时间来处理，就等于“不处理”。

（4）及时结项　对A类事情要及时得出调查结论，并奖惩到位，不可拖延。在现实工作中，不及时结项的情况比较普遍。例如，很多企业发生了安全责任事故后，现场处置虽已结束，但受各方面关系平衡等众多因素影响，正式、公开的处理通报往往一拖再拖，导致责任认定和人员处理难以落地。这种情况虽可以理解，但卓越企业的治理理念和管理规则不能允许如此，因为这不仅没有及时发挥教育警示作用，还可能会涣散人心，损害公司形象和管理软实力。

（5）总结推广　对A类事情发生的情况、原因、经验教训、处置流程等问题进行总结，将解决问题的方法提炼成可复制、可传承的制度、标准、流程，将“例外事项”转化为“例行事项”，并及时推广。这是一项极其重要的总结复盘能力，就是把实践获得的宝贵经验总结提炼成可以传承的制度文化，避免重蹈覆辙。毛泽东主席曾讲过，红军指战员成千上万，但只有那些善于总结经验的少数人走上了高级领导岗位。他还对李宗仁的机要秘书程思远说：“我是靠总结经验吃饭的。以前我们人民解放军打仗，在每个战役后，总来一次总结经验，发扬优点，克服缺点，然后轻装上阵，乘胜前进，从胜利走向胜利，终于建立了中华人民共和国。”习近平总书记也强调：“中国共产党很重要的一条就是不断总结经验、提高本领，不断提高应对风险、迎接挑战、化险为夷的能力水平。”

A类事情的处置往往能给参与者带来良好收益。一是A类事情的重要性和紧急性都高，天然是各方密切关注的焦点；二是主要负责人亲自负责，位高权重，可以特事特办，迅速调度各方资源，效果立竿见影；三是参与者能实现“共赢”，内部参与者可以得到奖励甚至升职加薪机会，外部参与者除得到处置收益外，还能树立良好形象和获得后续合作的机会。这种“趋利性”，使A类事情的处置成为各方看好的“香饽饽”，但也可能诱发某些逐利者故意让某些事情拖延成A类事情，以谋取个人或小团体利益。

2. 重要不紧急事项（B）的处理规则

重要不紧急事项（B）的处理规则主要有四点：一是亲自处理关键事务。对于战略规划、实施计划、政策机制等顶层设计类的重要不紧急事项，需由相关负责人亲自处理，以确保这些关乎全局的设计科学合理、贴合实际。二是建立常态机制保障推进。通过建立常态化研究机制，对重要不紧急事项进行持续关注和推进，并严格按照机制执行，防止因事项不紧急而出现拖延的情况。三是借助专家支持提升质量。在处理重要不紧急事项时，可积极借助专家的力量，充分利用专家的专业知识和经验，提高对问题研究及解决的质量。四是注重成果固化形成长效。将解决重要不紧急事项过程中形成的方法进行提炼，转化为可复制、可传承的制度、标准和流程，从而把“例外事项”转化为“例行事项”，实现长效管理。

我们需要通过深入了解 B 类事情与 A 类事情的重要区别，准确理解 B 类事情的处理规则。B 类事情与 A 类事情的最大区别就在于缺乏紧迫性，因此易被拖延，由此导致了许多不利于 B 类事情有效处理的负面问题。

第一，B 类事情的处理难度远大于 A 类事情。A 类事情的处理在于解决现实的重大危险或风险，往往有处理预案，处置过程要严格按预案执行，不能擅自创新；B 类事情属于化解未来重大潜在隐患或风险的顶层设计，没有预案或经验可循，需要“敢于创新的勇气”和“善于创新的能力”。

第二，B 类事情的处理往往缺乏强有力的组织领导。B 类事情的非紧迫性，不仅会导致人们产生这些事情并不重要的普遍性心理误导，而且相当多的单位主要领导并不会亲自处理，而是委托德高望重但缺乏实际权力的资深领导、职能部门或者第三方专业机构来抓，但这些实质上只是调研参谋的作用，往往议而不决，难以取得预期效果。

第三，B 类事情处理往往缺乏计划性。很多组织能认识到 B 类事情的重要性，但往往口头大于行动，没有常态化的研究处理机制和计划。

第四，B 类事情往往会遭受既得利益者的强大阻力。A 类事情的处置是特事特办，利益相关方难以阻挠也不敢过度干扰，但 B 类事情往往触动多方利益相关者关系，各种广泛干扰难以避免。

第五，B 类事情的处理往往让参与者吃力不讨好。因 B 类事情的处理往往难以取得立竿见影的效果，甚至议而不决，无疾而终。参与者往往顶着大缸唱戏，吃了大亏戏却不好看，被各方非议，甚至成为背锅侠，遭遇职场滑铁卢。

综上所述，B 类事情属于重大复杂问题，属于必须由组织的最高当局亲自、有计划、规范化处理的直接责任事项。

3. 紧急不重要事情（C）的处理规则

关于紧急不重要事情（C）的处理规则主要有两点：

一是少处理。对于这类事情，应尽量减少亲自处理的频率。可以选择在非黄金工作时段处理少数涉及私密的事项，其余的则委派给他人办理，以避免占用过多的核心工作时间。

二是规范处理。要建立常态化的处理制度，通过强化对相关人员的培训，提升其处理这类事情的能力；同时加强监督，确保处理过程符合制度要求；并辅以奖惩机制，激励合规处理，约束不当行为，从而使紧急不重要事情的处理更有序、高效。

日常维持性工作，主要属于紧急不重要的 C 类事情。对于 C 类事情的处理规则，我们可以结合二八原理来深化理解。二八原理指出，组织成功是 20% 的创新型人才与 80% 的维持型人才共同努力的结果，其中 20% 的创新型人才对组织成长的贡献高达 80%，另外 80% 的维持型人才对组织成长的贡献仅为 20%。二八原理既充分强调了创新型人才对组织成长的关键性作用，同时也客观地指出了维持性人才对组织成长的基础性保障作用。

有些组织在处理创新型人才与维持型人才关系时，常常陷入“踩跷跷板效应”。主要表现是对维持型人才的基础性保障作用缺乏必要认知，深层原因是没有厘清效益、效率、秩序三者之间的关系。组织最直接最现实的目标是追求效益，效益源于组织运转效率，而效率源于组织运转秩序。组织运转秩序从哪里来？必须依靠基层员工的维持性工作来保障。如果没有大量普通员工（即维持型人才）做好日常工作作为支撑，组织就会陷入无序和混乱，创新型人才就会因为缺乏良好环境而难以发挥作用。

如何才能高质量做好第三象限的C类事情？首先，必须明确其管理责任主体。从对组织的贡献程度来讲，A 类事情关乎组织当前重大利益保障和实现，应该成为运营管理当局的主要责任事项；B 类事情决定组织长期有效增长潜力，理所当然是最高战略决策当局的主要责任事项；C 类事情关乎组织日常运转秩序和效率，应该成为中基层管理者的主要责任事项。由此可见，紧急不重要的 C 类事情，管理责任主体就是中基层管理者，其主要职责是负责制定工作流程、标准、时限、奖惩等基本管理制度，委派工作人员，并对工作人员进行管理制度培训和绩效考核。需要特别指出的是，对紧急不重要事情的考核结果要重罚轻奖，这与创新型工作结果的重奖轻罚正好相反。因为做好紧急不重要事情的关键在于熟能生巧和及时完成，为此必须严格管理流程、标准、时限、奖惩等管理制度的培训和落地，将其转变为工作人员的行为习惯。

随着组织管理数字化转型加快推进，我们需要采用更先进的方法管理紧急不重要的事情。数字化转型是管理模式的深层次变革，信息技术（IT）只是手段，基础是管理体系特别是管理流程的优化重组，目的是提高效率以保障效益。把日常事务性工作的管理权归于流程，减少随意性，才能更好提高组织内部管理运营的有序稳定性，更加有效应对外部市场竞争的不确定性。

4. 不紧急不重要事项（D）的处理规则

针对不紧急不重要事项（D）的处理规则明确为“不处理”。具体而言，对于这类事项，需要人们形成理性的认知，能够有效抵御其可能带来的干扰，并且要敢于明确忽略，不必在这类事项上投入时间和精力，以确保将注意力集中在更重要的事务上。由于利益与人性的复杂性，这类事情往往会带来难以规避的无效干扰和资源浪费，需要深刻洞见，修炼心智，提高免疫力。

二、时间管理六步工作法

为了增强时间管理能力，确保工作执行更具条理性和前瞻性，我们接下来将引入“时间管理分析表”（见表 2.3）这个实用工具，并依托该工具详细阐述时间管理六步工作法。

第一步，明确个人工作职责；

第二步，明确工作目标；

第三步，罗列工作事项（即穷尽法）；

第四步，将工作分为主动性工作和应对性工作两类；

第五步，运用时间管理四象限，分清任务的轻重缓急；

第六步，合理分配各项工作事项需要的时间。

表 2.3　时间管理分析表

工作职责：

工作目标：

序号	工作事项	分类	排序	时间分配

（一）明确个人工作职责

工作职责即对应职位应该承担的责任。

【示例】（生产岗位车间主任）

工作职责：负责车间综合管理工作，包括工作任务的下达、工作过程的检查、工作结果的确认、召开车间例会、日常员工培训监督、内部绩效考核等。

【示例】（职能部门招聘主管）

工作职责：确认用人部门的用人需求，制定招聘计划，通过各招聘渠道收集简历，负责核心岗位的人员面试等。

（二）明确工作目标

工作目标通常为月度工作目标，这个目标一定要量化，可检查、可评价。

【示例】（生产岗位车间主任）

工作目标（本月）：本车间当月完成产量 ×× 吨，质量达到 ×× 标准，成本控制到 ×× 标准之下，安全零事故。

【示例】（职能部门招聘主管）

工作目标（本月）：完成 ×× 部门的新员工到岗并通过部门的岗前测试，收集 ×× 份符合条件的简历，面试 ×× 人，制订下个月的招聘计划报人力资源总监批准通过。

这里要注意，有些职能部门的目标较难量化，那就一定要写结果性表述。“制订下个月的招聘计划”这是任务性语言，“制订下个月的招聘计划报人力资源总监批准通过”这才是结果性语言。

（三）罗列工作事项

“罗列工作事项表”（见表 2.4），该表的前两项是序号和工作事项，序号按顺序排，重点是工作事项怎么填。

首先，确定时间维度，这里需要填写一周时间内要做的工作事项。

其次，确定事项的种类，只要下周需要占用时间的工作事项都要填进去。这张表大致分为三类：第一是本周必须完成的领导交办的工作；第二是一直在做的工作，这周还要继续做；第三是每周或每日都要做的日常工作。

最后，看填写要求，每格只填一件事，只描述事项本身，不需要写时间。

表 2.4　罗列工作事项表

序号	工作事项	分类	排序	时间分配
1	开车间例会			
2	新员工入职培训			
3	现场工作标准检查			
4	收集车间职工满意度报告			
5	…………			

（四）将工作分为主动性工作和应对性工作两类

再接下来就是把工作事项简单分为两类：主动性工作和应对性工作。如何来区分呢？就看这项工作和上面写的本月目标有没有关系。

1. 主动性工作

如果这项工作做了能够促进目标的达成，不做会阻碍目标的达成，那就是主动性工作，用字母“A”标识。

2. 应对性工作

如果这项工作做与不做和目标都没关系，那这项工作就是应对性的工作，用字母“B”标识。

（五）根据时间管理四象限，分清轻重缓急

分类完成后再来看排序，依据就是上面讲到的时间管理四象限法，如图 2.3 所示：

1. 重要且紧急事项，排序就填①；
2. 重要不紧急事项，排序就填②；
3. 紧急不重要事项，排序就填③；
4. 既不紧急也不重要事项，排序就填④。

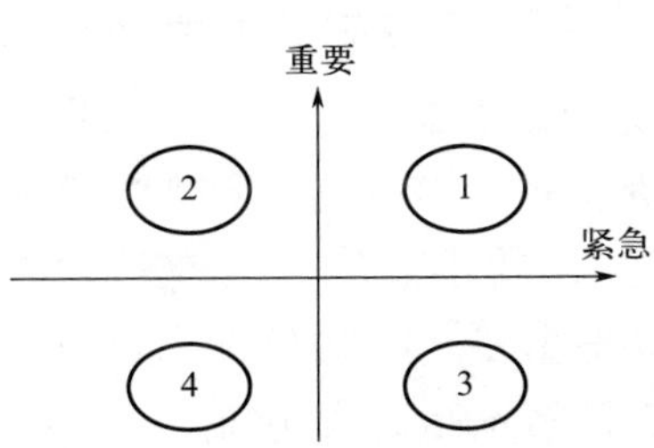

图 2.3　时间管理象限图

这里要注意两点：

1. 对于主动性工作

即与目标有关的工作，这一类基本上都是重要工作，所以，主动性工作在排序时，原则上对应的是①重要而又紧急的工作和②重要不紧急的工作。

2. 应对性工作

即与目标无关的工作，这一类基本上都是不重要的工作；所以，应对性工作在排序时，原则上对应的是③紧急不重要的工作和④既不紧急也不重要的工作。

（六）合理分配工作事项需要的时间

表格最后一项是时间分配，首先我们来看一个案例，假设用“时间管理分析表”来安排某周日的时间，如表 2.5 所示：

表 2.5　时间管理分析表举例

周日时间管理				
人生目标：生活上成为好丈夫、好父亲 工作上成为一名卓越管理者				
序号	工作事项	分类	排序	时间分配
1	锻炼身体	A	2	每天上午 6:30 ～ 7:30
2	体检	A	1	上午 8:00 ～ 10:00
3	学习	A	2	每周日上午 10:30 ～ 11:30
4	去书店帮朋友买书	B	3	晚上 7:00 ～ 8:00
5	朋友喊喝酒	B	4	没时间不去了
6	带小孩上补习班	A	1	下午 2:00 ～ 4:00

在上述计划的 6 个事项中，1、2、3、6 这四项都是与目标有关的，而 4、5 这两项则是与目标无关的。在排序的时候，2 和 6 排在了第一位重要又紧急；1 和 3 排在了第二位重要不紧急；4 排在了第三位，紧急不重要；5 则排在了第四位既不紧急也不重要。时间分配需遵循三个原则：

第一，要按照排列的顺序进行时间分配；

第二，为每一事项安排一个具体的时间段；

第三，对重要又紧急的工作，给予大量和整块的时间；对重要不紧急的工作，建立标准化执行机制；对紧急不重要的工作，有时间就做，没时间就授权别人去做；对既不紧急也不重要的工作，能不做就不做。

现代管理学之父彼得·德鲁克说："没有整块的时间，就等于没有时间"。整块的时间能够很大程度地提升工作效率，所以对于重要又紧急的工作一定要给予整块的时间。

重要不紧急的工作，就像锻炼身体不是一天两天的事，是要不断地坚持，持续投入时间的。因此需对这类事项建立标准化机制，明确每天的什么时间做，或者是每周的什么时间去做。

对于紧急不重要的工作，不难发现亲自去做和别人去做差别并不大。因为这类工作相对简单，例如，亲自去买书和别人去买书没什么差别，有时间可以自己做，没时间完全可以授权别人去做。

三、其他常用的时间管理法

（一）番茄工作法

现在越来越多的人会轻易被网络游戏、电子购物、网络社交、影视剧等更具吸引力的事物所诱惑，这些事物往往会成为工作的"拦路虎"及破坏者，导致个人工作专注度明显偏低。很多人都没有办法在工作时间内保持专注，也没有办法主动屏蔽外在的干扰和诱惑。如果对职场上的工作者进行观察，就会发现多数人每天的工作中都会充斥着大量干扰性的因素，几乎很难保持工作的连续性。

比如大多数人在几分钟之内往往会浏览一次手机信息，或者查看微信；这几乎成了生活习惯，即便是在工作的过程中也会出现这样的情况。如果细心观察，还会发现，很少有人能够坚持半个小时不碰手机。再加上其他形形色色的干扰，人们面临着信息过载、分心、注意力不集中等情况，很难认认真真地坐在办公桌前连续专注工作半个小时。考虑到一天的工作通常为 7 ～ 8 小时工作制，平均要消耗掉 2 ～ 3 个小时做与工作无关的事情。

无论如何，这些干扰性因素的存在让多数人的工作时间利用率大打折扣，工作效率明显下降。正因为如此，时间管理迫在眉睫；而且大家都需要一种简单易用的解决方法，番茄工作法则满足了这样的需求。

1. 什么是番茄工作法

1992 年，弗朗西斯科·西里洛提出了番茄工作法。按照该方法的核心逻辑，使用该方法的人要先选择一个待完成的任务，然后将番茄时间设定为25分钟，紧接着就专注工作，中途不允许做任何与该任务无关的事，也不允许受其他外在因素打扰。直到番茄时钟响起时，工作者在纸上画一个“×”，短暂休息，再接着工作。在整个工作过程中，工作者可以在每4个番茄时段休息一会儿。

具体步骤如下：首先工作者可以先将今天要完成的几项任务全部列出来，并将任务逐项写在列表里或记在清单类软件中，这样可以保证自己在采用番茄工作法测试的时候，不会因为搞不清楚自己准备做什么工作而被打断。紧接着就可以设定自己的番茄钟，所谓的“番茄钟”也只是一个代称。并不是说要找一个番茄形状的钟表，或者将番茄制作成钟表，一般的定时器、软件、闹钟等都可以用来计时。每一次计时是25分钟，这就是一次番茄钟的时间。

在开始进行第一项工作任务的时候，工作者要尽量心无旁骛地工作，确保不被任何人、任何事打扰，直到番茄钟响铃或提醒。也就是说，只要坚持了25分钟，就证明工作者坚持了1个番茄钟。

当番茄钟发出提醒之后，工作者可以立即停下手中的工作，然后在列表里打一个“×”。这时候，工作者可以暂时休息一会儿，一般是5分钟左右的时间。在休息期间，工作者可以适当放松自己，远眺或者喝茶。

当休息时间过后，工作者可以开始下一个番茄钟，继续执行该任务。只要任务没有完成，番茄工作法将会一直循环下去，直到完成该任务，并在列表里将任务划掉。一般情况下，工作者可以在每完成4个番茄钟后，休息25分钟。

需要注意的是，番茄钟的过程并非不可打断。事实上，当使用番茄钟测试过程中，如果想起了一些必须立即去做的事情，最好还是立刻停止这个番茄钟，哪怕它只剩下最后一分钟。我们应该立刻去完成记起的这件事，之后再重新开始一个番茄钟。如果这件事并不是那么紧急，无须立即去做，那么就可以在列表的该项任务后面标记一个逗号（表示自己受到了打扰），并将这件并不那么紧急的事记在另一个列表里，通常称呼它为“计划外事件”，然后，接着完成这个番茄钟。

如果对番茄工作法进行简化分析，就会发现它明确了以下几个步骤：收集信息，确定当天的任务并划分事项的优先级，选择最优先的事项并全力工作，适度休息，并确定接下来最优先的工作事项。这些步骤都是时间管理的重要法则，番茄工作法将它们集中在同一个方法中，并且巧妙地结合起来，有效地提高了个人工作的专注度及其效率。

通过分析，可以得知番茄工作法是一种简单易行的时间管理方法。它在时间管理上涉及了更加微观的层面，因此也更具细节化。例如，番茄工作法的一个内在机制是将大任务进行拆解，变成一个个番茄时间，这样会降低工作的执行难度，增强工作时间的管控力度。同时，在拆解的过程中，除非任务客观难度太大，否则从主观上来说，个人对工作难度的感知会下降，这样就有利于提高个人的信心。

总的来说，番茄工作法在时间管理上具有很大优势：例如，减轻时间焦虑，提高专注力和注意力，减少工作被打断的次数，此外，还可以强化个人决策意识及决断力，能对工作者产生更大的持久激励，进一步巩固工作者达成目标的决心，完善整个预估的工作流程，确保保质保量完成任务。

这些优势确保了番茄工作法的作用和价值。实际上，很多公司和机构都在极力推荐和使用这个方法来进行时间管理，并且取得了不错的效果。而番茄工作法的效果主要来自工作的连贯性以及作息时间的合理穿插和调整，同时也来自一种心流体验。心流体验是心理学家米哈里·契克森总结提出的一种心理状态，他将心流定义为一种将个人精神力完全投注在某一活动的感觉，心流产生的同时往往伴有高度的兴奋及充实感。简单来说，心流体验就是指全情投入并沉浸在某件事上，从而忘却时间流逝的状态。这种心无旁骛的状态，能有效提升工作者的专注度。番茄工作法的帮助在于能够在一个时间段内，集中做一件事情，并且保持高度关注。很多尝试使用番茄工作法的人都认为，自己在借助这个方法的过程中，更容易控制自己不受外界干扰，因此养成了良好的工作习惯，可以做到工作时全身心地投入，并且常常可以保持忘我的状态。

2. 番茄工作法的使用原则

虽然番茄工作法有着显著的作用，但是在实施番茄工作法的时候，还是需要注意以下几个原则。

原则一：要确保一个番茄时间（25 分钟）是不可分割的。也就是说，工作者在工作过程中不能拆分为半个或一个半番茄时间，也不存在“半个番茄时间”或者“一个半番茄时间”的概念。

原则二：如果在一个番茄时间内做与任务无关的事情（如出去喝杯咖啡，或者抽空打扫了一下卫生），那么该番茄时间作废，工作者必须重新开始计时。

原则三：番茄工作法仅适用于工作时间内的时间管理，非工作时间无需使用番茄工作法。用 3 个番茄时间出去打球，或者用 5 个番茄时间喝茶聊天，就没有任何必要了。

原则四：番茄工作法并没有一个统一的标准。每个工作者在进行自我测试时，只对自己负责，没必要拿自己的番茄数据与他人的番茄数据进行比较。

原则五： 番茄工作法虽然能够有效评估个人的时间管理水平与效果，但是番茄的数量无法决定任务最终的成败，毕竟个人的工作能力和工作效率，会影响工作的质量。

原则六： 番茄工作法的核心逻辑通常是比较固定的。但是在实践的时候，工作者还必须制定一份适合自己的作息时间表。有的人在凌晨或者半夜，又或者午休时间段进行实践，这显然会影响到效果。通常工作者应该尽量将重要工作放在大脑高效的时段，比如上午 8:30 ～ 11:00，下午 15:00 ～ 17:00 等。此外，不一定所有工作都要纳入番茄时间段里，一些重要的事情需要先做，而且关键还是要找到适合自己的工作节奏。

事实上，只要认真遵循以上这些原则，然后按照正确方式和流程执行，就可以有效发挥番茄工作法的优势和效用。

（二）六点优先工作制

美国伯利恒钢铁公司总裁查尔斯·舒瓦普由于公司濒临破产，向效率大师艾维·李求助。在两个人将近半个小时的交流中，艾维·李倾听对方讲述了公司遭遇的困境，然后说自己能够提供一种有效的方法，保证对方公司在 10 分钟内掌握提升 50% 业绩的方法。查尔斯·舒瓦普自然不会相信，于是艾维·李拿出一张白纸，让对方在纸上写出第二天要做的事情。

艾维·李建议对方能够将每天要做的事情写出来（通常在前一天的晚上对第二天所要做的事情进行梳理），然后分别用“1”“2”“3”“4”“5”“6”标出六件最重要的事情。查尔斯·舒瓦普用了 5 分钟完成，于是艾维·李让对方对这六件事的重要性进行排序，弄清楚哪一件事情必须先做，哪一件事后做。查尔斯·舒瓦普又花了 5 分钟照做了，于是艾维·李说道：“这张纸就是我要给你的方法。”并且嘱咐对方明天一开始工作，先全力以赴完成标号为“1”的事情，直到它被完成；再全力以赴地做标号为“2”的事情，依此类推。

在艾维·李看来，一般情况下，如果一个人每天都能花十分钟罗列出第二天必做六件事的优先级排序，然后全力以赴地完成这六件最重要的大事，那么他要么是一位高效率人士，要么会成为一位高效人士。事实也证明了这一点：查尔斯·舒瓦普在接受这个建议后，很快将该方法付诸实践，结果他的公司只用了五年的时间，就从一家濒临破产的小钢铁厂一跃成为当时美国最大的私营钢铁企业，艾维·李也因此获得了 2.5 万美元咨询费。所以，管理界将该方法称为“价值 2.5 万美元的时间管理方法”，又称“十分钟六件事工作法”。

六点优先工作制是个比较简单的方法，最核心的内容就是每天梳理出六件最重要的事情，并排列好顺序，只要完成了这六件最重要的大事，那么一天的工作时间就基本上得到了充分的利用。在这个工作法中，最重要的就是要能及时确定6件重要的事项，同时做好顺序上的安排。这样一来，就可以对自己每天的工作有更为直接的了解和控制，避免在完成一项工作后显得不知所措，也不会轻易被其他事情所干扰。更重要的是，这些工作实际上基本能够决定时间的利用价值。

很多人也许会觉得这个方法只是专注于解决每一天的工作安排问题，但实际上，将六步工作制进行延展，可以将其运用到自己的目标管理当中去。

1. 需要清楚地知道自己的工作目标是什么。明确自己的目标，是进行时间管理的前提；如果连自己的目标都不了解，或者没有目标，那么就根本没有办法进行时间管理。

2. 需要制定长期目标和中期目标，并将这些目标分解成半年目标、季度目标、月度目标、周度目标。

3. 将你的周度目标分解成每天要做的事情，然后以此来确定每天最重要的六件事。通过这种分解的方法，一定会对目标有一个准确的把握；而且只要每天都坚持做好六件事，周度目标一定可以达成。而周度目标的达成又会确保月度目标的达成，以此类推，中期目标和长期目标都可以实现。

从这一方面来说，六点优先工作制不仅关系到每天的工作细节，关系到每天或者每周的短期目标，还往往和中期目标、长期目标相挂钩，这是保障时间管理，把握全局的一个重要方式。如今，许多人都采取这样的方式来管理自己的工作时间，而且相对于其他时间管理方法，该法更为直接、明确。它对工作者每天要做的事情有一个明确的数量要求，而这足以让每一天都过得充实高效。不过，即便如此，在使用这种方法时，需要把握以下几个要点。

1. 把最高效的时间用在那些最重要且最有价值的事情上；

2. 对整个计划中要做的事情进行划分，分为紧急、重要、不重要、不紧急几种，最紧急最重要的一定要放在前面，认真排好顺序；

3. 提高工作效率，确保六件重要事情顺利完成，不要将问题拖延至次日；

4. 明确标准格式，明确标准流程，每天的任务清单一定要按标准格式来写；

5. 每天要做的事情，尽量简写，节省时间；

6. 工作目标最好量化为具体的数字，这样方便检查；

7. 完成一项任务后，用“×”做标记，并且简单地写下完成情况。

（三）神奇的莫法特休息法

《圣经新约》的翻译者詹姆斯·莫法特的书房里总是摆放着三张桌子：第一张摆着他正在翻译的《圣经》译稿，第二张摆的是他一篇论文的原稿，第三张摆的是他正在写的一篇侦探小说。这三张桌子实际上显示着他在做的三种不同类型的工作，这些工作互不相关，不过都需要他花费大量时间去完成。

为了确保自己始终保持旺盛的精力，不至于产生疲劳感，而且考虑到这些工作中某些事情不可能短期内完成，或者说这类工作还得持续很长一段时间，莫法特拒绝让自己长时间停留在某一项工作上。一旦自己感到疲劳和枯燥，他会及时让自己从一张桌子上搬到另外一张桌子上。而通过这种工作转换可以有效地放松自己，避免陷入单调的工作之中。

这种奇特的方法就是莫法特休息法，其原理就在于人的体力和脑力常常会在同一项工作上感到疲劳。对于那些长时间专注在同样一件事上的人来说，每天重复性的枯燥内容会让自己失去兴趣，甚至产生倦怠。心理学家认为，工作的单调性会消磨一个人的热情与兴趣，并且对大脑产生持续的负面影响，造成工作效率低下。如果对持续从事某一项工作的人进行观察，就会发现越到最后，效率下降得越快。

如果每隔一段时间能够及时更换工作，让工作者接触到新鲜的工作内容、新鲜的工作模式，就会使其产生新的兴趣点和兴奋点，这样就有效抑制了原来的疲劳状态和压抑的情绪，并确保身体得到及时的调整，而这种调整有助于体力和脑力的恢复。

比如，一个编辑每天都要审读、加工数万字的书稿，这样高强度的工作量和重复性劳动容易引发职业倦怠。若持续数周专注于单一流程，编辑可能出现工作效率下降和情绪波动。为保持工作状态，可以采用任务轮换机制：前三天集中处理稿件审读与加工，接下来三天转入校样审改工作，再之后三天则统筹出版流程并确定封面设计方案，如此循环往复。这种工作模式既能保证各环节进度，又能通过不同性质的工作内容调节心理状态。

如果觉得工作状态不错，其实也可以延长各份工作的时间。比如，延长到四天、六天或者七天。又或者说可以按照自己对每一份工作的投入、喜爱程度以及工作的重要程度进行规划：用一个星期的时间进行校样审改，然后花两天时间处理稿件审读与加工，紧接着用三天统筹出版流程并确定封面设计方案。不同的工作模式完全可以按照自己的实际需求切换，并没有什么固定模式。关键在于必须每隔一段时间从某项工作中脱离出来，投入到另外的工作中去，给自己寻找新鲜感，同时放松身心。

实际上这种方法与农民的“间作套种”是同一个道理。作为农业上常用的一种科学种田的方法，“间作套种”可以确保土地尽可能地得到开发和利用。因为人们在耕作实践中发现了一个问题，一旦连续好几季都种相同的作物，那么土壤肥力就会下降很多，很显然同一种作物会吸收同一类养分，如果长时间都种植这一种作物，就会导致土壤中的某一类养分的缺失。最后这块土地就会越来越贫瘠，直到什么也种不出来。

如果选择种一季作物 A，再种一季作物 B，或者增加一季作物 C，这样就可以保证土地的肥料和养分维持得更久一些。毕竟不同的作物所需要的养分是不一样的，而且有些作物还能够相互之间补充所需的养料。通过“间作套种”的方法，能够保证土地始终保持应有的生产力和价值。

莫法特休息法同样如此，它实际上也是通过对不同类型的工作进行切换，从而保证个人的工作时间得到更好地利用，工作状态得到最佳延续。因此，莫法特休息法实际上也叫连续分段时间管理法，在具体实施这个方法时，还可以采用多种模式。

模式一：左右脑的切换

人的左右两个大脑半球分工明确。对于管理者来说，不同的工作可能会对应不同的大脑区域。美国心理学家霍华德·克莱贝尔经过调查研究发现，绝大多数人看待问题和思考都习惯于运用左脑，而对右脑的使用少之又少，这样就造成了左右脑的使用不平衡，导致人们在成就感与幸福感上产生显著差异，并由此提出了“右脑幸福定律”。

左脑常常被称为“意识脑、文字脑、竞争脑、现实脑”，属于秩序的、功利的、经验的、分析的、计算的大脑，其主要功能在于处理文字和数据等抽象的、复杂的信息，具有理解、分析、判断等抽象思维能力，有理性和逻辑性的特点。人要生存，就必须利用好左脑。但这样做，虽然使人感受成功，却无法让人享受到长久的幸福感。

右脑被称为“本能脑、图像脑、创造脑、音乐脑、艺术脑”，被认为是储存人类祖先遗传信息的大脑，属于灵感的、直觉的、音乐的、艺术的、宗教的等可以产生美感和喜悦的大脑，具有想象、创意、灵感和超高速反应（超高速记忆和计算）等功能。而且具有感性和直观的特点，负责处理声音和图像等具体信息，会主动将接收的信息以图像的形式进行处理，因此能够把大量的资讯一并处理，心算、速读等都是右脑处理资讯的表现方式。

左脑的优势显而易见，它能讲会算、好学上进，因此在人的生活中占据着中心地位。但是以左脑为中心的生活方式是单色调的，因为左脑考虑的主要是利害得失，因此观察人生和社会的视野就可能有些狭隘、偏颇。左脑用得多了，会使人感受轻松愉快的能力下降，引发失眠、焦虑、抑郁症等心理疾病，不易让人感觉到幸福。

相对于左脑来说，右脑是人类遗传信息的巨大宝库，是人类生活的深层基础。梦、顿悟、灵感、潜意识等与创造力相关的心理过程，主要由右脑激发，经常使用右脑则使人感到幸福。但长期以来，我们绝大多数人主要在使用左脑，右脑往往被忽视，是一个有待开发的巨大潜力宝库。

比如，在研究哲学、政治、历史、文艺理论、美学、高等数学等问题时，左脑会发挥主要作用，因此左脑的工作量会比较大。一旦长时间运用左脑进行思考和分析，可能会造成左脑工作效率的下降。这个时候，可以从原有的抽象思维中跳出来，通过阅读通俗小说、欣赏诗歌或图片来缓解压力，因为这个时候大脑已经切换到了右脑的工作模式，从而让左脑得到休息，并且在新鲜感的刺激下，也能够保持自己的专注度和良好的工作状态。

心理学家马尔茨认为："所有人都是为成功降临到这个世界上的，但是有人成功了，有人没有。这只是因为每个人使用自己大脑的方式不同。"在现实生活中，我们之所以使用左脑多一些，还因为左脑很好开发，右脑很难开发。但难开发不等于不能开发。为了使自己生活得更快乐、身心更健康，我们需要积极训练自己更多使用右脑的能力。随着科学技术的进步，心理学家们已经提出了调动想象力、尝试发散式思考、提高集中力、音乐训练等一些开发右脑的可行方法。另外，每天有意识地进行散步、吟唱、垂钓、放眼星空等活动，也能帮助开发右脑的潜能，激发自己的成功天赋，获得更多幸福感。

模式二：体力与脑力互相交替

体力劳动和脑力劳动是人类劳动的两种基本模式。无论是谁，都不可能长期从事其中的某一类工作。即便是那些常年需要动用脑力的人，也需要在恰当的时间从事体力劳动来放松自己的大脑，而常年从事体力劳动的人，同样也需要活动一下大脑，多进行一些思维活动。因此，无论是从事哪一类工作的人，都应该选择在脑力劳动和体力劳动之间进行切换。比如，经常在办公室里工作的白领，在从事脑力劳动一段时间之后，最好做一些体力活动：舒展一下身体、帮忙搬一下东西、打扫一下卫生，或去户外做一下运动。从事体力工作的人，也可以每隔一段时间思考一些问题，或者发挥一下自己的想象力，这样都有助于保持精力的充沛，有效缓解身体和大脑的疲劳，提高时间利用效率。

模式三：选择不同的角度

莫法特休息法并不意味着一定要更换工作，有时候更换工作方式同样可以收到很好的效果。比如，针对某个问题从不同角度进行分析，可以让大脑获得新的启示，让工作产生新的方式和方法。就像阅读和分析《堂吉诃德》这本书，可以从历史的角度去解读，这样可以在阅读过程中体味书中描述的或者暗藏的某些历史性事件，了解书中描述的那个年代的社会背景以及社会环境，了解当时社会的整体风貌。除此之外，也可以从心理学的角度去分析，有助于更好地理解堂吉诃德表现出来的各种怪异举动，还可以用哲学的眼光进行阅读分析，同样会得出一些新的观点。

通过不同角度进行分析，从不同的侧面进行解剖，大脑同样可以接收到新的刺激。哪怕是将一篇文章顺着读、倒着读、跳着读、有选择性地阅读某几个特定片段，这些不同方式也是莫法特休息法的灵活运用。

模式四：形式的变换与交替

如果说从不同角度做一份工作，可以带来很多新鲜感；那么在做同一件事的时候，采取更改工作模式的方式同样可以产生类似的效果。比如，在阅读的时候，人们常常会笔挺地坐在椅子上，这种姿势时间一长，会对颈椎、腰背、双腿造成伤害，导致身体的相关部位出现酸胀和疲劳。如果靠在沙发上或躺下来阅读，相应部位的疲劳就可以得到舒缓，或者试着从家里转到公园、树林里阅读，通过环境变换，以及从坐着不动到边走边阅读，个人的身心和大脑同样可以得到放松。通过变化工作形式，可以有效保持工作的新鲜感。

无论采取何种方式，莫法特休息法的最终目的都是为了确保让自己的工作保持新鲜感。因此，每隔一段时间，应该主动改变一下工作环境和工作方式，必要的时候可以做到劳逸结合，将工作与休闲娱乐活动有效结合起来。事实上，当一个人在不同的工作环境、工作模式、甚至从不同的工作中自由切换的时候，各种各样的新鲜信息会刺激大脑，促使大脑的兴奋中心不停地转移，使其始终保持活力和兴奋，同时避免自己在某一个特定工作区域内，产生身体疲劳以及由于长时间的定点兴奋而导致的审美疲劳。可以说，通过这一种转换，时间往往可以最大化地利用起来，而工作效率也会得到不断的提高。

（四）麦肯锡 30 秒电梯法

麦肯锡公司是全世界最著名的咨询公司之一，曾经为世界上最出色的企业提供过经营管理方面的咨询。可以说，在咨询行业它一直都是其中的佼佼者，这也让它获得了世界级的声誉，并且一直都获得大客户的青睐。不过即便如此强盛的麦肯锡公司，也同样会犯错误。有一次，公司为一家重要的大客户提供咨询服务，而在咨询结束的时候，麦肯锡的项目负责人在电梯间里恰好遇见了这家客户公司的董事长。这位董事长当时准备从30楼下到1楼，他非常有礼貌地询问麦肯锡的项目负责人："你能不能说一下现在的结果呢？"然而，这名项目负责人当时不知道是因为紧张，还是没有做好解释的准备，总之他没能在短短30秒内将事情说清楚——或者说，他一开始就并不认为自己可以在30秒内将事情表达清楚。

电梯到达1楼之后，董事长非常失望地离开了，麦肯锡公司也因为这一次的失误错失了一个重要的客户。经历如此惨痛的教训后，麦肯锡公司决心在内部进行整改，并制定了一个特别的要求，那就是所有员工必须在最短时间内说清所要表达的内容，凡事需直奔主题和结果，彻底删除冗余内容，将重要内容归纳在三条以内。从那以后，这个强硬的规定就在商界流传开来，并且演变成了著名的"30秒钟电梯理论"，也叫"电梯演讲"。

很多人也许会觉得"30秒电梯理论"有些夸张。但实际上，如同麦肯锡公司所遭遇的困境一样，在日常生活和工作中，时常会遇到类似的情况。比如，当公司准备派你去客户那儿商谈合作时，你已提前准备了大量资料，并且花费数天时间制定了一份详细的合作方案。可当你准备在对方老总办公室里做一个详细的汇报时，不巧的是当客户公司老总刚刚走进办公室，他的秘书便急匆匆地冲进来，说让他前往会议室参加一次紧急会议。为了不至于错过这次机会，你唯一能做的就是立即追上去，在这老总赶往会议室的途中将自己的方案简单地说给对方听，而且要确保尽可能将所有关键信息呈现出来。面对这突如其来的情况，如果不这样做，后续能否再抓住这样的机会就难说了！

事实上，类似情况在生活和工作中很可能出现。具体情境未必相同，但很多时候必须在短时间内进行类似的表达。对此可以进行情景自测，一旦时间不够用，是否能用一句话浓缩自己的年度营销报告？是否可以用几句话向客户说清楚公司的发展状况和发展方向？是否可以在一分钟之内向老板汇报本月的工作？是否可以在30秒内向客户成功推销自己的产品？是否可以用3分钟时间在会议上讲清楚公司存在的问题，以及解决这些问题的方案？

虽然很多复杂的信息不可能在短短几十秒或者几句话之内完全说清楚，但是在一些特定的时刻可以进行简化处理。而这种简化处理的能力，对表达者来说非常重要，即便是在日常一些工作中也会起到重要的作用，尽可能地节省时间。如果缺乏这种简化和凝练的能力，说明表达者本身就缺乏将事情表达清楚的能力。换句话说，如果没有办法用几句话对事情进行概括，那么其很可能也无法在整个下午将事情表达清楚。

一个不可忽视的事实是：无论是自身，还是客户、老板以及其他合作对象，每个人的时间都是有限的，也都是非常宝贵的，能在短时间内把事情说清楚，或在短时间内将自己的观点准确表达出来，将最重要的信息传达给他人，这是优秀的管理者需要具备的一项表达技能。

表达者必须想办法让自己的表达变得简短而高效。比如，制定的方案必须在短时间内让别人听得懂，必须在短时间内向客户介绍自己产品的特色，必须在短时间内表达信息中的要点。如果表达者没办法在短时间内讲清楚一件事，说明这个计划或方案存在问题，并且缺乏可操作性，足以说明事情本身没有做到位。

30 秒电梯理论实际上是一个非常有效的时间管理法。它的核心内容就是尽可能地简化自己的表达，确保所有重要的信息可以在最短时间内表达出来。因此，这个方法主要是追求速度和效率，直接切中问题的重点和中心，同时涉及一些重要的表达方式。

首先，一定要确保自己能够语出惊人。如果表达者渴望在短时间内说完自己的话，并且尽可能打动对方，那么一定要注意自己的表达方式。可以通过一些更具冲击力和与众不同的语言来吸引对方的关注，从而形成最基本的冲击力。事实上，这种语出惊人的效果正是表达者打动和说服他人的必要手段，如果一开口就引起了对方的关注，那么接下来我们的话语将会更有效率。必要的时候，甚至可以略带悬念，通过一些似是而非的话来引起对方足够的关注，增强语言的影响力。

其次，需着力压缩和提炼语言，将一切复杂的事情都用简化的语言来表达。只有保持强大的提炼和简化能力，抓住那些最重要的话来说，复杂的话才能在最短时间内说完，并尽可能地表达更为完整的意思。

再次，无论表达多么简化，内容多么复杂，一定要注意提炼出一个精练的、明确的观点。简单来说，表达者必须具备强大的观点提炼和句子归纳能力，确保自己能在短时间内归纳出最多三个观点。这些观点必须足够深刻，能够直击要害，一下子就体现出自己想要表达的重要意思。

最后，为了确保自己的话更具吸引力，表达者可以在谈话中留下一些悬念，有效激发对方的好奇心。

不得不说，当今是个“速食年代”，每个人都在拼时间，每个企业都在力求提升效率。谁能够更好地掌控时间，谁能够在短时间内做得更多更好，那么谁就更容易把握竞争的优势。而 30 秒电梯法刚好迎合了这种趋势和潮流，确保能够以最短的时间、最高的效率完成自己的工作。

第三章 目标与绩效管理

目标管理作为一种科学的管理方法，是德鲁克于1954年在《管理实践》一书中提出的。德鲁克认为："并不是有了工作才有目标，而是有了目标才能确定每个人的工作。企业的使命和任务，必须转化为目标。如果一个领域没有目标，这个领域的工作必然被忽视。"而绩效则是评价目标完成情况的标准，可以这样认为，目标完成则绩效优、目标未达成则绩效差，所以目标管理和绩效管理是一个整体。

这一章将从目标管理入手，首先将公司的战略目标分解到部门目标；接着将部门目标分解为团队成员的价值工作；然后将价值工作有效地分配至每一位团队成员，形成他们的绩效指标；再通过一系列绩效管理方法，确保绩效指标的达成；最后根据绩效结果和成员进行绩效面谈，并制定下个阶段的绩效指标，形成目标绩效管理的闭环。

第一节 目标管理概述

一、目标管理的发展历程

第二次世界大战后，西方经济由恢复转向迅速发展的时期，企业急需采用新的方法调动员工积极性以提高竞争力。

就是在这样的背景下，德鲁克提出了目标管理并被广泛应用。先是被日本、西欧国家的企业所仿效，在世界管理界大行其道。据说当时的东成印刷公司和现在游戏界赫赫有名的任天堂公司，都是目标管理的受益者。

传统的管理方式侧重对人的管控，而德鲁克提出的目标管理则强调建立目标锁链与目标体系，重视成果。德鲁克提出的目标管理与传统管理方式相比，有4个特点：

第一，目标管理首先强调的是个体，要求管理者要确定明确的目标。也就是说目标先行，更重视目标这个客体的因素。

第二，在实现过程中，德鲁克更强调“参与决策”。也就是说，首先上级和下级要共同参与选择设定不同层次的目标，在此基础上再谈目标转化。转化过程既是“自上而下”的，又是“自下而上”的。也就是说，在企业全体员工的积极参与下，自上而下地确定工作目标，并在工作中实行“自我控制”，自下而上地保证目标实现。

第三，为了实现目标，德鲁克建议管理者规定时限，不鼓励无时限的持续投入，更强调阶段性成果、反馈、激励和复盘。

第四，目标管理还非常强调绩效评价，希望通过目标管理中的评价机制和绩效反馈，为团队创造一种激励的环境。

这四个特点可以概括为明确目标、参与决策、规定时限、评价绩效。德鲁克认为目标管理是管理的第一要务，这一观点得到学术界和许多企业的实践支持。

二、企业目标的分类

“管理如果没有分类，那管理就还没有开始。”只有将复杂的事物进行有效分类，才能在每个类别下探索和发现管理该类事物的成功经验。那么，如何对企业的目标进行分类呢？有多少种分类方法呢？一般会有如下分类方法：

（一）按时间线分类

按照企业发展规划，分别设定未来长期（5～10年）、中期（3～5年）、短期（1～3年）等不同时间段的发展目标。

（二）按职责线分类

按照业务类别，通过对发展目标的拆解，分解到每个业务板块对应的发展目标。

（三）按人物线分类

将企业的发展目标按高层管理者、中层管理者、基层管理者及员工的级别进行分解。

以上三种分类方法没有对错之分，只是分类的维度不同而已。此外，还有一种分类方法，即将企业的目标拆分为经营目标、管理目标和工作目标。

（四）按目标性质分类

1. 经营目标

经营目标是企业在一定时期内，经营活动预期要达到的成果，是企业经营活动目的性的反映与体现。经营目标中既包含经济目标与成功的标志性目标，也涵盖主要目标与从属目标。它们之间相互联系，共同形成一个目标体系。

经济目标，通常会采用财务管理的三大核心数据作为评价标准，即净利润、现金流和投资收益率。其反映的是企业通过分析市场中长期的发展趋势，给自身设定的一个价值展现的数据基础，并在这个基础上通过有效拆解，分解到各个职能板块的分阶段目标。该目标具有整体性、终极性和客观性。

成功的标志性目标，又称愿景目标，是企业对自身发展的定性定位，具体包含三个维度：持续盈利能力的稳固、商业价值的提升，以及行业或经济发展中使命与责任的承担。作为一个确定性目标，要通过分阶段的经济目标实现来详细定义。唯有将定性描述与定量指标有机融合，才能全面、精准地阐释企业的最终经营目标。

2. 管理目标

管理目标即绩效目标，目前有很多种不同的管理定义，但是不论哪种定义，都离不开几个关键点：即管理是指在特定的环境条件下，以人为中心，通过计划、组织、指挥、协调、控制及创新等手段，对组织所拥有的人力、物力、财力、信息等资源进行有效的决策、计划、组织、领导、控制，以期高效地达成既定组织目标的过程。其核心就是 PDCA[1] 循环。

企业为了实现既定的经营目标，就必须具备相应的业务过程，我们称之为价值实现过程，包括研发、生产、营销、服务以及相关的职能管理。企业根据明确的经营目标，分阶段设定不同业务领域的管理目标；并通过强

---

[1] PDCA 是一种质量管理方法，由美国质量管理专家休哈特博士首先提出，后经戴明完善、推广而获得普及。PDCA 四个字母分别代表计划（Plan）、执行（Do）、检查（Check）和处置（Act）。

化业务过程的管理，合理规划和实现企业的经营目标。通常将不同业务领域的管理目标称为关键绩效指标。

3. 工作目标

工作目标即各业务部门的负责人及员工，为实现企业经营和管理目标而制定的具体实施计划。因为不论是经营目标还是管理目标，它们都是一种结果类的目标，而管理本身是一个过程，所以仅关注结果是不可行的。

工作目标的管理有着非常鲜明的特点。首先是时间性，每项工作会有一个非常明确的时间期限，这个期限对于问题解决，以及组织长远发展目标的实现，都有着不同程度的影响；其次是任务性，工作目标的达成是由很多相互独立且相互联系的任务组成的，对每项任务产出的定义与工作目标的最终要求必然是一致的，因此任务的清晰划分与定义是工作目标管理的重要特点；最后是资源性，通过对任务的有效分解，可以清晰地看到所需匹配的资源是什么、组织目前的资源是否可以满足目标实现的要求、如果不满足如何处理等，这些问题都是在工作目标管理中需要注意和强化的。

除了以上三个方面的特点，工作目标管理还有一个“天条”：不论是哪个部门的工作目标，都必须与企业整体的经营目标和管理目标保持一致，这是所有企业中层管理者必须严格遵守的底线原则。

通过上述对目标分类的解读，我们可以看到目标管理涵盖的范围之广、内容之多、要求之高，是令人难以想象的。这也是为什么很多管理者，尤其是企业中层管理者，一谈到目标管理，就会有一种“虽耳熟能详，但又高深莫测”的感觉。

这里所谈的目标管理，将聚焦于以“工作目标”为核心的管理体系及方法论。这是实现企业经营和管理目标的基础，如果没有很好的工作目标管理体系，就不能保证企业经营目标的有效达成。因此工作目标管理技能，将是伴随我们的核心管理技能。

三、工作职责与工作目标的关系

既然工作目标管理是研讨的关键点，那么为什么在围绕工作目标管理的研讨过程中，要提出工作职责的概念呢？

很多企业中层管理者对于“您认为目前自己的工作目标应该有哪些”这个问题的回答是“我的工作目标就是我的工作职责”，还有一种回答是“我会根据企业给我确定的工作目标，来不断完善我的工作职责”。听上去这两种说法仿佛都很正确，但得仔细思考一下：工作职责与工作目标究竟是什么关系?

所谓工作职责，就是指在工作中所负责的管理范围和所承担的相应责任，包括完成效果等。其代表着企业赋予管理者的管理范畴，也就是管理边界，是管理者对组织需要承担的管理责任。为了实现这个管理责任，需要通过建立和完善该业务范畴下的管理规则、制度、流程、工具和方法，并在企业中推动其有效运行，以此实现企业管理效率的提升。

从上述定义可以看出，工作职责不仅是某一项具体的工作，而且是多项工作的组合，通过工作组合，实现本部门或者本岗位需要输出的工作价值。工作职责的通俗表述为：根据什么，做什么，取得什么结果。工作职责是在构建一个部门或者设定一个工作岗位时，必须完成的首要任务。例如，人力资源部一定会有一项工作职责，即招聘管理，具体内容描述是：根据企业业务发展的需要，结合企业人力资源开发管理战略规划，合理制订人力资源开发与管理方案、计划及相关政策并推动实施，以满足企业业务发展的需要。

围绕该工作职责的内容描述，人力资源管理者针对招聘管理，应该设立如下几个关键的工作目标：制定企业人力资源规划、开发招聘渠道、建立岗位标准、完善招聘流程、建立试用期考核管理制度等，并通过阶段性调整目标标准，确保该工作职责的有效履行。通过有效推进这些工作目标，实现招聘管理对公司业务发展的有力保障，这是在企业中建立规范的招聘管理的核心基础。

因此，根据上述对工作职责和目标关系的辨析，可总结出如下注意事项：

1. 工作目标是工作职责管理范畴内阶段性的行动要求；
2. 工作职责告诉管理者工作责任和管理方向，而工作目标是履行工作职责的具体管理活动；
3. 工作目标是一系列具有阶段性要求和标准的工作任务。

四、开展目标绩效管理的行为要求

目标管理是一个方法论，而方法论一定离不开必要的管理行为。这些行为渗透在目标管理的每个环节，它是可视的、可管理的行为。以下将从分析目标管理的行为要求开始，通过详细解读，总结提炼出目标管理的行为要点，给大家提供管理行为的对标依据。

中层管理者在目标管理过程中应当具备的管理行为，可以归纳为以下十五个问题。（请进行自我评估，找出可提升之处）

（一）年度目标是否包含各项效益指标

效益指标，是指在中层管理者的年度目标中，是否有与企业经济效益挂钩的经营类指标，如销售额、回款额、产量、质量合格率等。所有业务部门，如销售部、市场部、生产部等的管理者对于这些指标都不会有问题，但是职能部门管理者的回答往往相反。那么，年度目标应该包含效益指标吗？针对这个问题，有以下两点值得深思：

1. 效益的来源

效益，最简单的理解，就是收入减去成本。成本既包含制造成本，也包含管理费用。职能部门没有收入可以理解，但是一定会产生管理费用。在每年的年度工作目标中，是否思考过“如何建立工作目标与管理费用之间的关系？”开源节流是管理的基本常识，但在日常管理中这种思维往往被忽略，反而产生对控制公司费用的抵触情绪，这是极不恰当的。

2. 尽可能地量化工作目标

如何将工作目标与企业经营的效益和成本进行数字化挂钩，这是对中层管理者提出的更高要求。“当你还不能用数字描述某件事时，说明你真的还没有了解它。”量化、数据化并不只是一种展示方式，更是对业务形成过程中的要素分解和定量测量过程。一旦这个规律被发现且验证是正确的，那么管理的效益化才能真正得以实现。比如行政管理工作，很多人认为是事务性工作，只需做好服务即可；但是如果要求使用数字化的行政管理目标，坚持两年时间，就可以探索出各项行政管理的数据化标准：如一年四季的人均饮水量、人均电费、人均办公面积等，将行政管理的琐碎事务尽可能地量化。有这样的基础，行政管理的年度工作目标就能够包含企业效益指标。

结论一：不论什么岗位，将自身的工作目标进行量化管理，并与企业的效益指标挂钩，是企业中层管理者必须追求的目标。

（二）年度目标是否都围绕着企业要求的大方向

这个问题分别给中、高层管理者提出了两个关键问题。一是作为企业的高层管理者，是否能做到给企业各个业务单元及职能部门提出清晰化的年度目标、管理方向及要求？二是作为企业的中层管理者，是否能准确地理解、领会高层管理者的要求，并以此作为部门年度目标设定的依据？如果做不到这两点，中、高层管理者之间就会出现因方向不一致导致的争夺管理资源的状况，企业确定的整体目标也就不能保证有效地实施。

举例来说，一个企业在做年度预算时，通过审核研发团队的人员编制预算发现其预算与公司确定的研发计划有一定的出入。原因是研发总监在公司年度研发计划之外，又设立了一些小的研发项目，而且这些项目并不是公司确定的研发项目中的必要组成部分。经询问得知，该研发计划系由研发总监个人决定。增加公司既定研发项目之外的预算，必然导致与公司整体研发资源投入的冲突；对公司整体既定的研发目标来说，这一定会带来资源管理上的挑战。所以中层管理者必须注意，处理好“应该做的事情”和“喜欢做的事情”之间的关系。

结论二：中层管理者的年度目标必须与企业的整体目标方向保持一致，否则就会带来资源的内部博弈，使企业的整体目标得不到有效的资源保障。

（三）完成任务的期限是否明确

这是一个非常简单的问题，但在现实的问题测试中，大约 40% 的人回答为“否”。这样的结果一定会带来诸多管理挑战，其中最重要的两个挑战是：

1. 没有明确的期限，中层管理者就不会设定过程检查节点，更不会依据制定的计划来配置相关资源。

2. 没有明确的期限，承担目标任务的员工就不会将其作为当下必须完成的工作任务。因为会产生心理暗示，一个没有期限要求的目标，说明对领导来讲并不重要，可以先放下。

结论三：目标管理不论是对上还是对下，完成任务的期限是必须加以明确的关键要素。

（四）年度或日常工作目标中的各项任务是否具体、明确、有衡量标准

看到这个问题，相信很多人都会想到“SMART[1]”这个在管理界被普遍认同并广泛使用的管理方法，看似简单但落地却不容易（《自我管理》中“执行力 - 目标意识”章节有详细介绍）。在实际操作中，评估工作目标清晰度的有效方式是观察他人对其的理解是否与你的初衷一致，若存在偏差，则表明目标阐述需要进一步清晰化。

结论四：不论是年度目标，还是日常工作目标，做到 SMART 可衡量的标准，是目标管理的基础要求。

---

[1] SMART 原则是一种有效设定目标的方法，SMART 这五个字母分别代表明确性（Specific）、可衡量性（Measurable）、可达成性（Attainable）、相关性（Relevant）和时限性（Time-bound）。它为有效设定和管理目标提供了清晰的指引和标准。

（五）除了指定时间和内容外，是否能额外向员工阐明原因，并共同商讨实施的具体措施

在过去的工作实践和培训过程中，这个问题至少有 60% 的管理者是没有做到的。部分管理者称在部门管理中拥有高度权威，决策后鲜有异议。这反映出目标设定过程可能缺乏互动，更接近于单向布置而非双向交流。如果这种情况持续存在，可能导致员工对任务目的、价值、实现路径、资源需求及支持机制等一无所知。缺乏部门内部的充分沟通与共识，实现工作目标的可行性也将大打折扣。

结论五：目标的制定与实施必须让员工参与进来，并在研讨过程中通过澄清目标的价值和实施策略，焕发团队成员对目标的认同并产生实现的意愿。

（六）年度或日常工作目标是否与下属的主要工作职责相吻合

如果目标不能与下属的主要工作职责相吻合，那么一定会让员工产生抵触情绪，致使目标管理从开始就遭遇挑战。出现这种情况的原因有下面两种：

1. 由于承担该目标的员工能力欠缺，需要安排其他员工跨职责协助，这种情况容易让两位员工产生矛盾。作为中层管理者，正确的工作方式应该是明确该员工仍是目标的承担者，但考虑到员工的能力欠缺，可在本部门内部成立一个项目团队，发挥团队的作用帮助该员工实现目标，甚至管理者担任该项目的负责人。只有这样才能保证能力的相互补充，降低内部员工之间的矛盾。

2. 在企业快速发展阶段或者新业务的拓展阶段，会不断产生新的工作内容，可能会导致出现管理目标与现有工作职责之间产生偏差的情况。作为中层管理者，正确的工作方式应该首先要澄清为什么要设定这样的目标，目标与本部门在企业中的价值有什么相关性。明确其原因，然后告知员工：企业高层管理者对该目标的期待是什么，为什么要安排本部门来做，阐明其重要性，最后澄清本部门通过该目标的达成，给相关人员及部门带来的价值。通过上述三个方面的问题澄清，才是解决目标与工作职责发生偏差的合理、有效的解决方案。

结论六：目标与工作职责产生偏差不可怕，可怕的是没有对应的解决方案。

（七）年度及日常工作目标设定严格，但均在能力可达成范围内

面对目标设定，普遍做法倾向于避免超出能力范畴，以防实现难度大

幅增加。然而，若目标长期拘泥于既有能力之内，则易导致团队成长停滞，技能提升动力减弱，陷入“舒适区”陷阱。中层管理者应牢记促进团队成长的职责，通过阶段性设立挑战性目标，激发团队潜能，促进个人与部门整体管理能力的飞跃。

结论七：目标的设定要有一定的挑战性，这是团队成员及部门管理能力提升的有效手段。

（八）年度或日常工作目标是否与现有的人力、物力、财力资源相符

大多数人看到这个问题后都会在第一时间回答：“否。”这是一个非常现实的问题，因为不论任何企业，都不会给予充足的资源去做有限的事情；往往希望利用有限的资源，完成更多的目标。值得关注的是如何应对这种管理现状。在目标管理过程中，如果存在多个目标需要完成，中层管理者最关键的管理行为就是确定优先顺序。没有优先顺序的确定，资源的投入就会缺乏合理性和有效性。优先顺序管理在管理学中是紧跟目标管理的第二大核心方法。

结论八：目标设定之后，需要进一步明确诸多目标之间的优先顺序。

（九）年度或日常工作目标是否符合公司政策与习惯做法

企业之间最大的管理差异，更多体现在管理文化上。所谓管理文化，就是一个企业做人、做事的价值观，即行为准则。这种价值观体现在各项管理制度中，渗透在企业的每个角落，是一个企业能够存活和发展的基因。若违背企业管理文化，必然会增加管理成本，这一点是所有管理者必须注意的问题。

如果企业发现现有的管理文化存在问题，希望通过某项工作或者项目优化现有的管理文化；那么可以在某一个目标中采取创新的方式，改善企业管理文化。但前提是，一定要与企业高层管理者保持一致。

结论九：目标实现的具体措施要符合企业的管理文化，与高层管理者保持一致是目标管理的首要前提。

（十）一旦年度目标或日常工作目标得以实施，当遇到突发事件时，所需资源是否可以得到补偿

针对这个问题有很多人认为，如果该目标是企业必须实现的，那么得

到补偿的可能性是有的。但是即使在这种情况下，很多高层管理者也不情愿，因为企业的资源是有限的。面对这种管理现实，可以采用反向思考的方式。请问：除了企业不得不完成目标，什么情况下企业的高层管理者可以给你补充资源？从以往的经验看，在目标实施之前，全面汇报目标实施计划时，已对可能出现的不确定因素做了充分预判，并对可能出现的问题以及应对措施有详细的分析和解决方案；以此作为整个目标实施资源预算的一个补充方案（一旦出现此类问题，所需资源及资源使用的方向）提交给高层管理者审阅。在这种情况下，由于变化带来的资源需求是可以得到补偿的，而且高层管理者还会赞赏你对目标的认知与措施准备的能力。要做到这一点，就一定给中层管理者提出了一个更高的要求：即在目标设定的过程中，一定要有充分的分析，对可能出现的问题有翔实的准备。

结论十：目标的设定需要进行详细的策划，对可能出现的内、外部影响因素，都要有一个相对具体的应对方案。

（十一）如果实现年度目标或日常工作目标需要与其他部门或公司合作，双方的责任与义务是否明确

管理没有分工，就没有责任；但是有了分工，又可能会缺乏协作。这其实是一个组织管理悖论。随着企业规模的壮大和管理复杂度的提升，工作目标的实现需要跨部门、跨职能协作将是家常便饭，中层管理者要学会适应和接受。但更重要的是，要清楚需要别人配合的工作是什么、需要什么时候给予配合、配合的方式是什么等。只有这样，才能与相关部门就实现目标的可行性进行研讨与确认。如果双方存在合作阻碍，那么可以借助各自分管业务的高层领导，实现跨部门、跨职能的有效沟通。要做到这一点，必须将目标分解到任务层面，以清晰梳理合作与协作的核心需求，合作的部门才能清晰自身的责任和价值。

结论十一：如果目标达成需要跨部门、跨职能合作，作为目标主体部门的管理者，首先要完成的是对目标达成的任务分解，明确合作的责任和价值。

（十二）下属对其所承担的目标是否有清楚的认识

这是一个关于上下级之间目标沟通的管理问题。所谓清楚的认识，就是指双方就目标的定义有一个清晰的、一致的理解。这看似简单的问题，却是很多管理者在实际工作中常会陷入的管理误区。我们经常误以为员工

理解我们的想法以及目标标准（甚至有些时候，员工会做出“点头示意”等举动），实际结果却大相径庭，无形中增加了管理成本。那么，怎样才能实现双方认识的一致呢？其实有一个非常重要且简单的方式：让员工复述对目标的理解，核查与你设定目标的一致性。如果达成一致，就立刻将目标书面化。这个看似简单的管理动作，却对管理的结果起到了非常重要的作用。

结论十二：检查员工对目标的理解，是中层管理者实现上下级对目标理解一致的关键行为。

（十三）是否与下属保持一致，赞同该目标的实施计划

所谓一致赞同，既包括员工对工作目标的认同感（认为该做）和责任感（有责任做），也包括对目标实施方法的有效性评估，有些时候员工还会在心里做“是否挑战了舒适区及能力的局限性”评估。但不管是哪种情况，中层管理者一定要清晰认识到：没有达成一致，沟通就未完成。不能达成一致，目标实现的过程就可能偏离预期。

结论十三：目标实施计划需要参与者共同参与制订与评估，并达成共识。

（十四）下属是否有该目标实施计划书

所谓目标实施计划书，就是双方承诺的依据，更是目标实现后对结果评估的依据。目标没有承诺，目标管理就没有开始。尽管现在企业的数字化办公手段在不断升级，但是必须注意，书面化目标是一个非常重要的管理手段。

结论十四：目标管理要从书面化的目标承诺开始。

（十五）是否与下属确定了检查目标实施进展的日期

目标实施计划有长有短。但是不论长短，目标实施过程一定要有跟踪计划。该计划应该包括目标实施过程中回顾、评估的时间节点及目标达成的期限，目的就是保证目标实施计划的可控性。这些事项需要在目标实施计划制定的时候就明确下来，这也是目标实施者和管理者双方承诺的一部分。

结论十五：不论目标实施计划的长短，为了保证目标的可实现性，需要清晰设定进度检查时间节点。

通过上述分析，可以清楚地看到，目标管理的行为要求包含了诸多管理内涵。但是从这些行为要求中，可以总结出以下五个关键点：

1. 目标必须与企业的高层管理者保持一致；
2. 目标的实施计划需要员工共同参与制订；
3. 目标实现的过程需要各级管理者的辅导与反馈；
4. 目标管理与绩效管理保持相关性和一致性；
5. 目标管理要关注结果可衡量。

上述五点涵盖了从方向来源到实施计划的制订、过程实施的监控、管理反馈，再到结果评价的全过程。

第二节
目标管理——目标分解

一、目标分解的重要性

谈到目标分解的重要性及其意义，我们先从一个故事的启示开始。故事的主人公是舒乐博士，他是美国著名基督教领袖、慈善布道家和社会活动家。他所创办的美国洛杉矶水晶大教堂始建于1980年，历时12年完成，可容纳近万名信徒进行礼拜活动，是世界上规模最大的基督教堂之一。

1968年的春天，罗伯特·舒乐博士决心在美国加利福尼亚州建造一座水晶大教堂。他向著名的设计师菲利普·约翰逊说出了自己的梦想："我要建造的不是一座普通的大教堂，而是一座人间的伊甸园。"

菲利普·约翰逊问他："你有多少预算？"

罗伯特·舒乐博士坦率而明确地回答："我现在一分钱也没有。对我来说，是100万美元还是1000万美元的预算没有本质上的区别。重要的是，这座水晶大教堂本身一定要具有足够的魅力来吸引捐款。"

后来，水晶大教堂的初步预算定为700万美元。这700万美元对于当时的罗伯特·舒乐博士来说，不仅远超其个人能力范围，而且远超出了众人理解范畴。

当天夜里，罗伯特·舒乐博士拿出一页白纸，在最顶端写下"700万美元"，接着又列出10项筹款方案：

1. 寻找1笔700万美元的捐款
2. 寻找7笔100万美元的捐款
3. 寻找14笔50万美元的捐款
4. 寻找28笔25万美元的捐款

5. 寻找 70 笔 10 万美元的捐款　　8. 寻找 280 笔 2.5 万美元的捐款
6. 寻找 100 笔 7 万美元的捐款　　9. 寻找 700 笔 1 万美元的捐款
7. 寻找 140 笔 5 万美元的捐款　　10. 卖掉 1 万扇窗户，每扇 700 美元

对 700 万美元进行分解之后，舒乐博士对这个数字有了清晰的概念，而且有了信心。从此，罗伯特 · 舒乐博士开始了漫长的募捐生涯。

到了第 60 天，富商约翰 · 科林被水晶大教堂奇特而美妙的模型所打动，罗伯特 · 舒乐博士得到了 100 万美元的第一笔捐款。

到了第 65 天，一对聆听过博士演讲的农民夫妇，捐出了 1000 美元。

到了第 90 天，一位被博士孜孜以求精神所感动的陌生人，开出了一张 100 万美元的银行支票。

到了第 8 个月，一名捐款者对博士承诺：如果你的努力能筹到 600 万美元，那剩下的 100 万美元就由我来支付。

到了第二年，博士以每扇窗户 500 美元的价格，发起美国民众认购水晶大教堂的窗户，付款的方式为每月支付 50 美元，分 10 期付清。实际情况比预想的要好得多，未满 6 个月，一万多扇窗户就全部认购完毕。

最终，建造水晶大教堂共用掉了 2000 万美元，比最初预算多得多，全部是罗伯特 · 舒乐博士一点一滴筹集来的。

1980 年 9 月，历时 12 年，可容纳一万人的水晶大教堂全面竣工，成为世界建筑史上的一个奇迹，也成为世界各地前往加利福尼亚州的人们必去瞻仰的胜地——名副其实的人间伊甸园。

大教堂有 10000 多扇柔和的银色玻璃窗，它们被安装在像蕾丝一样的钢结构框架上。此外还有两座 90 英尺高的电动大门在讲坛后打开，以使晨光与和暖的微风来烘托朝拜圣礼。

罗伯特 · 舒乐博士的那句话："不是每个人都应该像我这样去建造一座水晶大教堂，但是每个人都应该拥有自己的梦想，规划自己的梦想，追录自己的梦想，实现自己的梦想。梦想是生命的灵魂，是心灵的灯塔，是指引人走向成功的信念。有了崇高的梦想，只要矢志不渝地追求，梦想就会成为现实，奋斗就会变成壮举，生命就会创造奇迹。"在罗伯特看来，坚定的奋斗能够转化为非凡壮举，而顽强的生命则能创造出令人惊叹的奇迹。这番论述也生动诠释了目标对于人生的重要价值和意义。

这个案例说明，一个看似不可能实现的数字，通过分解之后让人看到了努力的方向，并在实现的过程中适时调整实施策略。

这些结果的产生让我们看到目标分解的价值所在：目标只有在分解之后才能变得更加清晰；目标只有分解之后才能让大家看到可操作性；目标只有在分解之后才能让管理者更有效地跟踪进度。

二、目标分解的基本原则

在目标设定的过程中，首先需规划出目标实现的关键路径，也就是实现目标所必须经历的关键里程碑，就像站在山顶俯瞰到的是几个大的台阶，而不是具体的工作任务，这是在目标规划阶段必须完成的核心任务。

但是，如果想要实现目标的最终结果，仍需依据关键路径，规划并拆解必须完成的具体工作任务，这便是目标分解。

目标分解并非目的，而是为了更好地保障整体目标达成的手段。如同一台机器，只有把组成它的零部件拆解，才能分析、研究各零部件的相互关系及其结构，才能把机器设计和创造出来，机器才具备人类所需要的特定功能。同样，只有通过对整体目标实施步骤的有效拆解，才有可能准确地评估目标实现的资源和时间。因此，目标分解对于工作目标管理来说极为重要。

理解目标分解的重要性之后，接下来就要思考目标分解需要遵循的原则。理论界就目标分解给出了很多解读，有的按照时间维度分解，有的甚至提到空间维度分解。但是，这些理念在实际工作中却很难得以应用。其实没有那么复杂，只要明晰三个基本原则，就可以做到对目标的有效分解。

原则一：目标分解既要遵循管理逻辑，又要借鉴企业管理的成功经验。即使同类型的工作目标，在不同企业也必定存在不同的实现路径，这一点毫不奇怪。但需要注意的是，任何管理工作都有其基本的管理逻辑——即使在不同的企业、不同的环境下，每类目标的实现必然有可遵循的管理路径。这些管理路径若要在企业得到有效地落地，就不能忽略一个关键问题——企业文化。我们要时常审视在不同的企业文化下，常规管理逻辑的应用所面临的挑战，以及对应的解决方案，这一点被称为企业管理的成功经验。例如，同样是产品研发项目，即使在同类型的企业中，由于组织结构设置的差异化，以及对研发工作的不同理解，都会存在不同的职能设置和任务分配。这些差异化的表现，可以从一个企业的管理制度以及相关流程中清晰看出。这些制度的存在，就是企业管理的成功经验，我们绝不能忽视它的存在。

原则二：目标要分解到任务层面。任务是目标分解的最小单元。所谓任务，就是指在短期内可以完成，可以明确定义开始和结束时间，有明确输出结果的具体工作。它是工作基本单位的专业术语。

也就是说，针对目标设定的关键路径，要通过有效分解，明确每个关键路径下有多少个必须完成的工作任务，这就是目标分解的最终目标。

原则三：任务可以并行，也可以串行。所谓并行，就是指分解出来的任务之间没有必然的先后关系，可以同时推进；所谓串行，就是指任务之间存在必然的先后关系，如果上一个任务没有完成，下一个任务就不能开始。在目标分解过程中，上述两种情况都会存在。

但需要注意的是，并行任务的挑战是资源。如果没有足够的人力资源或物资资源，那么并行的任务只能按照串行的方式执行。串行任务的挑战是时间。如果并行和串行都没有得到有效的保障（资源和时间），即使按照分解出来的任务去执行，每个任务执行的完整度以及有效性都有待评估。

目标分解的过程一定离不开对资源（含时间）的精准统筹，在某种程度上对评估目标分解的可操作性至关重要。

上述三个目标分解的原则是在进行目标分解的过程中时刻要牢记的。因为目标分解不仅是为了分解目标，更重要的是通过分解目标，让目标的可达成性不断清晰化。任务数量与资源匹配的均衡性是保障目标实现的重要基础。因此，可以说目标分解的过程，本质上就是一个任务拆解和资源匹配的过程。

三、从目标到计划——找准价值工作

清晰了目标分解的重要性和原则之后，接下来最为关键的就是如何将目标进行分解，如何将目标转变为工作计划。

第一步：解读公司年度策略，搞清楚公司的年度目标

要搞清楚公司的年度目标，需要完成三个任务：

任务一：收集企业年度经营策略。将其列为首要任务，是因为企业年度经营策略的呈现形式多样且不统一。规范的企业通常在年度预算启动前，下发正式的年度经营策略文件，以指导整体年度预算工作；部分企业并非以文件形式传达，而是在年度表彰大会或年度干部大会上，通过最高管理者讲话的方式呈现次年的经营策略。所以，作为中层管理者首先要清楚企业年度经营策略在哪里、如何获取以及哪个文件是最终的经营策略。

任务二：解读并找出企业年度经营工作重点。在获得年度经营策略文件之后，就要遵循“从战略到策略、从策略到关键业务领域、从关键业务领域到关键工作目标”的基本逻辑，对文件进行认真解读。

在此可以假想两个工作场景：一是在年度大会上最高管理者宣讲的过程；二是在获取正式下发的文件后，自我学习的过程。这两个工作场景对于理解企业年度经营策略都非常重要，尤其是在第一个工作场景下，可以通过最高管理者讲解，结合其对重点工作的分析和解释，把握最高管理者的关注点以及需要努力的方向。在此基础上再进行自我深入解读，才能实现对企业年度经营策略的全面理解。

任务三：明确自身业务的关键任务及目标。在深入解读的基础上，要实现经营策略与分管业务的有效衔接。所谓衔接，就是能从企业年度经营策略文件中，清晰梳理并明确本部门年度要达成的具体工作目标。这是清晰化目标的前提，不仅是中层管理者自身的工作，也是中层管理者带领部门骨干员工共同完成的任务。只有这样，才能为后续部门年度计划实现上下一致的工作思路奠定基础。

上述三个任务是“解读公司年度策略，搞清楚公司年度目标”这一关键路径中要完成的基本任务，也是全面实现清晰化设定部门年度工作目标的前提。

第二步：从公司年度目标中分解为部门的分目标

设定部门年度目标，也要做三件事：

任务一：向分管领导汇报对企业年度经营策略的解读及行业分析结果。在通过自身对企业年度经营策略的解读及团队成员通过行业数据的对标，明确了所看到的差距和努力方向后，需要完成一项非常重要的工作，那就是和分管领导进行一次深入沟通。这是保证与企业高层管理者保持一致的重要环节。因为我们参与企业经营策略研讨的机会并不多，不是十分清楚企业年度经营策略制定的背景以及高层管理者的期望，所以这次沟通是帮助我们消除这些认知偏差的契机。除了详细阐述对企业年度经营策略的理解，更为重要的是听取分管的上级领导对本部门新的一年改进提升方向的意见，并以此为基础达成双方的共识，最终确定本部门的年度工作目标。

任务二：明确目标的优先顺序。在清晰部门年度改善方向和标准之后，务必要与分管的上级领导就年度目标的优先顺序达成一致。因为任何组织都不可能为你提供充足的资源去做有限的事情，一定是利用现有的以及可获取的资源去做更多的事情。那么在这个环节，就要使我们所认为的年度工作优先顺序与高层管理者所认为的优先顺序统一。这要从哪里开始？必须保障的核心目标是什么？这两点倘若能够确定，对于在部门内部进行目标责任分配是具有很大价值的，因为这样我们会非常清楚现有资源的投入方向。因此作为中层管理者，要学会一个基本话术，那就是在与上级领导沟通交流年度目标（乃至日常工作目标）时，最后都要问一句：“这些目标的优先顺序是什么？”倘若领导没给出明确答案，那么你就要阐述自身对优先顺序的理解，从而达成双方的共识。

任务三：设定本部门及各个岗位的目标标准和关键任务。当我们与分管的上级领导就全年工作目标达成共识后，核心任务便是将这些工作目标有效分配到对应的管理岗位上。在这个过程中，身为部门负责人，首先要针对每个工作目标给出明确的标准定义，其次要对实现该工作目标必须完成的关键任务进行初步规划。这样才能对部门年度工作目标的可达成性心中有数，如图 3.1 所示。

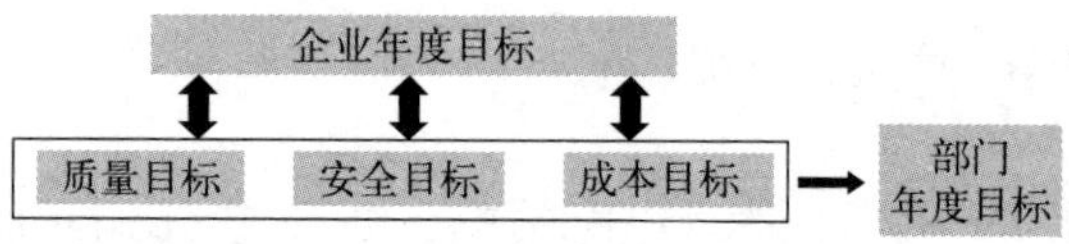

图 3.1　部门年度分目标

第三步：分析各项目标对应的关键资源要素

结合生产管理五大要素，分析部门的各分目标与哪些要素有关，如图 3.2 所示。

1. 人：指制造产品的人员；
2. 机：指制造产品所用的设备；
3. 料：指制造产品所使用的原材料；
4. 法：指制造产品所使用的方法；
5. 环：指产品制造过程中所处的环境。

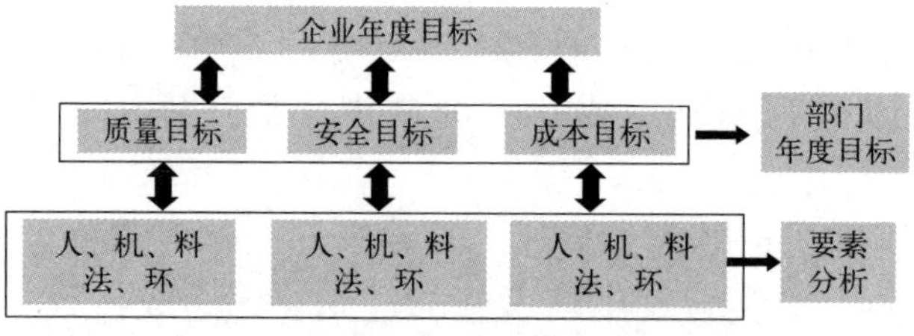

图 3.2　各项目标对应的关键要素

第四步：找出每一个要素中影响目标达成的问题

从问题对应的要素切入，在单一要素内识别问题。以安全目标为例，影响安全目标的有三个关键要素：人、机、法。首先看人这个要素，人会有哪些问题会影响安全目标的达成，比如人员违章就是影响目标达成的一个问题。

通过在团队内部共同讨论，将目标各要素对应的问题进行罗列，越全面越好，如图 3.3 所示。

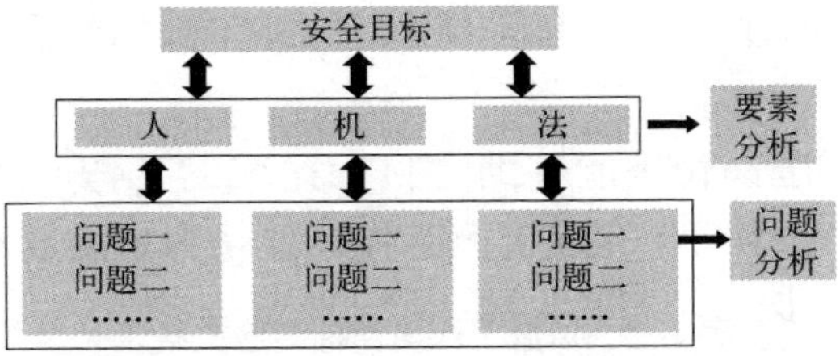

图 3.3　各要素中影响目标达成的问题

第五步：分析出现问题的原因

问题原因分析是目标分解到计划最关键的一步。可以运用《自我管理》中提及的“丰田五问法”进行原因分析，一定要找到问题发生的根本原因。一个问题可能由多种原因引发，一定要分析全面，如表 3.1 所示：

表 3.1　分析出现问题的原因

部门分目标	要素分析	问题分析	原因分析
安全“零”事故	人	员工违章	1. 员工安全意识差、存在侥幸心理； 2. 基层管理者老好人思想，管理不严格； 3. 管理制度缺失

第六步：制定解决措施与执行计划

针对每一条原因制定对应的解决措施，明确完成时间节点和具体责任人，如表 3.2 所示：

表 3.2　制定解决措施

部门分目标	要素分析	问题分析	原因分析	解决措施（完成的时间节点和责任人）
安全“零”事故	人	员工违章	员工安全意识差、存在侥幸心理	1. 每周进行两次安全培训，周三和周五的 16:00 ～ 17:00； 2. 安全培训要求每位员工轮流进行安全案例分享，其他员工结合自身工作对案例进行反思。 （责任人：张三）
			基层管理者老好人思想，管理不严格	1. 每周基层管理者必须上报 2 起违章行为，并对其进行处罚通报； 2. 基层管理者每日必须对员工不安全行为进行检查，每 2 小时 1 次。（责任人：李四）
			管理制度缺失	1. 组织管理干部研讨现有制度的适用性，对缺失的内容进行补充。（3 月 10 日完成，责任人：王五） 2. 组织新制度全员宣贯。（3 月 15 日完成，责任人：王五） 3. 针对新制度的理解情况进行全员检查。 （3 月 20 日完成，责任人：赵六）

通过以上六个步骤，将目标最终转化成了行动计划，这些具体措施就是价值工作。

什么是价值工作？就是能够助力目标达成的工作。所以，价值工作由目标分解而来（见表3.3）。完成价值工作，就是为了达成对应目标。

表3.3　价值工作与目标对应关系表

目标	目标分解	要素	问题分析	原因分析	解决措施（含责任人、完成时间）

第三节 目标管理——目标下达及管控

一、如何与下属达成共识

领导安排工作，需要与员工达成共识吗？答案是“需要”。除非整个计划是由领导独自完成，根本不需要用到你的员工。

以下是管理者在目标下达过程中常犯的错误：

① 只下达指令，却不提供解释，导致员工难以理解并真正从内心接受指令；

② 认为员工只需要简单解释，就能理解指令；

③ 在与员工沟通前，自己没有理解任务或没想清楚期望达到的结果；

④ 布置任务没有明确的时间节点；

⑤ 没有讲清楚员工可以获得哪些支持和帮助；

⑥ 直接给出过于详细的思路方法，致使员工不敢提出自己的想法。

管理者将目标下达给下属，如果下属不认同、不理解，恐怕目标是很难达成的，因此在目标下达时必须与下属达成共识。

接下来介绍如何将上一节分解出来的价值工作安排给下属，同时与下属达成共识的方法，这个方法叫做“why-what-when”重点工作布置法，如表3.4所示：

表 3.4 “why-what-when”重点工作布置法

Why	1. 为什么重要？ 2. 为什么是他做？（而不是别人） 3. 为什么是现在做？ 4. 为什么要这样做？（措施方法） 5. 为什么他要做？（对执行者的好处）
What	1. 告知执行者你的期望是什么（量化的目标）； 2. 讨论执行的障碍、困难是什么（客观存在的及假设的）； 3. 需要提供哪些支持
When	明确时间节点（最终时间及阶段性时间）

接下来，举例说明如何使用“why-what-when”重点工作布置法给员工安排工作，如表 3.5 所示：

表 3.5 “why-what-when”重点工作布置法示例

企业电商部门商品直播带货任务

关键任务：每天直播 2 小时，三周内实现单场直播销售额突破 5 万元；

布置对象：企业电商部门员工。

方法	要点	布置准备
Why	为什么重要？	1. 直播带货是当前最直接的销售增长渠道，能快速提升品牌曝光和销售额； 2. 掌握直播技能后，未来可以独立运营账号，甚至成为公司的核心业务骨干
	为什么是他做？（而不是别人）	公司选择你，是因为你有良好的表达能力和产品知识，具备成为优秀主播的潜力
	为什么是现在做？	市场竞争激烈，早一天掌握直播技能，就能早一天抢占市场先机
	为什么要这样做？（措施方法）	每天 2 小时直播能培养镜头感、话术能力和临场应变能力，形成稳定的销售节奏
	为什么他要做？（对执行者的好处）	提升个人影响力，未来可能成为公司直播业务负责人，甚至获得额外奖金或分成
What	告知执行者你的期望是什么？（目标、标准和要求）	目标：三周内单场直播销售额突破 5 万元。 标准和要求： 1. 每天固定时间直播 2 小时（如晚 20:00 ～ 22:00）。 2. 前 30 分钟预热互动，中间 60 分钟核心产品讲解 + 促销，最后 30 分钟答疑 + 促单； 3. 必须使用标准话术（如“今天限时特价，错过就没有了！”）； 4. 直播期间禁止玩手机、闲聊无关话题，必须保持专业状态
	执行的障碍、困难是什么？（客观存在的及假设的）	1. 可能遇到直播间人数少、互动率低、临时断网等问题，这些都是正常现象，要持续优化； 2. 如果当日有其他工作，需提前完成，不得占用直播时间

续表

方法	要点	布置准备
What	需要并希望提供哪些支持？	1. 公司提供直播设备、产品样品、运营团队配合（如后台控场、投流支持）； 2. 可随时向运营主管咨询话术优化或数据分析建议
When	最终完成时间	3 周后（具体日期），单场直播销售额需达 5 万元以上
	阶段性任务时间	第一周：重点练习话术和镜头表现，目标单场观看人数超 1000 人； 第二周：优化促单技巧，目标单场成交额突破 2 万元； 第三周：冲刺 5 万元目标，并总结可复用的直播模式

通过“why-what-when”的方法提前准备工具表（见表 3.6），并依照准备的思路与下属进行沟通。沟通后下属未必 100% 认同，可能还会有疑惑和顾虑，此时需进行目标校准，具体分为三步：

1. 评分：请评估你在完成任务时的决心和信心，用 1 ～ 10 分为自己打分。

2. 评估：如果不是 10 分，你还有哪些疑虑？如何才能达成 10 分？

3. 解决：继续使用“Why-What-When”方法实现完全校准并再次评分，重复上述步骤，直到达成完全校准。

表 3.6 “why-what-when”重点工作任务布置表

关键任务：

布置对象：

方法	要点	布置准备
Why	为什么重要？	
	为什么是他做？ （而不是别人）	
	为什么是现在做？	
	为什么要这样做？ （措施方法）	
	为什么他要做？ （对执行者的好处）	
What	告知执行者你的期望是什么 （量化的目标）	
	执行的障碍、困难是什么 （客观存在的及假设的）	
	需要并希望提供哪些支持	

续表

方法	要点	布置准备
When	最终完成时间	
	阶段性任务时间	

在此过程中，管理者应不断地鼓励下属提出疑虑，直至所有的疑虑都被解决，双方完全达成共识。同时，在沟通的过程中，管理者也要注意沟通的方式，不然可能得到的不是下属的完全合作，而只是勉强服从。

我们应如何避免“勉强服从”，推动实现“完全合作”呢？表 3.7 给出了一些有效的沟通技巧。

表 3.7　“why-what-when”有效沟通技巧

勉强服从	完全合作
你告诉人们你在想什么，然后要求他们分享其观点	鼓励对方充分表达自己的观点，然后再表达自己的观点
保留信息、不充分沟通	提供充分的信息和数据，说服别人相信你的立场
把对方所有的困惑当成借口，拒绝接受一味要求前进	换位思考，提升耐心，给对方机会去解决问题
虽然你说让员工说出自己的想法，但同时不断强调你是领导，这是命令	为了理解员工真实的想法，想办法通过各种方式获得坦诚的沟通

二、目标计划跟踪的基本原则

工作目标跟踪要遵循适时性、重要性、明确性和经济性四大基本原则。

（一）适时性

遵循适时性的目的，就是为了确保管理者能及时发现工作目标实现过程中出现的问题，并及时采取管理措施，避免问题因时间推移、情况变化而变得复杂。

（二）重要性

所谓重要性，包含两个关键因素：一是通过对工作目标的分解，要关注那些对工作目标实现起到决定性作用的关键路径和任务；二是通过明确任务责任人，识别其在能力和工作经验上的差距——这些潜在的差距是跟踪和帮助的重点。如果中层管理者没有跟踪这些关键任务和人员的能力差距，工作目标的跟踪管理就不能对结果产生正向影响，甚至会偏离目标标准。

（三）明确性

所谓明确性，也包含两个关键因素：一是在工作目标清晰化描述中，针对可能出现的问题设计应对方案，为员工提供具体的应对措施；二是针对这些应对方案，明确管理者与员工的责任和权限。只有这样，才能保障企业上下的一致性和协调性。

（四）经济性

所谓经济性，核心是关于跟踪目标的成本管控理念。如果工作跟踪过于复杂、琐碎，就得不偿失了。谁会希望一件工作的跟踪比这件工作本身更为复杂和困难呢？脱离实际的跟踪方法一定是得不偿失的，降低跟踪复杂度是管理者需持续追求的目标。

随着企业现代化管理手段的不断提升，可以利用ERP系统[1]、项目管理等方法，将每个员工的工作目标、实施计划输入计算机系统中，并同组织其他管理职能相连接，进行系统化管理。

目标跟踪是一个耗费时间和精力的管理工作。因此，在进行目标跟踪时，必须平衡“速度、经济性及精确性”三者之间的关系和要求。有时候必须牺牲一些精确性，以便工作跟踪能够迅速、高效地进行。这就需要权衡“工作跟踪实际取得的效果和所要花费的时间、精力”两者之间的比例关系。如果为某个员工的工作目标跟踪设计了比较复杂的程序，花费了很大的精力，那么不如用简单、经济的跟踪方法关注的效果更好。

上述工作目标跟踪的四大基本原则，蕴藏着一个管理的基本逻辑，即优先顺序管理。

① 重要性优先顺序　时刻关注对实现工作目标起关键作用的路径、任务。

② 经济性优先顺序　时刻关注选择工作目标跟踪方法的管理成本，能简单就不要复杂，能直接就不要间接。

---

[1] ERP系统即企业资源计划系统（Enterprise Resource Planning）。它是一种集成化的管理信息系统，将企业的财务、采购、生产、销售、库存等核心业务流程整合到一个统一的平台上，帮助企业实现了内部资源的有效管理和优化配置。

三、目标计划跟踪的核心任务

目标跟踪的工作要完成信息收集、信息评估和反馈三项核心任务，下面就分别介绍针对三项任务的有效方法。

（一）收集信息

收集信息是评估工作目标可达成性的重要基础。通常情况下，收集信息的主要方法包括个人工作报告、例行会议、系统数据、协同工作和他人反映，每种方法都有其特点和要求。

1. 个人工作报告

个人工作报告，是指员工在工作目标实现过程中自我管理的一个基本工具。其主要内涵包括完成工作的数量、质量，出现的问题及其解决方案等。

中层管理者通过员工的个人工作报告，可以了解员工工作的进展情况，核心是要关注关键任务的完成情况。在当今的企业管理中，几乎所有企业都将个人工作报告作为必须执行的一项制度，比如员工每月都要上交一份个人对目标执行情况的总结。虽然这种做法看起来会增加员工的工作量，却可以帮助员工定期对自己的工作进行反省，也有利于中层管理者及时了解员工的工作进展。需要注意的是，很多人喜欢在个人工作报告中突出自己的工作成绩，隐瞒工作中出现的问题。因此，中层管理者应参照其他的信息来源，客观看待员工的个人工作报告。落实个人工作报告是工作目标静态跟踪的基本方法。

2. 例行会议

中层管理者可以通过例行会议，听取员工的工作汇报，评估完成情况。会议参加各方——中层管理者和员工都应做好相应的准备，如介绍目前工作进展、遇到的问题、可能的原因和相应的工作建议等相关材料。

中层管理者在听取员工的工作汇报时，一方面可以加强同员工的交流，更直接地了解工作进展情况，提出自己的观点，帮助员工解决工作中的问题；另一方面可以使中层管理者对员工的工作状况、个人能力有更清晰的了解，从而精准定位需要帮助改善的关键点。

3. 系统数据

系统数据是在企业信息化管理系统中，针对目标数据的结果性体现。目前很多企业已经将其上升为大数据管理的业务范畴。但不论是系统数据还是大数据管理，如果要实现对工作目标的数据化管理，首先必须建立明确的目标数据。

4. 协同工作

“协同”在管理学中有很多种解释。但在这里强调的是：在工作目标实施的过程中，中层管理者要针对重要的实施路径，尤其是关键任务，通过现场参与或者陪同实施的方式实地观察，获取真实的第一手资料，帮助员工评估问题。

5. 他人反馈

所谓“他人”，包括本部门的同事、其他部门的同事以及客户等。通常情况下，“他人”的反馈主要包括以下两种情况。

第一种情况是对人的反馈。例如，其他部门人说：“你们部门的某某工作不认真。”

第二种情况是对事的反馈。例如，有一位销售员说：“我们部门的小王今天跟客户约的是上午 8:30 去拜访，结果 9:00 了他还没到约定地点。”

那么，中层管理者对于他人的反映，应该有什么样的态度和应对措施呢？

（1）凡是对人的评价，原则上不能完全相信　因为在做目标分解和任务安排的过程中，要求对多任务承担者进行能力等诸要素的评估，其中工作的严谨性是一项必备的评估内容。如果出现当初评估缺失的内容，也要在掌握事实后再下结论。

（2）凡是对事的评价，应作为其他跟踪方法的印证基础　要求中层管理者掌握第一手资料，然后做出结论性判断。毕竟每个人对事物的理解会因各自角度和认知深度、广度的不同而产生差异。

在上述五种收集信息的方法中，个人工作报告、例行会议、他人反映是传统常用方式。但是，在当今的管理中，有效使用系统数据和协同工作，更是中层管理者需要不断提升的管理能力。尽管这两点看似不难，但做好却不是一件容易的事情。

（二）信息评估

先来搞清楚两个经常容易混淆的概念，即分析和评估。

① 分析是指将事物、现象、概念分类拆解，剖析其本质及内在联系。

② 评估是指对方案、措施、结果等进行论证，以决定是否采纳。

根据上述两个概念的定义，可以清楚地看到：分析是一个过程，而评估是一种行为。也就是说，要在分析的基础上，最终确定为确保工作目标有效达成所要采取的改进手段。

中层管理者在评估信息的过程中，要注意以下关键问题：

（1）不要一次使用所有述及的方法来评估员工。

在实际工作中，中层管理者有很多事情要做，而不只是评估一位员工的工作。如果为了达到更精确的评估结果，选择多种评估方法，而忽略了解决问题、改进计划等重大事情，那么评估就失去了意义。为了避免这类事情的发生，中层管理者可以在目标清晰化以及任务分解过程中，就工作目标评估因素以及评估方法进行有效的定义和告知，并按照重要性排序，着重评估关键任务，以便找出重大偏差并采取必要措施予以纠正。

（2）按照工作重要性进行评估。

在跟踪工作目标时，也可以考虑采用对不同工作评估因素给予不同权重的方法。即对重要因素给予较大的权重，对必备但不重要因素给予较小的权重。这样便于中层管理者对各部门、各项工作合理分配时间。建立优先顺序并聚焦核心评估要素，然后专注于这些优先事项及标准，才是提升工作效率的根本所在。

（3）避免只做机械式的结果和目标的比较。

在分析结果偏差、发掘偏差的原因时，必须分清哪些是由员工无法控制的因素所引起的，哪些是由员工本人引起的。比如，分派员工去做市场调研，但是经费迟迟无法到位，员工无法开展必要的工作，从而延误了工作的完成时间，这种情况是员工所不能决定的。解决这些问题需要中层管理者具备管理经验、智慧以及常识。正确地分清这两类原因，可以有针对性地采取相应的措施。属于员工本人的原因，可以从员工本人的工作能力、经验、工作态度和品质等方面进行区别处理，如指导工作、实施培训、加强工作监督等。属于员工不可控的原因，中层管理者不能因为不可控，就轻易放过，不采取相应的行动，同样要分析发生的原因、造成的危害，并制定应急措施，尽量避免类似问题的重复发生。

（三）反馈

管理必须实现闭环。所有信息收集、分析与评估的成果，都是实施改善的基础。反馈的最大价值在于帮助中层管理者更具针对性地对工作进行指导，定期将工作跟踪结果告知员工，以便员工能够知晓自己表现的优劣，进而主动改善自身不足，逐步建立自我工作跟踪及管理的习惯。

这种管理手段的持续运用，会助力员工养成主动分析自己工作实际成果的工作习惯，不断提升自我工作跟踪的能力以及自我管理的意识，增强责任感，发挥主动性，达成工作目标。

在管理进程中，我们所期望看到的不只是中层管理者对目标实现过程的分析和评估结果，更是对员工的有效辅导举措。

总之，工作目标的跟踪并非只是简单地收集信息，而是一个从收集信息、评估信息到反馈的管理循环。其核心是通过优先顺序的排列，以及运用有针对性的评估和反馈方法，实现对工作目标的全流程管控。

四、目标计划跟踪的挑战及应对措施

任何管理都会面临挑战，工作目标的跟踪亦不例外。暂且抛开工作目标本身不谈，在跟踪过程中，管理的挑战主要源于中层管理者以及员工这两个方面。那么，这些挑战的具体表现以及解决措施都有哪些呢？

（一）中层管理者在目标跟踪过程中容易出现的问题

1. 跟踪过程使用的资料有偏差。

用于对比目标计划与成果的资料，其可靠性究竟有多大？中层管理者可能基于不准确的资料，错误地认为计划确实是按规定进行，而实际并非如此。因为有时会出现员工过分夸大自己的工作业绩，淡化或回避工作中的问题和失误，导致个人的工作报告不切实际。

例如，销售部的小李这个月没有完成他的销售目标，经理试图找出其中的原因。经理知道小李非常了解产品，也有销售经验，这个月拜访客户的数量和频率也符合要求。然而，一项更为详尽的分析使经理开始怀疑小李的报告。他发现：小李的报告中称本月 23 日下午 14:00 到某客户处拜访，但经理记得自己曾预定 22 日拜访该客户，而客户的秘书说“该客户出差要两天后才回来”。经调查，小李报告中的许多访问记录都是伪造的，所以单单看小李的报告是不行的，只有找到更可靠的信息，才能看到真正的偏差。

2. 未跟踪到底。

中层管理者对于员工的工作能否做到跟踪到底，常常是工作目标成败的原因之一。工作不能跟踪到底的原因包含以下几点：

第一，中层管理者相信，只要员工同意改正错误，就能解决问题。有时，只要员工接受改进建议，确实能够解决问题，这种情况绝大多数源于员工的自我管理能力以及实施计划的严谨性。然而也存在问题无法解决的情况，这或许是因为员工在执行其早期计划时就出现了偏差，让他执行当下的改正措施不可能完全解决最根本的问题。因为每一次的延误都是累积当下问题的因素，这一点必须引起中层管理者的重视。

第二，以没有时间为借口，忽视必要的管理细节。由于工作压力的原因，中层管理者可能觉得，问题既然已经给出了明确的建议，跟踪与反馈的工作就已经完成了。但在这一环节中，往往忽略了跟踪是必须执行的管理手段，应采用书面形式记录与员工就工作跟踪所达成的新的执行方案、改进措施，双方各自保留一份，并在下次跟踪工作开始时先对其完成情况进行评估。

3. 中层管理者的态度或行为。

在工作目标跟踪过程中，中层管理者的态度或行为对跟踪工作的效率起着关键作用。倘若中层管理者始终坚持既定计划必须落地，那么员工会逐渐自行培养完成工作目标所需要的工作习惯，从而为提高他们的工作效率和工作能力发挥个人才智。反之，如果中层管理者对计划内的某些标准及目标呈现出松懈的态度，并且不积极对工作目标进行跟踪；那么员工就不会重视这项工作，养成偷懒、工作不规范的习惯，导致计划和目标成为一纸空文，造成工作混乱的后果。

例如，公司要求每一位销售人员在向客户介绍产品时，都应依照公司制定的讲解标准进行。然而销售经理却觉得只要自己的手下能够完成销售额就行，从不对员工完成工作的计划和方法进行检查。于是，销售人员就不会在意公司的这项要求。由此可见，销售经理的态度和行为决定了员工的工作方式。

4. 只对表现不佳的员工进行跟踪。

中层管理者不但要对有问题的工作进行跟踪，还要对表现优秀的员工进行跟踪，核心目的是培养员工对工作跟踪的正确看法和态度。不能让员工觉得，一说起跟踪工作，必然是中层管理者在鸡蛋里面挑骨头，给自己找茬。跟踪工作也要发挥激励员工的作用，要通过了解员工的工作进展情况，肯定员工的工作方法和工作业绩，让员工持续向预期的目标努力。同时，提炼、总结和推广优秀员工的工作方法，这也是提升团队整体工作效率的重要管理手段。

总之，在目标跟踪过程中，中层管理者必须做到态度客观、公正，充当员工工作辅导员的角色，对员工取得的阶段性成绩予以积极肯定；对员工遇到的问题、工作的失误，协助找出问题根源；鼓励员工自主提出解决问题的方案，共同参与到工作跟踪的过程中。

所有的跟踪工作都指向一个目标，即确保目标计划有效落地，并且找出纠正计划偏差的路径与方法。为了使这项管理能力持续提升，可以采取如下方式。

第一，强化多元训练。训练既可来自企业外部，例如参加相关的培训课程，提升自身的工作技能；训练也可来自企业内部，比如员工与员工共同完成一项工作，演示工作过程、相互协助，改进工作方法等。

第二，增加复盘研讨频次。借助复盘的形式，找出解决问题的方法，并将其规范为组织内部的管理经验。

第三，及时调整优化。倘若证实所设定的目标不切实际，或者找到完成该目标更优的工作方法，就应立即修改其目标或工作计划，以防今后类似工作失误的再度发生。

（二）如何消除员工对目标跟踪的抵制

当中层管理者对员工工作进行跟踪时，员工常常不合作，出现抵触情绪，致使跟踪工作无法达到预期效果。那么他们为何会抵制呢？主要有以下原因：

1. 员工不想暴露自身的缺点。

或许由于员工个人的原因，未能依照计划完成工作，所以他期望在计划剩余的时间将这一阶段的工作弥补回来。此时，他会极其不愿意管理者按照计划进行工作跟踪，又或者员工当下的工作能力未达到实现目标的要求。他希望在后一段时间内通过努力提升工作能力，按时、按质、按量完成工作，而在现阶段他不期望上级知晓他当下实际的能力状况。

2. 员工不清楚工作跟踪的目的，总认为上司对自己不放心，有意监督自己的工作。

如果员工抱着这种想法，就不能以合作的态度配合上司进行跟踪，从而不能发现工作中存在的问题并加以修正。

3. 员工在同管理者制定工作目标时，对自己的工作目标不认同。

“为什么要减少费用？公司不是有足够的资金吗？放着行政经费不缩减，却要节约销售费用。客户要求越来越高，我们必须有更多的开支，才能将产品销售出去。”在员工心里，工作只是在机械地完成上级交付的任务，自身毫无积极性可言，所以提及工作跟踪就会牢骚不断。员工不同意这些目标，存有保留意见，这也是管理者未能成功说服员工的缘由。

4. 员工虽然认同自己的工作目标，但不认同评估成果的标准或者达成目标的方法。

“我们可以增加销售量，但要增加 17% 实在是太多了，我只能增加 14% 的销售量。”倘若如此，当上级依据既定的标准对员工的工作进行阶段性的评估和跟踪时，员工心中自然会不满意。

5. 员工不相信自己的表现能受到公平、正确的评估。

发生这种情况，可能是因为员工与管理者之间有过矛盾，或者在员工看来，管理者是一个不公平的人，明显偏爱某些人，自己再怎么做，也得不到应有的评价。

6. 员工可能过分相信自己的能力，不以为意。

“谁也不如我了解这项工作，谁也没有资格说三道四；要想看结果，就看最终的工作结果吧，现在别来打扰我。”如果是部门或团队以外的人员提出的问题、指出的失误，员工则认为他们根本没有资格这么做。

7. 内心不安。

虽然在理论上，员工同意工作跟踪的必要性，但他们认为工作跟踪总是与坏消息连在一起。“经理要和我谈谈近来的工作情况，肯定是又发现我做错什么了。”

上述这些目标跟踪过程中的员工心态问题，在实际工作中经常会遇到。那么，如何解决呢？措施如下：

1. 让员工了解有效工作跟踪的必要性。

在制订跟踪计划时，需要向员工做好相应的解释。例如，及时发现偏差是非常重要的，每个阶段的偏差必然会积累成最终结果的偏差。只有及时发现计划的偏差，并采取有效的改进措施，工作目标的可达成性才会不断提升。

2. 让员工了解工作跟踪不是简单的监督。

工作跟踪的关键在于辅助员工更好地完成工作，达成预定的工作目标，不断提升工作能力。通过工作跟踪，及时发现存在的问题并进行相应的调整，找到解决问题的方法和措施，补充欠缺的知识和技能，这是帮助员工不断成长的有效方法。

3. 在设定目标、分解工作计划、跟踪过程表现及执行改进措施时，要让员工亲自参与。

员工在管理过程中的参与度是工作效率改善的关键驱动因素。一个由员工自己确定并得到认同的工作计划，和一个被强制执行的计划相比，具有完全不同的效果。

4. 工作跟踪过程中，遵循对事不对人的原则，保持客观、冷静的态度。

管理者不能因为某位员工以前的表现，就总戴着“有色眼镜”来评价他的工作。如果没有按预定的计划完成任务，就针对这件事进行交流，不要牵扯无关事情，也不要在员工之间采用不同的评价标准。因为这是不公平的，起不到跟踪的作用。

5. 不要以权威的形式、命令的方式进行工作跟踪。

管理者应该时刻牢记目标管理过程中战友和教练的角色，要充分调动员工的工作积极性，指导员工提高工作能力。在工作跟踪过程中，管理者不是单方面检查员工工作，对没有达标的地方进行批评，而是通过互动的方式交流与研讨出现的问题，总结工作，找出问题，最终实现工作目标。

6. 管理者要对员工遇到的特殊困难表示理解，并针对不同情况努力帮助员工解决困难。

凡事都会存在不可预知的情况，对于比较困难且不可避免的问题，管理上需有弹性。所谓弹性，不是不重视，而是在理想的结果不能达成的时候，有可以替代的解决方案。

五、目标没有达成的问题分析方法

目标跟踪的核心是通过信息的收集、分析，找出目标没有达成的原因，并采取有效措施加以改善。但在实际工作中，当对目标没有达成的原因进行评估时，一定会产生各种不同的声音。有的会关注客观因素，如环境发生了变化、资源匹配不足等，有的会关注主观因素，如将人的态度问题作为目标没有达成的第一要素。态度类问题是一个相对复杂的问题，因为其受到很多不可控因素的影响，如果将精力只放在改善态度上，问题就不会得到快速解决，甚至即使有了好的态度，没有好的方法也是行不通的。

当面对目标没有达成的结果时，管理者不仅要思考如何解决问题，更要在分管团队内部达成一致意见。只有这样，未来的改善措施才能得到真正落实。同时，这也是管理者培养和发展员工的重要手段。

综上所述，工作目标一旦不能达成预期结果，管理者就要完成以下几个关键任务：带领团队成员对存在的问题进行分析，找到导致问题的根本原因，并就改善措施在团队内部达成一致，并推动落实。

下面从问题分析的角度，通过如何定义问题，以及如何找到产生问题的根本原因，给大家介绍一个非常有效的管理方法。

所谓问题，就是指现实与目标之间的差距。这种差距并非抽象概念，而是一个客观存在的现象。如产品交付合格率目标是98%，实际是90%，8%的差距就是需要解决的问题。导致产生问题的因素多种多样，通常可以将其分为三类：表面原因、过渡原因和根本原因。

（一）表面原因

俗称导火线，是指对事物的发生、发展起着最直接引发作用，并直接促成事物发生变化的原因，是引起事物发生变化的近期表面现象。这种原因通常是很多管理者都能看到的因素。其最大特点是，如果将其作为改善重点并采取措施，短时间内可看到改善效果，但很快还会出现类似问题。

（二）过渡原因

处于表面因的下层，但并非问题产生的根本原因，只是一个过渡因素，它起着根本因与表面因之间的交接作用。如果将其作为改善目标，通过遏制其发生，能取得一定的结果。但一段时间后，问题仍会发生。

（三）根本原因

根本因是指导致事物发生变化的根源或最本质的因素，是引起事物发生变化的诸多因素中起决定作用的最关键因素。只有对其进行改善，才能从根本上解决问题。

某年夏天，天气开始变得炎热，企业开始启动中央空调。这种老式的中央空调是直冷式空调，也就是说，使用端无法调整空调的温度，只能在空调机房进行调整，于是就出现了下面几个过程。

过程一：早晨上班后，行政部提前启动空调制冷，并设置了23℃～25℃常规舒适温度。当员工正常工作后，大约10点，行政部接到业务部门的投诉电话："空调不凉，室内温度太高。"毫无疑问，这时应降低空调的设置温度。行政专员第一时间跑到空调机房重新设置温度，最终员工反馈满意。

过程二：时间过去不到一小时，行政部又接到电话："空调还是不凉。"行政专员再次跑到空调机房去查看，回来汇报："领导，不知道谁把机房的窗户打开了，所以空调不凉。我已经关上了，一会儿就好。"由于是直冷式空调，其主机房就是风箱，冷空气在机房内循环。如果机房有外部热空气进来，那么制冷效果一定是不好的。当行政部第二次做出调整之后，问题再次得到了解决。

过程三：中午休息后不久，行政部又接到电话："你们行政部行不行啊？空调还是不凉。不信你们过来看看，体验一下，中午这么热，怎么干活啊？"行政专员跑到投诉员工的办公室，然后又跑到空调机房。回来汇报："领导，这个保洁太可气了，她又把机房的窗户打开了，那么多热风进来，空调能好吗？我狠狠地批评了她，并让她下次注意。"

点评：通过上述三个过程，按照表面原因、过渡原因和根本原因的逻辑我们来分析一下，针对此事，未来的管理工作应该如何做。

在过程一中，行政部采取的措施是通过调整温度设置来解决问题的，这是常规思维方式最容易看到的问题，但是没有解决根本问题，因此将温度设置不够定义为表面原因。

在过程二中，通过对该设备运行原理的理解，清楚了问题所在，并做出了调整——把窗户关上。从现实情况来看，问题得到了解决，但前提是在没有人再进去的情况下，问题才不会再产生。但忽略了一个关键因素，那就是还会有人进去，而行政部并没有告知她，因此把窗户关上是一个过渡性措施。

在过程三中，行政部看到了在过程二中的担心，这一定是必然结果。因为保洁并不知道不能开窗户——打扫卫生、开窗通风等是保洁工作的基本规范，她没有错，行政部不能将责任归结于她。我们应该思考“如何建立管理规则”，这才是解决空调制冷问题的根本办法。

在本案例中，通过上述分析，建立了如下管理规范：

1. 设定保洁清扫机房的时间，保证机房清洁与运行时间不冲突；

2. 设定机房定期通风时间，保证机房的空气清新、无异味；

3. 培训保洁清扫机房的注意事项，并打印该须知，张贴在机房门的正反面，加强管理提示。

通过上述三项举措，实现了该问题的根本解决，类似问题在以后的工作中再未出现过。

综上所述，产生问题的原因绝对不是某个单一因素，而是多个因素交织构成的。但是，从管理的角度看，核心还是找到解决问题的根本原因，而不是拘泥于表面原因。

第四节
绩效管理

一、什么是绩效考核

（一）绩效与薪酬的基本概念

1. 绩效是绩与效的组合。

绩就是业绩，是结果指标。核心就是目标有没有达成，工作结果有没有满足目标的要求。效就是效率，是过程指标。效是一种行为，效包括纪律和品行两方面：纪律涵盖企业的规章制度、行为规范等；品行指个人职业素养，道德行为等。所以绩效考核既要考核结果，也要考核过程。

2. 薪酬，由薪和酬组成。

薪，指薪水，又称薪金、薪资，所有可以用现金、物质来衡量的个人回报都可以称之为薪，也就是说薪是可以数据化的，发给员工的工资、保险、实物福利、奖金、提成等都是薪。酬，指报酬、报答、酬谢，是一种着眼于精神层面的酬劳。有不少的企业，给员工的工资不低，福利不错，员工却还对企业诸多不满，到处说企业的坏话。而有些企业，工资不高，工作量不小，员工很辛苦但很快乐，为什么呢？究其根源，问题出在付酬上。当企业没有精神、没有情感时，员工感觉没有梦想、没有前途、没有安全感，就只能跟企业谈钱。这种单纯的薪资给付关系，是不能让员工产生归属感的。

（二）绩效考核的意义

18 世纪英国探险家到达澳大利亚并宣布其为英国属地。时值英国向世界各地殖民时期，当时英国普通移民主要是到美国。为了开发蛮荒的澳大利亚，政府决定将已经判刑的囚犯运往澳大利亚，这样既解决了英国监狱人满为患的问题，又给澳大利亚送去了丰富的劳动力。

将犯人从英国运送到澳大利亚的船运工作由私人船主承包，政府支付长途运输囚犯的费用。一开始英国私人船只向澳大利亚运送囚犯的条件和美国从非洲运送黑人差不多；船上拥挤不堪，营养与卫生条件极差，囚犯死亡率极高。据英国历史学家查尔斯·巴特森写的《犯人船》一书记载，1790 年到 1792 年间，私人船主运送犯人到澳大利亚的 26 艘船共 4082 名犯人，死亡人数达 498 人，平均死亡率为 12%。其中一艘名为海神号的船，424 个犯人死了 158 个，死亡率高达 37%。英国政府花费了大笔资金，却没达到大批移民的目的。

点评：这么高的死亡率不仅经济上损失巨大，而且在道义上也引起社会上强烈的谴责。罪不至死的犯人在海上运输中却面对了一次死刑的审判和煎熬。政府如何解决这个问题呢？

一种做法是进行道德说教，让私人船主良心发现，改恶从善，不图私利；为罪犯创造更好的生活条件，也就是寄希望于人性的改善。但是，在人们为了 300% 的利润而敢上断头台的年代里，企图以说教来改变人性，无异于缘木求鱼。私人船主敢于乘风破浪，冒死亡的风险把罪犯送往澳大利亚是为了暴利。他们尽量多装人，给最坏的饮食条件，以降低成本增加利润，都是为了逐利的行为。而且，私人船主之间也存在竞争，大家都在拼命压低成本，谁若想大发善心，恐怕也无法在激烈的竞争中生存下去。在这种情况下，要把运送罪犯死亡率的下降寄希望于人性的善良是毫无用处的。

另一种做法是由政府进行干预，强迫私人船主以人性化的方式行事。

即政府对最低饮食和医疗标准立法，并派官员到这类船上监督执法。但是，官员到这样的船上执法本身就是苦差，随时面临海难风险，不给高薪无人肯干；而且贪婪成性又有海盗作风的船主，常会对官员威逼利诱的。于是与船主同流合污，便成了执法官员的理性选择。因很少有官员愿意冒着被中途杀害后扔到海里，还被诡称为暴病而亡的巨大风险。政府干预在这种特殊的执法环境下彻底失效。

问题似乎很难解决了。实际上，当时政府只是简单改变了付费制度：政府不再按上船时运送的囚犯人数来给船主付费，而是按下船时实际到达澳大利亚的囚犯人数来付费。当按上船时人数付费时，船主拼命多装人好得到更多的钱，而且途中不给囚犯吃饱吃好，把省下来的食物成本变为利润，至于有多少人能活着到澳大利亚与船主无关。但是当政府按实际到达澳大利亚的人数付费时，囚犯能有多少人到达澳大利亚才至关重要。这些囚犯是船主的财源，当然不能虐待了，正如牧羊人不会虐待自己的羊一样。这时私人船主就不会一味多装囚犯，因为要给每个人多一点生存空间，要保证他们在长时间的海上生活后仍能活下来，还要让他们吃饱吃好，当然还要配备医生，带点常用药……这些抉择与措施是极其复杂的，但现在这些都成了船主的事而不是政府的事了。

据《犯人船》记载，1793 年新制度实施后，立竿见影。第一批执行新制度的 3 艘移民船运送的 422 名犯人中，只有 1 人死于途中。以后这种制度普遍实施，按囚犯实际送达澳大利亚的人数及其健康状况支付费用，甚至发放奖金，船上罪犯的死亡率也下降到了 1% ～ 1.5%。

这个案例中，私人船主的人性没变，政府也无需专门立法或监督；只是改变了一下考核方式，一切问题就都解决了。这就是绩效考核的意义。所以绩效考核就是指挥棒，它引导着员工的行为。

绩效考核除了要考核结果，还必须考核过程。为什么要考核过程？也许有人会说，结果达标不就可以了吗？

小米科技的雷军说："台风来了，猪都会飞。"如果站在时代的风口，选对了行业，无论是谁都能获得短暂的成功。但猪终究不会飞，台风一过，就会重重地摔在地上。

很多时候结果的达成都有一定的偶然性，并不代表具备了达成结果的能力。比如两个卖茅台酒的销售员，两个人都达成了销售目标，但过程不一样：一个销售员正好有朋友有大量需求，直接一口气完成销售目标；而另一个则通过一家一家的经销商走访，最终通过 50 家经销商完成了销售目标。从结果上看两个人是一样的，如果让这两个销售员去卖二锅头，哪一个会更容易完成目标呢？答案很明显是第二个，因为两个人的过程不一样。结果考核是对过去的总结，过程考核是对未来的判断。

对人的管理要基于人性。员工往往只愿意做与自己利益相关的事情或者被考核的事情。绩与效是同一件事情的不同方面，绩（结果）决定薪酬，效（过程）决定晋升，绩效与薪酬、晋升之间关联如表 3.8 所示：

表 3.8　绩效与薪酬晋升关联表

结果好、过程好	重点提拔重用
过程好、结果差	培养使用
结果好、过程差	限制使用
结果差、过程差	坚决不用

二、绩效管理的流程与方法

（一）绩效管理的重要性

作为完整而有效的绩效管理，一定要让组织和员工认识到，绩效管理虽然涉及绩效评价，但最终目的并不是要讨论或强调绩效低下的问题，而是要找出绩效表现的原因，并且讨论员工的工作成绩、成就和如何进步，是一种帮助而不是一种责备体系。提高个人和组织绩效，提升组织人力资本价值才是最终目的。

1. 绩效管理是提高组织管理效率及改进工作的重要手段

通过有效的绩效管理，组织能够了解员工完成工作目标的状况（包括成绩、差距与困难）；搭建管理者和员工之间的沟通渠道（改善上下级协作关系，表达管理层对员工的工作要求和发展期望）；获取员工对管理层、对工作以及对组织的看法、需求和建议（共同探讨员工在组织中的发展以及未来的工作目标）。

2. 绩效管理是员工改进工作及谋求发展的重要途径

员工个人通过绩效管理，能明确自己所担负工作的目标、职责和要求，让自己的工作成就、工作实绩获得组织的认可和赞赏，明白自己在工作中哪些方面需要获得组织的理解和帮助，提出自己的发展要求，了解组织在有关问题上可能予以的支持，并了解组织对自己的期望和未来的工作要求，以期更好地完成任务。通过绩效评估信息的反馈和绩效面谈，员工能够获得信心、机会和组织的支持；通过有效沟通和正确的认识，能把今后的工作做得更好。

3. 绩效管理是组织其他人力资源管理工作的基础

人力资源管理系统中，其他诸多工作如培训、薪酬等都需要以绩效管理的结果为依据，才能做到有的放矢。

（1）是人力资源规划评估的依据

绩效评估的反馈信息，为人力资源计划的重新制定或调整提供了参考依据，绩效评估结果同时显示了人力资源管理系统中的薄弱环节和新增长点。这就要求人力资源计划作出相应的调整，弥补薄弱环节，谋求新的增长。

（2）是工作分析改进的依据

绩效评估的结果反映了员工完成任务的情况以及员工的素质状况，为组织结合新一轮的工作任务考量人力资源因素提供了依据。必要时，组织需要重新进行工作分析，修订工作说明书，完善员工招聘工作。

（3）是薪酬政策的依据

绩效评估的结果，为员工薪酬制度的设立和调整提供了客观的依据。员工现有的薪酬制度是否合理、是否具有适度的激励功能、是否与员工的工作贡献有效地挂钩、薪资总体水平是否适度等，都可以通过绩效评估获得信息，并获得有关管理者和员工的建议，为改进组织的薪酬制度服务。

（4）是培训需求分析信息的来源

绩效评估可以反映出员工的素质不足之处，以及员工本人的培训意愿。员工的上级主管针对员工完成任务的情况，明确其需提升的方面，这些因素构成了培训需求的内容。

（5）为人员合理流动提供依据

绩效评估结束后，依据绩效评估反馈信息，可进行相应的人事决策与调整工作。例如，对工作有成就、素质高且潜力大者予以晋升或岗位轮换，对不称职者降职使用。针对员工需要的各种支持和帮助，分别采取不同方式予以满足。

（二）绩效管理四大流程

绩效管理流程分为绩效计划设定、绩效管控、绩效考核及考核结果利用（见图 3.4）。

1. 绩效计划设定

是绩效管理的基础环节，科学合理的绩效计划是指导企业与员工工作的纲领。管理者与员工经过共同的讨论，就员工在绩效周期内的工作目标、计划、时限和衡量标准进行确定并达成共识，形成书面计划。

2. 绩效管控

是绩效管理的一个重要环节，贯穿绩效管理的整个过程，是管理者与员工讨论绩效计划、绩效进展中的问题及解决办法的过程。这个环节如果

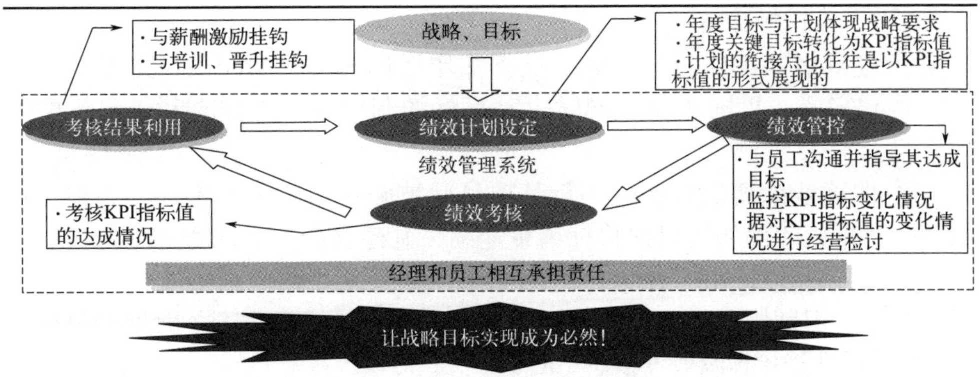

图 3.4　绩效管理四大流程

不能落到实处，绩效管理就容易出现问题。

3. 绩效考核

是绩效管理的核心环节，是企业运用特定的考核标准对员工的工作行为及业绩进行评估，并运用评估结果对员工进行正面引导的过程。

4. 考核结果利用

包含两个方面：绩效结果反馈和绩效结果应用。绩效结果反馈是企业对员工的绩效考核结果进行分析后，向员工反馈信息，并共同探讨绩效改进措施的过程。绩效结果应用是企业运用绩效考核结果，对公司在人才任用、薪酬设计、战略目标等方面的运用现状做出调整的过程。

（三）常用的绩效管理方法

1. 目标管理绩效考核法（MBO）

彼得·德鲁克最早提出了“目标管理”的概念。他认为目标管理是根据重要成果的思想，先由企业确定并提出一定时期内期望达成的理想总目标，然后由各部门和全体员工根据总目标确定各自的分目标，并积极主动使之实现的一种管理方法。目标管理的设计思想是通过有意识地为员工设立一个目标，实现影响其工作表现的目的，进而达到改善企业绩效的效果。

目标管理考核法的操作流程，如图 3.5 所示。

图 3.5　目标管理考核法的操作流程

MBO 考核操作流程：

① 建立员工工作目标列表　员工工作目标列表的编制由员工及其上级主管共同完成。目标实现者同时也是目标的制定者，这样有利于目标的实现。

② 明确业绩衡量方法　一旦某项目标被确定用于绩效考核，必须收集相关的数据，明确如何以该目标衡量业绩，并建立相关的检查和平衡机制。

③ 实施业绩评价　在给定时间期末，将员工业绩与目标相比较，从而评价业绩，识别培训需要，评价组织战略成功性，或提出下一时期的目标。

2. 关键业绩指标绩效考核法（KPI）

关键业绩指标（Key Performance Indicators），是通过对组织内部流程的输入端、输出端的关键参数进行设置、取样、计算、分析，衡量流程绩效的一种目标式量化管理指标，是对企业运作过程中关键成功要素的提炼和归纳。

关键业绩指标设计的思想是通过把影响 80% 工作的 20% 关键行为进行量化设计，变成可操作性的目标，从而提高绩效考核的效率。关键业绩指标的数量一般控制在 5 ～ 12 个之间。

关键业绩指标考核法的操作流程，如图 3.6 所示。

图 3.6　关键业绩指标考核法操作流程

KPI 绩效考核操作流程：

① 明确企业总体战略目标　根据企业的战略方向，从增加利润、提升盈利能力、提高员工素质等角度分别确定企业的战略重点，并运用关键业绩指标的设计方法进行分析，从而明确企业总体战略目标。

② 确定企业的战略目标　将企业的总体战略目标按照内部的某些主要业务流程分解为几项主要的支持性子目标。

③ 内部流程的整合与分析　以内部流程整合为基础的关键业绩指标设计，将使员工知道自己的指标和职责是为哪一个流程服务的，对其他部门乃至企业的整体运作会产生什么样的影响。所以说，要进行关键业绩指标细化的前提是进行内部流程的整合与分析。

④ 部门级关键业绩指标的提取　通过对组织架构与部门职能的理解，对企业战略目标进行分解。在分解的同时要注意根据各个部门的职能对分

解的指标进行调整补充，并兼顾其与部门分管上级的指标关联度。

⑤ 形成关键业绩指标体系　根据部门关键业绩指标、业务流程及各岗位工作说明书，对部门目标进行分解。根据岗位职责对个人关键业绩指标进行修正与补充，建立企业目标、流程、职能与职位相统一的关键业绩指标体系。

3. 目标与关键成果法（OKR）

目标和关键成果（Objectives and Key Results）法是一种让企业更好聚焦战略目标，更好集中配置资源，更好使团队上下同欲的目标管理方法。

OKR 是在一定周期内为企业和团队设定的战略和目标。在每一个周期结束时，OKR 能够帮你评估团队目标的执行和完成情况。

投入一部分精力专注在公司战略和目标的制定上，并将这些战略和目标以一种接地气的方式清晰地传达给员工，可以帮助他们看清公司的发展蓝图，以及他们能为公司的发展做些什么，最终统一军心，向着统一的目标进发。这就是 OKR 的价值所在。

OKR 是由 4 到 5 个目标构成的，每个目标下又会包含 3 到 4 个关键结果。举个例子，某互联网公司某季度为了更好地提升产品体验，产品负责人提出了这样的目标和关键结果：

O：使产品的访客到留存的转化比率提高到 5%；

KR1：改版注册流程，提高注册转化率到 30%；

KR2：提高 App 的 30 天留存率到 45%；

KR3：上线 HR 应用。

其中，该 O 由产品负责人担任 PM（项目经理），KR 分别由相关的负责人负责。如 App 的 30 天留存率的 KR，就是由移动产品经理负责。

再来看一个例子，这是一个研发负责人提出并负责的 OKR：

O：提高产品的稳定性，使可用性达到 99.99%；

KR1：代码审阅覆盖率达到 100%；

KR2：测试流程专业化，用例覆盖率 100%，用例通过率 100%；

KR3：产品运行可靠，宕机不多于 1 次；

KR4：Bug 平均停留不超过 3 天。

目标与关键结果法的实施流程，如图 3.7 所示。

OKR 绩效考核操作流程：

① 确定 OKR　OKR 的确定是在季度初的 OKR 会议上完成的。OKR 会议可以全员参加，也可以只有管理层参加；人数尽量多些，但不能过多，10 ～ 30 人较为合适，形式上最好分成几个小组。OKR 会议的流程，首先是 CEO 重新描述愿景和战略，在这个基础上，或分组讨论，或分别阐述，确定出 OKR。

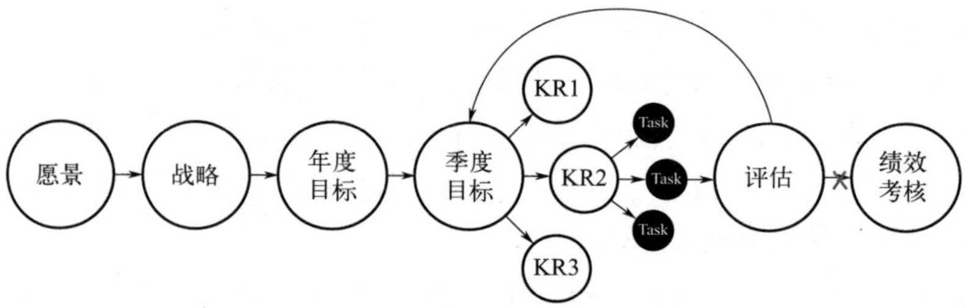

图 3.7 目标与关键结果法的实施流程

② 公示 OKR 公示不只是把确定好的 OKR 知会全员，而是要就为什么定了这些目标，实现这些目标对公司的意义，一起完成这些目标需要大家分别做什么等问题做详细的沟通，确保大家对目标的理解达成一致。

③ 执行 OKR 执行是整个周期的重头戏，重点是“定期检查，必要时调整”。一般每周或每月检查 1 次，类似普通的工作汇报，OKR 的检查要涵盖“目标、当前进度、遇到的问题、问题的原因、需要的支持、下一步的计划”。

④ 复盘 OKR 复盘是在 OKR 会议上做的，是整个实施周期的结尾。主要内容就是 OKR 的每个负责人阐述、回顾整个过程，包括“目标是什么、为什么定这个目标、做了什么、遇到了什么问题、怎么解决的、最终的结果是什么、有什么经验和教训、下一步建议、给自己打分”。除了个人，还要有整体的总结，总结的目的是更好地开始。因此，OKR 会议一般是两个重要部分：第一部分是复盘上季度 OKR，第二部分是确定当季 OKR，时间可长可短。

4. 平衡计分卡绩效考核法（BSC）

平衡计分卡（Balanced Score Card,BSC）始创于 1992 年，是由哈佛大学商学院教授罗伯特 · 卡普兰和复兴国际方案总裁戴维 · 诺顿设计的。平衡计分卡将企业的愿景、使命和发展战略与企业的业绩评价系统联系起来，并把企业的使命和战略转变为具体的目标和评测指标，以实现战略和绩效的有机结合。平衡计分卡以企业的战略为基础，并将各种衡量方法整合为一个有机的整体。它既包含传统绩效考核的财务指标，又通过增加客户满意度、内部流程、学习与成长等业务指标来补充说明财务指标，使整个绩效考核体系更趋完善。

平衡计分卡考核法的操作流程，如图 3.8 所示。

BSC 考核操作流程：

① 建立企业的愿景和战略任务 通过调查采集企业各种相关信息资料，

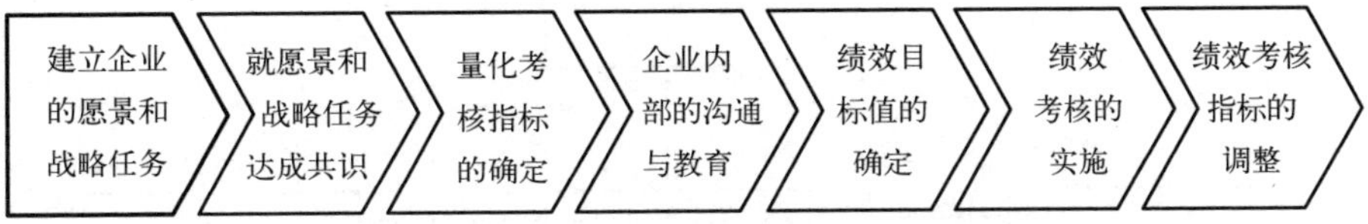

图 3.8　平衡计分卡考核法的操作流程

运用态势（SWOT）分析、目标市场价值定位分析等方法对企业内外部环境和现状进行系统全面的分析，进而确立企业的愿景和战略任务。

② 就愿景和战略任务达成共识　与企业的所有员工沟通企业的愿景与战略任务，使其对企业的愿景和战略任务达成共识。根据企业的战略，从财务、客户、内部流程、学习与成长四个方面设定具体的绩效考核指标。

③ 确定量化考核指标　为上述四个方面的目标找出具体的、可量化的业绩考核指标。

④ 企业内部的沟通与教育　加强企业的内部沟通，利用各种信息传输的渠道和手段，如刊物、宣传栏、电视、广播、标语、会议等，将企业的愿景规划与战略构想在全体员工中进行深入的传达和解释，并把绩效目标以及具体的衡量指标逐级落实到各级组织，乃至基层的每一位员工。

⑤ 绩效目标值的确定　确定每年、每季、每月的业绩衡量指标的具体数字，并与企业的计划和预算相结合。将每年企业员工的浮动薪酬与绩效目标值的完成程度挂钩，形成绩效奖惩机制。

⑥ 绩效考核的实施　为切实保障平衡计分卡的顺利实施，应当不断强化各项管理基础工作，完善人力资源信息系统，加强定编、定岗、定员、定额工作，促进员工关系和谐，注重员工培训与开发。

⑦ 绩效考核指标调整　考核结束后，及时汇报企业各个部门的绩效考核结果，听取员工意见，通过评估与反馈分析，对相关考核指标做出调整。

5. 全方位绩效考核法（360 度考核法）

全方位绩效考核法又称为 360 度考核法，是一种较全面的绩效考核方法。它强调从与被考核者发生工作关系的多方主体那里获得被考核者的信息。这些信息的来源包括：来自上级监督者的自上而下的反馈（上级），来自下属的自下而上的反馈（下属），来自平级同事的反馈（同事），来自企业内部协作及供应部门的反馈，来自客户的反馈以及来自本人的反馈。

全方位绩效考核法的操作流程，如图 3.9 所示。

360 度考核法操作流程：

① 上级考评　上级考评的实施者一般为被考评者的直接上级，也是绩效考核中最主要的考评者。

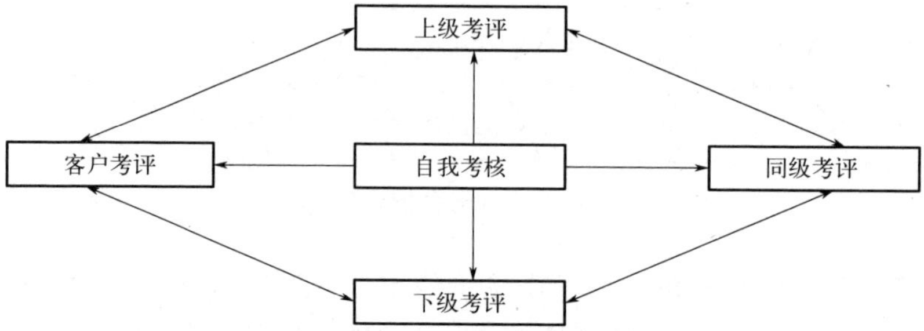

图 3.9　全方位绩效考核法操作流程

② 同级考评　同级考评者，一般为与被考评者工作联系较为密切的人员，他们对被考评者的工作技能、工作态度、工作表现等较为熟悉。

③ 下级考评　下级对上级进行考评，对企业民主作风的培养、提高企业员工之间的凝聚力等方面有着重要作用。

④ 自我考评　自我考评是被考评者本人对自己的工作表现进行评价的一种活动。它一方面有助于员工提高自我管理能力，另一方面可以取得员工对绩效考核工作的支持。

⑤ 客户考评　对于经常与客户打交道的员工来说，客户满意度是衡量其工作绩效的主要标准。

6. PK 竞赛机制

竞赛是企业管理中普遍应用的一种管理手段。管理者为员工搭建赛场，在竞赛的过程中达成管理目标，同时在过程中锻炼人、培养人。

班组员工素质参差不齐，检修水平有高有低，水平差一些的人拖了整个班组的后腿。为了提高班组人员的检修技能，某发电厂的杨班长采取了以下办法：以组为单位，进行技能考试，两组 PK，并且设置了奖励制度，对优胜组给予表扬和奖金激励。考试包括理论和实际操作两部分，全部为日常工作中的多发、易发以及重点问题。这样一来，大家不仅通过考试学到了技能，而且为了本组的荣誉，落后者也会追上来。由此，两组员工的学习热情都比以前大幅提升，学习效果很明显。

点评：上述案例中杨班长做法的启示是：物质奖励并不能解决一切问题，需采取其他激励方法。如精神激励、集体荣誉感激励等。PK 竞赛机制是调动人的潜能和积极性的一种有效方法。以赛代练可全面提升班组人员技能水平。

（1）PK 竞赛机制的管理学价值

PK 竞赛机制，借由搭建 PK 台与价值展现平台，以竞赛和竞争的形式，实现对人的深度激活，进而发掘人的内在潜能，激发人的工作热情与进取心，推动人的自我价值实现。

赛，一方面是“赛”的过程，另一方面是“练”的过程。“赛”给予了公平竞争、展示能力的契机，“练”提供了以赛代练、持续提升的平台。二者皆为人才培养中不可或缺的部分。故而，赛场机制的本质并非为“赛”而“赛”，而是在于锻炼人、培育人、塑造人。

（2）PK 竞赛机制的实践应用

岗位练兵。在班组内开展各种竞赛，如赛安全、赛生产、赛质量、赛创新、赛学习等，通过“赛”营造比学赶帮超的良性竞争环境。

技术比武。在各班组内开展各类岗位技术竞赛，赛技术、赛本领、赛内功、赛绝活等，不断提升团队成员的岗位技能。

（3）PK 竞赛机制的操作流程

① 确定 PK 人员　PK 的对象不限于员工个体，可以是两个团队间的竞争。

② 确定 PK 内容　涵盖分组竞赛、个人评比、岗位练兵、技术比武、绝活分享等。也可以结合团队中存在的问题或者团队成员胜任能力上的不足，有针对性地开展 PK 竞赛活动。例如，团队成员在某项技术上比较欠缺，可以针对该项技术策划一次竞赛活动。将团队成员分成两组，以团队的形式进行比赛，以此激发出班组成员主动学习的热情。

③ 设置 PK 时间　PK 的起止时间。

④ 设置 PK 奖惩　获得 PK 胜利的员工有什么奖励，PK 失败者有什么惩罚。奖惩不一定非得是钱，比如：败者请胜者吃火锅，败者替胜者打扫办公区卫生，败者替胜者打热水、带饭都可以。

⑤ PK 竞赛的仪式感（PK 宣言）　我们承诺：公众 PK，用业绩说话；我们承诺：决不做不遵守规则的事情；我们承诺：接受裁判判罚、愿赌服输；我们承诺：按照时间进行 PK；我们承诺：全力以赴、齐心协力、众志成城；我们承诺：认真分析成功原因，规避失败原因，虚心向胜利者学习。PK 竞赛操作流程如表 3.9 所示：

表 3.9　PK 竞赛操作流程

部门及代表人	部门及代表人	PK 内容	PK 输赢	结果
生产一车间 一车间主任	生产二车间 二车间主任	哪个车间八月份产量多	赢者：团建活动一天 输者：支付赢者团建活动费用	

7. 积分管理机制

积分管理机制是指以积分为载体，对人员进行全面量化管理的一套综合绩效管理体系。它是以过程管理实现结果管理的现代化管理方式，通过对情境的设计来保持员工内在的积极性及环境的持久度，从而实现员工自驱动、自激励、自涌现、自修复、自主式管理模式。它聚焦根本原因，注重对人员品格及习惯的重塑，是团队实现人本管理、信息化管理及软实力建设的长效量化管理机制。

（1）积分管理机制的运用

根据团队管理需要，设计积分指标。如：讲授一次小课，做一次案例分享，组织一次活动，担当一次轮值，都给予相应积分。积分属于团队建设的贡献积分，它不同于生产的工分。

员工积分按月 / 季度 / 年度汇总评优，积分可以整体汇总，或是单项汇总。比如：可单项汇总，选出“案例之星”“小课之星”等，也可整体汇总，选出“团队之星”等。

（2）积分实践案例

表 3.10 展示了一则积分管理机制规则的案例。

表 3.10　积分管理机制规则（案例）

团队建设素质积分规则			
序号	积分内容		分值
1	例会	担任一次班干部，并履行相应职责；（班长 / 学习 / 安全 / 活力）	⊕ 20/20/20/30
2		例会中主动发言，调动情绪、参与互动评议	⊕ 5 ～ 10
3		例会中提出降本增效、保障安全的合理化建议	⊕ 5 ～ 10
4		例会中讲解一小课，提高工作技能	⊕ 5 ～ 10
5	案例一小课	分享、讲解一个案例，内容完整，讲解清楚	⊕ 10
6		案例内容针对工作中的问题，提出解决方法；或分享标杆经验	⊕ 5
7		总结案例经验，形成文字稿、推广	⊕ 5
8		评为优秀案例，在公司 / 集团进行分享，获得评比荣誉	⊕ 10/20/30
9	综合考评项	安全项：个人月度 / 季度未出现三违规	⊕ 10/20
10		在工作中发现、解决安全隐患	⊕ 5 ～ 10
11		荣誉项：个人获得评比先进，或为班组争得荣誉	⊕ 10 ～ 20
12		师带徒：出徒后，进行个人总结、分享	⊕ 30
13		其 他：协助班组加强日常管理等	⊕ 10 ～ 20

（3）积分管理机制的运作流程

- 全员学习积分机制，统一认知（是什么？为什么？）；
- 确定积分的范围及积分项（在哪些方面使用积分？）；

• 搭建积分标准内容体系（细化积分的行为项及确定奖扣分值）；
• 制定积分价值兑现内容（积分对应的奖励内容及周期）；
• 制定积分管理制度（积分实施及操作规范）；
• 制定积分云平台内容标准及操作规范；
• 全员参与执行，形成闭环管理。

（4）积分管理机制应用的技巧

• 分步实施，不贪大求全，不求一步到位；
• 全员参与，以公约化方式制定积分制度；
• 借助透明化管理平台；
• 引导员工重视积分，但不计较积分；
• 团队抓什么，就把什么与积分挂钩；
• 积分不要与金钱和工资直接挂钩。

（5）积分机制运用的三点建议

① 在积分机制应用上，建议积分项目与《绩效管理制度》中的考核项目不重复、不重叠，而是作为补充；

② 积分机制，重点在于引导和激励员工，践行好的行为、落实好的做法，因此，建议团队积分只加不减，重在激励；

③ 积分结果的应用，建议不要直接与金钱挂钩，可与团队之星评选、小额物质奖励等挂钩。

三、如何进行绩效面谈

（一）绩效面谈的目的

1. 准确评估员工工作业绩，通过沟通达成共识，避免偏差；
2. 客观评价员工工作表现及能力，肯定员工成绩，更好激励员工；
3. 指出不足之处并提供改进建议，共同分析失败原因，提升绩效；
4. 提供教育培训等职业发展计划，促使员工持续进步、长远发展；
5. 指导制定下一周期绩效目标，帮助员工明确下一步目标和方向。

（二）绩效面谈流程及要点（绩效面谈前期准备表示例）

1. 开场

（1）营造良好的面谈氛围　开场气氛要宽松，选择合适的开场白，营造一种宽松愉悦的谈话氛围，有利于下属员工卸下心理包袱，以轻松的心态与领导谈话。这样员工更容易实话实说，实事求是地分析自己绩效中存在的优势和不足，改进下一步工作绩效的心态也会更主动更积极。

（2）慰问并感谢下属的辛劳　对下属当月付出的努力表示肯定，这样可以让下属感觉到自己的付出领导是看见了的。不管绩效结果好还是差，每一个员工对团队都是有贡献的，这一点管理者必须认可。

（3）告知面谈目的　明确告诉下属，面谈不是为了批评指责，而是和下属一起就上月的绩效情况做一个原因分析，让下个月的工作更顺利。

2. 告知考评结果

先谈成绩、业绩和优点，再谈问题及不足，最后肯定下属的努力与进步。

原则一：先说优点，再说不足。这里要注意在告知考评结果时，要采用“汉堡包”沟通法：先表扬别人（正面反馈），然后中间指出需要改进的地方（负面反馈），最后再以溢美之词收尾。强调先表扬具体的成就，给予真心的肯定，然后提出需要改进的“特定”行为表现，最后以肯定和支持结束。这种方法的目的就是一开始给对方一些肯定，让他放松，然后指出不足，最后再加上适当激励，抹平批评时候的尴尬。

原则二：在对下属员工的绩效给予表扬和批评时，要摆事实、避免笼统地表达。比如：经理对员工说“你的出色工作给大家留下了深刻印象”或是“你的工作态度很不好”这样模棱两可的表扬和批评不仅起不到激励或警示的效果，反而易使员工产生不确定感，不知道究竟自己哪做得好，哪做得不好。但是如果经理这样对员工说，“你这个月的销售额超过了原定目标任务量的 20%，做得非常好”或是“你这个月迟到了 5 次，影响不太好”，这样用事实做依据的表扬或者批评更容易被下属员工所接受。

3. 请下属发表意见

一次成功的绩效面谈是互动式的面谈，在面谈过程中双方应进行有效的互动沟通。主管应避免填鸭式的说教，即使对下属工作有不满意的地方，仍需要耐心倾听下属内心的真正想法。如果下属是一个非常善于表达的人，就尽量允许他把问题充分暴露出来。如果下属不爱说话，就给他勇气，多一些鼓励，同时尽量用一些具体的问题来引导下属多发表看法。

管理者在与下属员工进行绩效面谈沟通时，原则上要遵循二八法则：即 80% 的时间留给员工表达，20% 的时间用于自身沟通；而自己在这 20% 的时间内，又用 80% 的时间在发问，用 20% 的时间来“指导”“建议”员工，因为员工往往比管理者更清楚本职工作中存在的问题。换言之，管理者要多提问题，引导员工自己思考和解决问题，自己评价工作绩效，而不是管理者发号施令，居高临下地告诉员工应该如何做。

4. 讨论上阶段工作

绩效面谈是一个上下级双向沟通的过程。帮助下属员工改进绩效需要双方本着坦诚认真的态度，共同分析员工绩效不良的真正原因，并有针对性地找出改进措施和方法，必要时管理者要提供资源和支持。因下属员工在完成工作的过程中，难免会遇到人、财、物或者信息方法的问题，为了使员工能顺利地完成既定的工作目标，管理者需要对下属员工合理的要求提供必要的资源支持，这些资源也许是人、财、物和信息中的某一项或者全部。“不想马吃草，又想马快跑”的管理思想，是很难取得好绩效的。

5. 确定下阶段工作

绩效面谈作为绩效管理流程中的最后环节，主管应在这个环节中结合上一绩效周期的绩效计划完成情况，在绩效沟通及改进方案的基础上，结合下属新的工作任务，和下属一起制定下一绩效周期中的工作目标和工作标准。这实际上是帮助下属一起制定新的绩效计划，使绩效管理形成一个完整的循环过程。

重点事项要记录。在绩效面谈的过程中，管理者要对谈到的重点事项做好记录并归档保存，以便下一步的跟踪、验证和管理。这样做同时也能提醒自己及时监督检查员工的工作，防止员工事后不认账的现象发生。

6. 结束面谈

管理者应该让下属树立起下一步能把工作做好的信心。同时，要让下属感觉到这是一次非常难得的沟通，使他从上级那里得到很多指导性建议。这就要求管理者在面谈结束时使用一些技巧，用积极的方式结束面谈。

例如，可以充满热情地和员工握手，并真诚地说：“我感觉今天的沟通非常好，也谢谢你以前所做出的成绩，希望将来你能更加努力地工作。如果需要我提供指导，我将全力帮助你。”各项面谈程序完成时应立即停止面谈，普通员工面谈时间以 30 ～ 60 分钟为宜，中层管理者以 60 ～ 120 分钟为佳。

最后，上下级双方经过充分的绩效面谈沟通，在面谈结束时，需要在本月底绩效考评表上签字确认考评结果，同时对下一步员工工作绩效需要改进的内容、方法、进度、完成标准和所需的资源支持等都要以书面的形式记录下来（如表 3.11 所示），并经过双方签字确认执行。

表 3.11　绩效面谈流程及要点

流程	要点	主角
1. 开场	营造良好的面谈氛围（环境、表情、语气、幽默等）	上级
	慰劳并感谢下属的辛劳	
	告知面谈目的	

续表

流程	要点	主角
2. 告知考评结果	先谈成绩、业绩和优点（数据、行为）	上级
	存在问题及表现不佳处（数据、行为）	
	肯定下属的努力与进步	
3. 请下属发表意见	用心聆听，不轻易打断下属讲话、鼓励下属多发言（积极回应）	下属
	多使用开放式问题、多给予肯定和赞美	
	引导其自我反省	
4. 讨论上阶段工作	讨论问题、不足产生的原因及改进计划（鼓励下属提出措施）	共同参与
	讨论下属需要的支持和帮助	
5. 确定下阶段工作	下期工作目标、重点、要求（确定量化考评标准并达成共识）	共同参与
	讨论下属需要的支持和帮助	
	表达对下属下阶段工作的信心和期望	
6. 结束面谈	确认考评结果（签字）	上级
	感谢参与并确定下次面谈的时间	

（三）绩效面谈的十个准则

1. 建立并维持彼此信赖

经理要在绩效面谈的过程中逐步建立起员工的信赖感，通过描述性的语言和认真倾听的态度告诉员工，绩效面谈重点在于帮助他们改善绩效。相比之下，其他方面并非本次沟通的重点。

2. 清楚地说明面谈的目的

经理要在面谈开始时就把绩效面谈的目的告诉员工，让员工清楚这个会议是干什么的。面谈目标聚焦于员工上期绩效的回顾，帮助员工进行绩效改善而不是批评。通过对面谈目的的阐述，让员工放下思想包袱，以更加开放的心态和经理进行互动。

3. 在平等立场上进行商讨

无论员工的绩效表现是优秀还是较差，他们都是你的绩效合作伙伴。作为经理，你要站在平等的立场上帮助员工分析导致绩效问题的原因，帮助员工找出改进措施。

4. 聆听并鼓励下属讲话

绩效面谈中，经理要把更多的时间用于倾听和提问，通过听员工阐述理由，适时地进行提问，帮助员工进一步思考，对问题产生的原因进行深度挖掘，找到切实有效的解决办法。

5. 不要与他人做比较

绩效面谈时最忌讳人与人的比较。如果能把员工的行为和其他员工的同一行为进行比较，可能员工更容易接受一点。但是如果经理说一个员工为人方面不如别人，那么，你有可能会和员工站到对立面。

6. 重点在绩效而非性格

绩效面谈重点强调员工的绩效表现，就是对前面所学的东西，员工履行工作职责为组织目标达成做出贡献的部分。但绩效面谈的焦点一定是绩效表现而不是员工的个性。

7. 重点在未来而非过去

绩效面谈是帮助员工在未来的考核中取得更好的成绩，要着眼于未来，而不是盯住过去不放。避免秋后算账式的讨论，如一次面谈把员工过去 10 年的一个不良行为都翻出来，只能说明经理的无能。

8. 优点与缺点并重

绩效面谈的时候避免出现只谈优点或者只谈缺点，两者都要关注。一般遵循先谈优点，再谈缺点的顺序进行。

9. 勿将考核与工资混为一谈

绩效面谈的时候，不要和工资混为一谈。一旦把工资和绩效混在一起谈，员工就会把关注点放在绩效分数上而不是具体问题的原因分析和解决措施上。

10. 以积极的方式结束面谈

无论和绩效表现好的员工还是绩效表现差的员工面谈，经理在最后结束的时候，都要表达对员工改进、提升的信心，鼓励员工提升自我，给予员工进一步提升自我的信心。

（四）如何同不同类型的员工进行绩效反馈面谈

1. 优秀的下属

以鼓励为主，一起制定发展计划。为其创造机会和空间，莫急于许诺。

2. 一直无明显进步的下属

开诚布公，讨论现在的职位是否适合他，分析原因使其认识到不足，包括个人的动机、工作方法、个人困难等。

3. 绩效差的下属

具体分析原因，不要一概认为是个人问题，避免面谈中的冲突。

4. 年龄大、工龄长的下属

尊重，肯定贡献，耐心而关切，为其出主意；既不能抹杀他们过去的成绩，也要让他们接受现实的差距。

5. 对于目标过高的下属

管理者应耐心引导，用具体事实指出其当前能力与目标之间的差距，不应一味否定其积极性；同时应与其共同探讨未来的发展空间与可行计划，但需避免让其产生不切实际的期待，做到既鼓励又务实，使其成长能够循序渐进、水到渠成。

6. 沉默内向的下属

耐心启发，善于使用开放性的问题，提出非训导性的问题，多征询意见。

7. 发火的下属

应耐心听完其讲话，尽量不要与其马上争辩，要找出原因，冷静分析。

第四章 科学授权

管理者工作忙乱、效率低下，除了前面两章讲的时间管理和目标绩效管理出了问题之外，还有一个核心原因就是不懂得如何授权。管理的本质是通过组织他人（尤其是下属）来完成工作。如果管理者不懂得如何授权，管理就会出现很多“错位”现象：结果就是领导做下属的事，下属没事可干；领导“压力山大”，下属乐得清闲；领导焦虑操心，下属不负责任……

这一章我们将学会如何通过合理的授权来调动下属的工作主动性，让下属愿意承担责任，同时通过授权引导下属思考，提升下属的工作能力。

第一节 谁背上了“猴子”？

一、忙乱的管理者

每个人的精力是有限的。作为管理者，如果你什么事情都自己抓着不放，最后既抓不住工作重点，下属也难以成长进步，所以合理的授权在管理中就变得非常重要。那如何授权呢？我们先来学习一个经典的哈佛管理案例，这个案例的名字叫：谁背上了“猴子”。在这里“猴子”指的是每个岗位应该承担的责任和具体的工作任务。

情景一：某厂长正走在过道上，看见车间王主任迎面而来。两人碰面时，王主任打招呼道：“厂长早，顺便说一下，出了个问题，您看……”当王主任继续往下说时，厂长发现这个问题与其他下属提出的问题有两个相同之处。

1. 厂长知道自己应该参与解决问题；

2. 厂长知道目前还无法提供解决问题的方案。

于是，厂长说："我现在很忙，让我考虑一下再通知你。"然后厂长和车间主任就各自走开了。

情景二：厂长与车间主任走开后回到办公室，看到了新来的秘书小张。小张之前担任公司一名副厂长的秘书，因为工作出色现在调任厂长的秘书。厂长走过来对小张说，他们等一下要碰个头，制定出新的工作目标和计划，并补充说："我会草拟一个提纲跟你讨论。"

情景三：见完秘书，办公室正有另一位下属小刘在等厂长；厂长是这样结束和小刘的谈话的，在小刘即将离开时厂长说："好的，给我一份备忘录提醒我。"

小刘尽职地写好厂长要求的备忘录，并放到了厂长的办公桌上，然后厂长很快认真地读了一遍。

情景四：周五下午快下班时，下属们等在门外希望能抓住周末前的最后机会提醒厂长"快做抉择"。他们在门外等的时候彼此悄悄议论："真是烦躁。他根本没法做任何决定。真是不知道像他这样一个没能力做决定的人，是怎么当上厂长的……"

最糟的是，厂长无法做出任何"下一步的行动"，因为他几乎所有的时间都花在了应付老板、客户、供应商相关的事务上了。

厂长告诉那几个下属，他只能星期一早上见他们了。厂长晚上 7 点才离开公司，他准备明天再回办公室处理事情。

星期六清晨，当他回到办公室时，却透过窗户看见篮球场上还没有完成工作的王主任、小张、小刘正在打球。

案例反思：

① 案例中"猴子"跳动的根源是什么？

② 案例中"厂长"的行为会产生哪些后果？

③ 我经常背"猴子"吗？如何摆脱"猴子"？

④ 如何照顾"猴子"？

首先一起来分析一下这个案例，王主任找到厂长，让厂长帮他解决问题。在王主任见厂长之前这个问题是王主任在思考，这"猴子"是王主任背着的。见完厂长之后，厂长说："让我考虑一下再通知你。"当厂长讲完这句话，王主任还会思考这个问题吗？不会了，他只会等厂长告诉他答案。所以本来在王主任身上的"猴子"，被王主任甩到了厂长背上。

再来看第二个情景，秘书小张马上要见自己的新领导，见面之前有点紧张，脑袋里面一直思考着问题："我应该怎么配合领导的工作呢？"见面之后厂长说："我会草拟一个提纲跟你讨论。"听完这句话，小张如释重负。

既然领导要拟好提纲跟我讨论，那我就不需要考虑问题了。所以本来在小张身上的“猴子”，又被甩到了厂长背上。

第三个情景，小刘在办公室等厂长，说明有事找厂长。沟通完之后，厂长让他写一个备忘录提醒他。小刘写好备忘录还让厂长读了一遍，潜台词是：“厂长，备忘录我写好了，如果有什么问题那可不是我的责任。”小刘带着问题，背着“猴子”去找厂长，回来的时候“猴子”不见了，又被厂长背走了。

最后一个情景，厂长背着大家的“猴子”，还要处理自己的“猴子”，只能选择加班，结果加班时看到下属们却在打球。如果你是厂长，此时会是怎样的心情呢？

案例分析完了，回答刚才那几个问题。

① 案例中“猴子”跳动的根源是什么？很明显是厂长的行为导致了“猴子”的跳动，所以管理者不当的应对行为是“猴子”跳动的根源。

② 案例中厂长的行为会产生哪些后果？首先对厂长自己而言，替下属背“猴子”，占用了大量时间，导致很忙很累，业绩还不好。其次对下属也没有好处，下属会对厂长形成依赖，不愿意主动思考解决问题，就不会进步和成长，自己工作也没有成就感。案例中厂长的行为对自己和下属都没有好处。

③ 我经常背“猴子”吗？每一个管理者在工作中，或多或少都会替下属背“猴子”，只是有时候自己不觉得。

如何摆脱“猴子”？如何照顾“猴子”？最后这两个问题才是本案例要学习的关键，下面重点来讲这两个问题。

二、摆脱“猴子”的四大原则

当下属带着问题找你，想把“猴子”甩给你，你一定得记住四个原则：

（一）帮助下属解决问题不等于替下属解决问题（轻易不要直接给答案）。很多时候下属带着问题来找你，你就直接把答案告诉下属，你以为你在帮他，其实你是在替下属做过程，下属找你要结果。另外，他会养成习惯：今后有任何问题直接找领导就可以了，自己再不用对工作负责了。

（二）不要轻易说“我想好了告诉你”。你跟下属说“我想好了告诉你”，下属就不会思考了，他就等着你给他答案。

（三）不要轻易说“把这个问题先放一放”。你跟下属说把这个问题放一放，他就真的放下了，绝不拖泥带水。而且很多问题一放就会不了了之，最终变成大问题。

（四）要经常说一句话“你的想法呢？”。下属带着问题来找你，你只需要问一句话：“你的想法呢？”如果下属说我还没想好方案，那就让他先按照自己的想法拿一个方案出来，再一起讨论。如果下属说出了自己想好的方案，这个时候就可以和下属一起讨论了，这才是真正地帮下属解决问题。

三、照顾“猴子”的五个原则

（一）要么给“猴子”喂食，要么开枪打死它。给“猴子”喂食，就是指导下属下一步行动方案；开枪打死“猴子”就是现场把问题解决掉，这样“猴子”就不存在了。

（二）管理者和员工的对话，要到每一只“猴子”都分配给一个人拥有后才能结束。永远要记住，一只“猴子”只能让一个人背，背的人多了，到最后没人管，“猴子”就丢了。

（三）把每一只“猴子”放出去面对组织丛林之前，要先为它们保个险。授权并不等于放权，管理者授权下属去解决问题，但并不是说管理者就不管不问了，管理者自身的监督与指导职责不能丢。

（四）应面对面或通过电话给“猴子”喂食。给“猴子”喂食最好是面对面或电话沟通，这样讲得更清楚。有的管理者喜欢用微信布置任务，这样管理者就无法掌握下属对任务是否完全理解。

（五）定期为“猴子”做检查，维持它们的身体健康。授权出去的工作，管理者要定期检查。联想的创始人柳传志曾经说过：“员工不会做你希望他做的事，只会做你检查的事。”

第二节
授权的基本原则

上一节通过一个背“猴子”的案例，剖析了管理者在实际工作中由于不会授权导致的各种问题，那应该如何授权呢？

一、如何确定授权事项和原则

（一）企业授权事项梳理

在企业的运行中，管理者既拥有多种权力，又要不断维护并合理分配权力，这是保证企业在其控制之下运行的前提条件。在企业管理中，管理者能向不同层次管理人员授出的权力主要包括三个方面：一是人权，二是财权，三是事权。

1. 人权

人权也就是人事管理控制权，其内容可细分为6个方面：

（1）人事任用权　即选择聘用具体人员担当某岗位角色的权力；

（2）人事罢免权　即解除某具体人员担当某岗位角色的权力；

（3）人事指挥权　即给选择聘用担当某岗位角色人员下达指令的权力；

（4）人事考核权　即对担当某岗位角色的具体人员履职的情况进行考核的权力；

（5）人员给薪权　即决定对所选择聘用担当某岗位角色的人员支付多少薪酬的权力；

（6）人事奖惩权　即对选择聘用担当某岗位角色的具体人员给予奖励和惩罚的权力，包括物质奖惩、增发奖金、处以罚款、口头或书面表扬、批评、提供或取消培训发展机会等。

2. 财权

财权也就是对资金支配使用的权力，这种权力可分为5个方面：

（1）资金预算权　即对所承担工作所必需的费用作出预算，由上级批准后执行；

（2）资金支付权　即对预算内或权限内的费用支出权，比如在权限内批准下属的差旅费、交际应酬费等；

（3）资金使用裁定权　即对与所承担业务有关，但又不在预算之内的资金使用相关权限，比如折扣权、返点权、付款方式决定权、付款期限决定权等；

（4）资产使用权　即对所交付的非现金资产的支配使用权；

（5）资产处置权　即对所交付的非现金资产的改造、出售、拆毁的权力。

3. 事权

事权也就是履行职责、开展工作的业务活动权，它是岗位角色履行职责、完成工作目标的行为选择权力。其内容可细分为6个方面：

（1）工作内容选择权　即自我选择做什么工作的权利；

（2）工作目标要求决定权　即决定把工作做到什么程度的权力；

（3）工作考核标准决定权　即决定用什么标准对所承担的工作进行考核的权力；

（4）工作时间限制决定权　即决定所承担的工作什么时候开始、什么时候终止的权力；

（5）工作方式选择权　即选择以什么方式来完成工作目标的权力；

（6）工作场所选择权　即选择在什么地方履职、完成工作目标的权利。

以上三大权力的分配涵盖了企业内部权力的主要内容，但对于不同部门，涉及的授权事项有所不同。因此要结合部门的实际运转情况，依据日常工作事项对现有权力分配情况进行梳理，并在此基础上根据权力分配的原则进行权力再分配。在进行权力事项梳理时可以采取以下几种方式，以尽可能全面地反映部门真实的权力分配状况：

（1）自上而下梳理　通过对日常管理事务的了解进行梳理；

（2）自下而上梳理　通过对各个系统中需要管理者审批事项的了解进行梳理；

（3）现有表单梳理　通过部门现有表单体系中需要管理者审批的事项进行梳理。

（二）企业授权的原则

在对企业内部授权事项进行梳理后，要根据企业情况进行权力的再分配。首先，要明确企业授权的原则：

1. 计划性权限集中，事务性权限下移；

2. 掌控非常规事务处理，常规性事务下移；

3. 人员分层管理，掌控核心人员人事权限，一般员工管理下移；

4. 财务分级管理，掌握重要财务权限，一般财务权限下移；

5. 在明确授权原则的基础上，可以对企业能够授权的事项进行权力分配，对各项权力的分配原则如下：

（1）人事任用建议权可授给岗位角色的直接上司，但其裁定权却只能授给隔级上司，最后裁决权要授给隔级上司的上级，否则有可能把优秀人才挤出单位或部门。

（2）人事罢免建议权可授给岗位角色的直接上级，但其裁定权却只能授给隔级上司，最后裁决权要授给隔级上司的上级。理由同上。

（3）人员指挥建议权可授给岗位角色的各级上司，但其裁定权却只能授给直接上司。越级指挥往往会带来很多组织运行上的混乱。

（4）人事考核实施权可授给岗位角色本人，其建议权可授给岗位角色的同事。但其裁定权却只能授给直接上司，最后裁决权要授给上一级上司。只有这样才能保证考核的公正、公平、客观、准确、全面。

（5）人员给薪建议权可授给岗位角色的直接上司，但其裁定权却只能授给隔级上司，最后裁决权需留给企业最高管理层。否则无法实现内部协调。

（6）人员奖惩建议权可授给岗位角色的同事，但其实施权却只能授给直接上司，最后裁决权要授给上一级上司。这是保证公正和公平所必需的。

（7）资金预算建议权可授给岗位角色本人，但其裁定权却只能授给直接上司，最后裁决权要授给上一级上司。因为花他人的钱都会很慷慨。

（8）资金支付裁定权可授给岗位角色本人，但其最后裁决权只能授给直接上司。有了预算控制，还必须有他人的监督和最后裁决，如此才能保证钱只按既定计划的要求花费。

（9）资金使用建议权可授给岗位角色本人和直接上司，但其裁定权只能授给上一级上司，最后裁决权要归企业最高管理层所有。理由同上。

（10）资产使用建议权可授给岗位角色的直接上司，但其裁定权要归给岗位角色本人，最后裁决权要授给直接上司。因为让人做事，做事的工具必须由使用人自主决定。

（11）资产处置建议权可授给岗位角色本人和直接上司，但其裁定权只能授给隔级上司，最后裁决权不可授出。因为只有资产所有人才能拥有资产处置的终极权力。

（12）工作内容选择建议权可授给岗位角色本人，但其裁定权却只能授给直接上司，最后裁决权要授给上一级上司。只有这样才能协调企业的运行。

（13）工作目标要求建议权可授给岗位角色本人，但其裁定权却只能授给直接上司，最后裁决权要授给上一级上司。理由同上。

（14）工作考核标准建议权可授给岗位角色本人，但其裁定权只能授给直接上司，最后裁决权要授给上一级上司。这样才能实现企业总体的综合平衡。

（15）工作时间限制建议权可授给岗位角色本人，但其裁定权却只能授给直接上司，最后裁决权要授给上一级上司。能实行弹性时间工作制度的，应实行弹性时间工作制度，这样有利于调动岗位角色的积极性和能动性、创造性。

（16）工作方式选择建议权可授给岗位角色的直接上司，但其实施权只能授给岗位角色本人，最后裁决权要授给上一级上司。否则，岗位角色就无法发挥自己的主观能动性和创造性。

（17）工作场所选择建议权可授给岗位角色本人，但其裁定权只能授给直接上司，最后裁决权要授给上一级上司。能实行弹性地点工作制度的，应实行弹性地点工作制度，这样有利于调动岗位角色的积极性和能动性、创造性。

二、不能授权的五种事项

企业管理者在授权过程中，一定要牢牢抓住一些关键权力，不能授出去的权力坚决不能授，否则就会适得其反。尽管大多数企业管理者都错在授权不足，但还是有个别的企业管理者错在授权过多，而有些工作是完全不能授权的。

（一）不要授权核心人事决策或机密的事务

人事方面的决定（评估、晋升或者开除）一般来说都很敏感，而且往往难以做决定。一旦有些人事工作需要保守秘密，那么这份工作和职责就应该是你自己的。

（二）不要授权核心政策制定的事务

你可以在政策制定的一定范围内授权，但绝不要授权他人关于实质性的政策制定工作。政策会限制相关的决策制定。在规定的、有限的范围内，你可以授权他人承担一些制定政策的任务。如销售经理可以制定销售政策，销售人员往往也有权在一定的金额范围内，为特定的一些客户提供优惠。

（三）不要授权危机问题

因为危机有时会不可避免地发生。如果真的发生了，管理者必须肩挑这个重担，找到解决方案。这绝不是你该授权的时候，当处于危机的时候，一定要保证自己在现场起到领头的作用。

（四）不要授权直接下属的培养职责

作为一名企业管理者，其中一个主要职责就是培养下属。更准确地说，你的职责是创造条件，使下属在和你共事时能使他们自己得到发展。你的下属应该在他们的成长和发展过程中得到你的帮助。他们依赖于你的经验、你的判断、你对组织和组织需求的了解，来辨别对他们成长有帮助的工作。这不是你该授权的工作，尽管你可以从他人那里得到一些帮助，但这是你的职责。

（五）不要授权上级明确要求你亲自完成的事务

上级叫你亲自做一件事情，可能会有他特殊的理由。如果你坚定地认为将它授权给你一个员工去做是正确的，应先和你上级商量一下，弄清楚他是要你做还是叫你给别人做。对上级意图的错误理解可能会使你和上级之间关系变得紧张，所以一定要弄清楚他真正的要求。

三、针对不同的人授予不同的权力

（一）老虎型

这种人往往自封管理者，喜欢管理、指挥别人，而且愿意承担责任。他们讲究效率、注重实际，往往提前完成工作。他们关心绩效，能自己设定并努力完成目标，且乐意竞争。

要授权给这类老虎型员工，必须支持他们的目标并奖励他们的工作效率。这种人往往不善于处理人际关系。自我中心者最大的恐惧就是失去掌控能力，这也是为什么他们非得爬到巅峰才会开心的缘故。

（二）孔雀型

这种人是处理人际关系的专家。他们看起来比较随和友善，不那么咄咄逼人。但这种人往往比较优柔寡断，对关系感兴趣，不太注重工作绩效，容易因为别人的关注而努力工作，相信良好的人际关系比成功的事业更有安全感，在意他们的行为对周围环境的影响，常常自问自己的人缘好不好。

要授权给这种人，必须接纳他们的喜怒哀乐、关心他们的私生活，并且要耐心聆听。这种人最大的恐惧是被人拒绝，他们常以人际关系的好坏，来评定自己的价值。

（三）猫头鹰型

这种人对于事情发生的原因和事情背后的逻辑，有一种天然的兴趣。有时这种探索，会使他们暂时放下手头的工作。这种人常常因为过于注重细节，而显得有点儿吹毛求疵。

要授权给这种人，首先必须肯定他们的想法、分析能力及追根溯源的本领；不过，你同时也要提醒他们及时完成工作，因为他们多半是完美主义者。

（四）考拉型

这种人忠心、可靠、喜欢一成不变。他们对一再重复的工作乐此不疲，同样的事情，做得愈多次，他们愈喜欢，而且觉得踏实。他们循规蹈矩、遵循规范、重视流程，在设定的架构内工作；喜欢弄清自己的职责极限，从重复中学习，喜欢处理文书作业；宁愿被管理，也不愿意指挥别人。

要授权给这种人，只要支持他们的计划，给他们相对明确的指令，并及时肯定他们的成绩就行。

第三节
科学授权技巧

一、授权过程中的三大常见问题

（一）越级管理

在授权过程中常常会出现越级管理的现象：上级跳过你，直接给下属布置工作；或者你跳过下属，直接给下下级布置工作；你的高层领导跳过你的上级，直接给你布置工作——这些都属于越级管理。那么，越级管理是怎么造成的呢？有三个方面的原因：

1. 管理机制问题

层级越多，信息的传递就越不顺畅，势必会导致越级管理的出现。

2. 管理能力问题

直接下级不作为，或对直接下级不信任，也会导致越级管理的出现。

3. 管理心态问题

管理者喜欢直接掌控全局，不善于抓大放小，也会导致越级管理的出现。

越级管理的危害有哪些？

1. 对管理者的危害

凡事事必躬亲，一竿子插到底，替下属行使管理职责，把有限的精力用在了不重要的事情上。层级越高的管理者越是要注意。

2. 对下级管理者的危害

下级管理者的管理职能被架空，一方面会让下级管理者对上级形成依赖，另一方面让下级管理者失去了在团队中的威信。

3. 对整个团队的危害

经常出现越级管理会使团队内出现特殊员工。每一次越级指挥都会伴随着一次越级汇报，时间长了这个越级汇报的员工就会成为特殊员工。他的直接领导无法对他进行管理，会影响整个团队的管理秩序。

牢记层级管理的基本规则：上级只能越级检查，不能越级指挥；下级只能越级申诉，不能越级请示。

（二）授责不授权

责任和权力是对等的。但很多时候上级给下属授权，只授了责任，并没有授予相应的权力。看看格力董明珠的授权案例。

在企业管理中，信任员工是进行有效授权的基础。格力电器董事长董明珠就深知这一点。她在管理格力电器时，充分信任各级员工，给予他们相应的决策权，同时也非常注重对员工的信任和授权。她认为，只有充分信任员工，才能让员工发挥出自己的最大潜力，为企业创造更大的价值。例如，在格力电器的研发部门，研发人员可以根据自己的专业知识和市场需求，自主选择研发项目和技术路线。同时，他们也可以根据项目进展情况，自主调整研发计划和资源配置。这种充分授权的方式，不仅提高了研发效率，也培养了研发人员的创新能力和团队合作精神。

点评：案例中董明珠信任和授权的管理方式，不仅激发了员工的工作积极性和创造力，也为格力电器的技术创新和产品研发提供了强大的支持。所以授权的基础是信任，当你不相信下属时，就会出现授责不授权的现象。

（三）授权又授责

授权当然就得授责，但这个责任要有个限度。授权又授责有两种极端的行为：对过程——做甩手掌柜，不行使自己的管理职责；对结果——以罚代管，做不好就罚。只要避免这两种行为，授权又授责就没问题了。

二、授权的激励艺术

授权有四种形式：授权又授责，授权不授责，授责不授权，不授权不授责。

（一）不授权不授责是最放任的

领导者与下级之间没有发生任何权责转移关系，下级处于放任自流状态。

（二）授权又授责是最常见的

它符合管理学的权责一致原则，拥有一定权力，就需要承担相应的责任。

（三）授责不授权是最糟的

它给下级造成心理压力，束缚下级的手脚。

（四）授权不授责是最特殊的

它不仅有悖于权责一致的基本原则，而且迎合人们揽权推责的普遍心理。但这种特殊的授权形式，如能在特定条件下恰当使用，会产生超出预期的良好效果。以下几个是授权不授责的成功案例。

孙权对周瑜的授权

司马光在《资治通鉴》中记载，赤壁大战前，孙权没有屈服于曹操八十万大军的压力，下定决心联刘抗曹。大都督周瑜夜见孙权，主动请求带五万精兵制服曹操。孙权对周瑜说："卿能办之者诚决，邂逅不如意，便还就孤，孤当与孟德决之。"孙权分析了周瑜与曹操作战的两种可能，并提出了相应对策：如果能够战胜曹操，你就与他决战；如果万一失利，就撤回到自己这里来。这是授予了周瑜打的权力，而不追究他打败的责任。随后，周瑜积极运兵用谋，取得了赤壁大战的胜利。

"字节跳动"的善意假设

在"字节跳动"，有个团队负责一款重要产品的开发。团队领导充分信任团队成员，采用了"善意假设"的管理方式。

在项目启动阶段，团队领导与团队成员进行了充分的沟通，明确了项目的目标和愿景。然后，团队领导将项目的决策权和执行权下放给了团队成员，让他们自主决定如何实现项目目标。

最终，这个团队成功地完成了项目，并且在项目实践中取得了一些创新性的成果。团队成员也在这个过程中得到了充分的锻炼和成长，他们的能力和信心都得到了提升。

点评： 这个案例充分体现了字节跳动“善意假设”的企业文化。即相信员工有成熟的自驱力、能力充分、值得信任，在此基础上加大授权，减少管控。这种管理方式可以激发员工的积极性和创造力，提高团队的效率和绩效。

华硕公司对许嘉的授权

梁宵在《中国经营报》上撰文说，2001 年，许嘉顶着华硕笔记本两年称霸中国台湾地区市场的光环来主管大陆市场，但一年多过去了，业绩却没有任何增长，他心里有点慌张。时任华硕总部财务长的李祖尧找到他，对他说：“你做不好不是你的错，而是华硕董事长施崇棠的错。是他委派你过来的，所以他应该很清楚你的能力。如果你做得不好，是他作为一个管理者选派的错误；但如果你做得好的话，是因为你的努力、你的策略、你的实践、你的认真，是你的功劳。对此稳赢不输的事情，你担心什么？”这种授权不授责的管理理念，让许嘉释放了压力，放开了手脚，华硕大陆业绩实现了快速增长。

点评： 由上述案例可见，授权不授责在某种程度上是一种激励手段。但授权不授责有特定适用条件，不能滥用，也不能误用。需满足以下几个条件。

1. 授当其事：授权应当针对特定的事项，这是授权不授责的前提。所谓特定事项特在“三大”——关系重大的事、风险极大的事、压力巨大的事。

2. 授当其人：授权应当选择合适的对象，这是授权不授责的关键。合适的授权对象必须具备两个条件，首先是有目标、有决心、有信心，其次要有能力，水平高、专业强。

3. 资当其需：授权应当关注并满足下级的需求，这是授权不授责成功的保障。首先是方法指导，其次是资源支持。

4. 言当其时：在合适的时机说出授权不授责的话，这是授权不授责应当把握的时机。这个时机只能在事前，不能在事后。为下级担责，事前严明是发动机，对下属有激励作用；事后再说，就成了马后炮。

三、授权而不放权的方法

历朝历代诸多帝王都善于授权，但监控却很紧密。雍正就是有控制地进行授权的一位皇帝，他授权给大臣，让其辅佐他管理朝廷事务，然而却并未疏于监督。据载，某大臣退朝后邀亲朋好友玩麻将，丢了一张牌。次日上朝时，雍正却把他们玩丢时丢的那张牌拿给他看。可见雍正对他部下的监控相当严格。只有把握好监控系统，授权才不会出乱子。

管理者真正做到区分放权和控制放权，才能够授权而不失控，才能够真正做到领导有尺度。在《这是你的船》中，阿伯拉肖夫将安全授权解释得淋漓尽致："当一项决策可能会伤害甚至杀害一个人、浪费纳税人的钱或是对军舰造成损害的时候，我就必须亲自过问。除此之外，在自己的工作领域之内，水兵可以根据情况自己做出决策。"

归纳为一句话就是：下属工作"自动化"，领导工作"人工化"。简单地说，就是能按常规推理做决策的，放权给下属去做决策，即有规则可循的让给部下做，而无章可循的，需要人工化操作的，在这关键时刻，企业领导者就要自己把控。好比在经济危机的非常时期，混乱的外界经济环境，很多事情都拿不准的情况下，管理者就应该当机立断做出决策。

安全授权不仅要讲究方法，而且要注重程序。授权程序可分为四个步骤：

第一、确定任务。即明确哪些任务和工作是可以授权的。授权前要梳理工作的重点、目标、进度、原则、范围等。

第二、选贤任能。确定任务后就要选择合适的人进行授权。该下属是否有相关经验和技能，是否有剩余的时间和精力，是否有工作热情和自信。

第三、落实分工。将任务和相应的资源、权力分配给被授权人，陈述背景、评述工作、讲解指导、商定进度，通知各方。

第四、跟进支持。按照预定的计划和进度，进行必要的监督、联络，及时予以激励。

实现授权的有效控制需要注意以下几个方面：

（一）授权之初就制定监控的机制

1. 掌握监控的次数与内容

倘若大量授权，为全面考量，可减少每项任务的监控次数，并放弃细节控制，将控制重点放到目标和重要的预警信号上。

2. 划分阶段，明确报告的时间及方式

可鼓励下属自行提出何时报告、如何报告，以提升他们执行的自觉性。授权程度越大，任务越长期，检查频率就越低。例如福特汽车前总裁艾科卡对其直属副手的检查，时间单位是季度。

3. 设置预警信号

依据具体工作的情况，设置具有全局意义、有警示作用的关键指标，如资产负债情况、最高成本线等。一旦情况出现异常，它们便会提前亮起红灯，提醒你即刻采取措施。

4. 在授权之初就约定监控的办法

授权伊始，下属通常都能理解你的监控措施，因为你要为最终结果负责。但工作起来之后，人们就容易觉得监控是一种不信任的干涉行为。所以，事先约定比临时通知要好。

（二）恰当掌握工作的进度和情况

为了确认工作进展正常，并且一旦出现偏差能够得到及时纠正，掌握工作的进度和情况是很有必要的。

1. 你可以通过以下形式掌握工作的进度和情况

开会、让员工提交报告、查看工作报表数据、与员工非正式会谈等。

2. 你应当避免以下做法

偷偷巡视、不停地开会了解进度和见面就问，这些做法会使下属觉得你不信任他们，对他们的工作造成干扰。

3. 让下属自愿与你沟通

让下属感受到你的信任，同时取得他们的理解。你可以这样说："我把工作委派给你了，你就放手去做吧！我相信你能做好，我不想多干涉。不过你一定要让我了解事情的进程，这样即使失败了，我也能知道出现了什么问题。"

4. 以帮助来监控

"如果觉得需要我帮忙，尽管来找我！"如此，当进度受阻时，下属就会主动来找你。

（三）控制目标，不控制细节

如果你连细节都要去问下属，评价他做得对不对，甚至替他决定该如何做，那你就又将职权收回去了。你真正应该控制的是目标，包括最终目标、阶段性目标、关键指标等。你不但不应该主动过问细节，而且也不应鼓励那些大事小事都喜欢向你请示汇报的下属。要告诉他，这是他的事，你只管理"例外"。

（四）及时纠正偏差

如果发现下属的工作脱离标准，偏差超过一定的限度，就要及时出面纠正。

1. 调整命令

有时，下属无法完成标准是因为你规定的目标或标准不合适，这时就要及时调整命令，而不是继续再错下去。

2. 批评或处罚

如果是由于下属个人的不良表现导致偏差的产生，就应该提出批评，严重的甚至给予处罚。

3. 多辅导

如果下属能力不足，你则需要多加辅导，这也有助于及时纠偏。但要注意掌握分寸：提建议，而不是下命令。

4. 培养下属纠偏的主动性

要消除下属“承认困难就是无能”的观念，在下属中间培育不惧怕棘手问题的风气。你可以说：“你第一次做这件事，一定会遇到不少困难，这是正常的。如果需要我帮忙，就尽管来找我，不要为此耽误了工作！”

（五）采用团队控制方法

如果你的下属都是技术和自我管理能力很强的人，而且在长期的合作中已经形成了彼此尊重、信任的氛围。那么，在充分授权的基础上，你就可以抛开传统的“个人控制大家”的做法，采用“大家控制大家”的团队控制方法。这种控制靠的是：高标准要求、下属不能逃避棘手的问题、上下级之间开诚布公地沟通。

（六）特殊授权特殊控制

1. 涉及经济业务的授权，一般需制定相应的事前控制制度

比如顾客提出赊销申请时，业务员有权办理赊销业务，那么企业就要先制定赊销政策。各个部门有多大的制定售价的权力、购买固定资产的权力、使用多少数额的预算，企业都应有所规定。

2. 对某些岗位人员的工作方式加以控制

比如通过制度来控制采购人员的回扣问题、销售人员的大客户问题、财务人员的现金收支管理等问题。

总之是能放得开，又能收得拢。不事必躬亲，让局势尽在掌握之中是经理人的最高境界。只要在用人实践中不断总结经验教训，这一切都不难掌握。

四、防止“反授权”的五种方法

有授权，就存在反授权。反授权，即授权后，出现了授权人与被授权人之间的角色颠倒与错位。被授权人期望退回任务或任务的一部分，将自己拥有的责任和权力反授给授权人，或将自己职权范围内的工作问题、矛盾推给授权人。如此一来，致使授权人反被牵着鼻子走，去处理一些本应由被授权人处理的问题。这实际上就使授权人在某种程度上变成了“受权人”。

对此，如果不加以注意，不但会使授权人工作被动，忙于应付请示、汇报，而且还会养成被授权人的依赖心理，进而导致授权的双方都有可能失职。

反授权现象，我们日常工作中经常会碰到，常常表现为以下 5 种形式：

（一）请示型反授权

有的下属在已被授权的工作中，经常向领导请示汇报，求得领导指示。

领导一上班，办公室的门就关不上，下属像“走马灯”似的请示汇报工作，许多领导对此还乐此不疲。

（二）问题型反授权

有的下属在已被授权的工作中，时常向领导提出诸多问题，向领导“虚心求教”，或者请领导帮忙给予解决。

（三）选择型反授权

有的下属在已授权的工作中，往往提出数个方案，将矛盾上交给领导，请领导做出选择，从而形成了“本末倒置”。

（四）事实型反授权

有的下属在已授权的工作中，为了证明自己的才能，不愿请示汇报，擅自越权处理工作，常常导致工作中出现问题。问题形成事实后，不得不由领导来解决。

（五）逃避型反授权

任务安排下去后，下属先提一大堆困难，明显有多一事不如少一事的心态，不想动脑筋，希望一切都被安排好，他们只需机械地按部就班去做就行。他们在领导安排任务时满口答应，好像什么问题都没有，但任务迟迟不能完成，没人追就没下文了。追问起来就诸多借口，这里有问题那里有困难，把皮球又踢了回来。

反授权主要是一种职能上的错位，管理者必须知道如何“归位”来防止反授权。

对很多经理人来说，要做到有效的授权，就必须先对自身角色的两种常见错误认知作出修正，应站在“领导人”而非“经理人”的立场上去思考问题。

商业顾问哈瑟维指出：首先，很多经理人固执地认为，替员工解决问题比教会他们独立解决更快更有效；其次，他们认为自己比下属懂得更多。

哈瑟维认为，这些观点只会增加经理人亲自解决问题与做决策的欲望，而不会使授权变得更容易。哈瑟维指出：经理人管理的是细节（比如解决下属的问题），而领导人管理的是员工，他们会通过激发下属的主人翁精神与工作责任心来达到这一目标。

此外，授权的方式与授权的意愿同样重要。防止“反授权”的方法有很多，具体如下。

1. 委派合适的任务

让合适的人在合适的时间做合适的工作，这是防止反授权的前提。依据对每个下属能力与发展需求的评估，将任务或问题委派给合适的人。通过这样的方式，避免将下属的“猴子”揽到自己身上。

斯蒂芬·科维强调，建立在下属热情基础上的授权会带来非常好的效果。“首先要了解每个下属最擅长做什么，最喜欢做什么。”他说，“然后将其特长与热情和工作的需要相结合。有激情的员工是不需要监督的，他们会依靠自己找到解决问题的独创性方案。”

2. 培养员工思考的能力

员工独立思考得越多、责任心越强，推给上司的“猴子”就越少。

普利斯卡建立了一个“猴子”等级系统：

“我们要求员工用数值来评定问题的等级。”普利斯卡说，“1 代表由经理解决的问题；2 代表经理告诉你应该怎么解决，然后你照做；3 代表你提出了一个解决方案并且要求上级批准；4 代表你直接采取了行动，事后才报告经理。”当员工找到经理后，经理就会问：“几号数字？”为了培养员工的责任心，普利斯卡鼓励他们尽可能以“4”号方式行动。

可以根据情况接受“反授权”或拒绝“反授权”，来看以下案例：

“有关分配给我处理的报告，我碰到了一些难题，希望你看看”——提出反授权（不想干）。

回答A：“好的，我先看看，再和你讨论该如何处理。”——接受反授权（估计他干不了）。

回答B：“很理解你遇到了这些困难，不过请你想想其他解决办法，我明天来看你的解决办法。”——拒绝反授权（不主动提供协助，迫使他想办法）。

点评：在实际操作中，有经验的领导者都明白一点，应当向下属提问题而非下达命令。下达命令会削弱员工思考的主动性。

遇到请示时要进行反问，多问几个“为什么”。“你为什么这样做呢？还有其他方案吗？出现某种情况该怎么办？”——通过这些问话来鼓励下属自己去寻找答案。

其他一些开放式的问题也可以采用。比如，“你认为出现这个问题的原因是什么？”“如果采用你提出的解决方案，应着重考虑哪些问题？”或“上次有一个客户出现这个问题时，是怎么解决的？”这些问题能让你看出，下属在面对问题时投入思考的程度。

3. 加强团队建设与沟通交流，提供解决问题所需资源

管理者多与下属沟通交流，让下属了解你授权的想法和初衷，同时整合解决问题的资源，同样能够减少他们向你塞“猴子”的机会。

这里提到的“资源”具有广泛的含义，包括能帮助员工独立解决问题的人员、工具、信息及发展机会。做一个资源的连接者其实并不难，有时只需简单地说一句话就足够了。此外，一些信息工具也很有价值。

某银行零售业务的高级副总裁揭示了信息的重要作用：“通过电子邮件及会议的形式，我可以与员工分享关于行业、我们银行的战略重点以及财务业绩的信息。如果要让他们做出正确的决策以及解决自身的问题，那么我所了解的信息也应该让他们知道。”

有的企业建立了导师指导体系，要求公司培训部门开发一个导师指导项目，将高级管理者与新晋经理人一一配对，由资深者向资浅者传授授权技巧。“这个项目使新经理人学到了不少关于授权的真知灼见，赢得了广泛的赞誉。”

4. 心态的调整

“授权的原则是给员工保留一定的自由度，并把失误看作其成长的机会。授权人事告诉每位下属你对其能力的评价，这样对方就能理解你为什么会把相应的任务交给他。”从授权人来说，要承担反授权的主要责任。要真正做到放心大胆地授权，就要正确评价下级；分清指导与执行，及时剔除不能胜任的下级。从被授权人来说，要主动大胆地承担责任，放手做事，努力提升自己的能力。

5. 实施严格的绩效考核

授权时要明确，做到“责、权、利”相结合，这是防止反授权的基础。

在公司制度上要加强对独立完成任务的考核。授权完成时要经过考评，肯定成绩，指出不足，及时激励与改进，增强工作的实效性。这样，既可调动下属的积极性，又可有效防止反授权，使员工清楚这些事都和自己的绩效挂钩，如果没有责任心，就完成不了这些事。来看以下案例：

一家大型连锁零售公司的副总曾经诉苦，他手下的商店经理不停地向他要求分配更多的工时。“他们的店铺大多运营不佳，”他很沮丧地说，“真不知道他们认为这些额外工时的工资应该由哪里来支付？我真心希望这些人能有一点商业头脑。”

当询问他为什么认为他们看上去对工时和店铺盈利之间的关系如此健忘时，“我不知道。”他回答说，“这不像是因为我们没有教他们如何去阅读盈利和亏损结算表，这些都是太基本的常识了啊！”

“那么，你的经理们应当为他们店铺的盈利负责吗？”采访者又问道。

“那当然，”他回答说，“至少间接负责。我是说，难道我们不是共同为店铺的盈利最终负责吗？”

点评：对上述这一案例，我们稍加分析就会发现其问题之所在。店铺盈利成为了店铺工作表现的衡量尺度，然而，经理对如何达到该目标却没有任何的控制力。

后来，有人建议他选取一些店铺，让这些店铺的经理对其盈利状况全权负责，让他们做出预算并备好奖金，一个月对他们的行动监督一次，以便于在他们做出一些值得商榷的决定时给他们一些适当的指导，而不是听之任之。他选取六个店铺开展试点，其中有两个店铺的经理就是曾向他要求更多工时的人。开始两个月是非常痛苦的，因为经理们为适应新的责任疲于奔命，最终只有一个经理完成了季度任务；第二季度，除一个经理外都完成了任务；而当第四个季度快到时，即圣诞节前后的销售旺季，除一个经理外都大幅超额完成了任务。

有趣的是，他们都是通过不同方法达到的。一个经理将工时减到了最低，而另一个增加了员工以更好地服务顾客，还有一个引入了一系列达到特定美元/小时目标的奖励和奖金。他们的共同点，就是对他们成就的巨大自豪感。

没有不好管理的员工，只有不合适的管理者。所以，不要用“没有时间”或者“没有合适的人选”等理由来搪塞所遇到的“反授权”现象。想要做一个好的授权人，只需认真地训练一下自己。

第五章 管理决策与方案策划

在工作管理中，除了解决常规问题外，管理者还会遭遇许多颇具难度的问题。面对这些难题该如何解决呢？这就需要管理者具备管理决策的能力，即能在众多解决方案中寻觅到最为合适的那一个。

一旦方案确定，管理者接下来要进行的便是如何完成任务、达成目标。这类工作任务在执行过程中变数较大，存在诸多不确定性。面对这类工作时，管理者有时会盲目地执行，致使原本就有难度的工作变得越发艰难。

策划是一种思维方式，拥有策划思维的管理者会谋定而后动，绝不打无准备之仗。通过前期的策划，能让那些有难度、无从下手的工作任务变得清晰明了，从而大幅提高完成任务的可能性。

在本章中，首先要学习管理者应当如何进行决策，会给大家介绍一些决策的思路与方法，随后再学习一个极为好用的策划工具——策划之轮。

第一节 管理决策的基础理论

据《梦溪笔谈》[1]记载：海州知府孙冕颇具经济头脑，他听闻发运司打算在海州设立三个盐场，便坚决反对，并给出诸多理由。到后来，发运使亲自到海州商谈盐场设置事宜，依旧被孙冕回绝。当地老百姓拦住孙冕的轿子，向他诉说设置盐场的益处。孙冕解释道：“你们不懂得做长远打算。

[1]《梦溪笔谈》是北宋科学家沈括的笔记体著作，成书于 1086 至 1093 年间。全书 30 卷，分为 17 个门类，共 609 条，涵盖文学、历史、艺术和自然科学等领域。沈括以其广博的知识和深刻的见解，记录了北宋时期的社会历史现象，总结了当时的科学成就。这部作品被誉为 " 中国古代的百科全书 "，对后世影响深远。

官家买盐虽能获取眼前利益，可若盐量过多，无法售出，三十年后便会自食恶果。”然而，孙冕的警告并未引起人们重视。

他离任后，海州很快建起三个盐场。数十年后，当地刑事案件增多；因运输、销售不畅，囤积的食盐日益增加；盐场亏损，负债渐多，许多人都破产了。至此，百姓方才醒悟——在此兴建盐场实为一大祸患。

决策的正确与否关乎组织与事业的兴衰存亡。故而，每一位管理者都必须认真钻研决策科学，掌握决策的定义、类型与过程，于千头万绪中找出关键所在，权衡利弊，及时作出正确且可行的决策。

一、决策的定义

在日常生活与工作中，人人都有可能成为决策者。不管是个人还是组织，几乎无时无刻不在作出决策。从管理者的视角来看，决策乃是其管理工作的核心与基本要素。曾有人针对高层管理者展开一项调查，让他们回答三个问题：“你每日花费时间最多的是在哪些方面？”“你觉得你每日最为重要的事情是什么？”“你在履行自身职责时感觉最困难的工作是什么？”结果，绝大多数人的答案均为“决策”两个字。决策如此关键，那究竟何为决策呢？中外学者从不同角度给出了各异的说法。

著名社会科学家、管理学家西蒙认为“管理即决策”。

管理学教授里基·格里芬在《管理学》中指明：决策是从两个及以上的备选方案里选择一个的过程。

美国学者亨利·艾伯斯说：“决策有狭义与广义之分。狭义的决策是在几种行动方针里做出选择，广义的决策还涵盖在做出选择之前进行的一切活动。”

有关决策的定义，还有很多不同的描述。但是，随着科学技术的发展，人们对现代决策越来越趋于这样的共识：所谓决策，就是组织或个人为解决某个问题或实现某种目标，针对未来一定时期内有关活动的方向、内容以及方式进行选择或调整的一个分析判断过程。

如何在多种方案中选取一个最优方案，这便是决策问题。例如，某企业准备开发两种产品，经初步市场调查，这两种产品都有良好的市场前景，然而企业当下仅具备开发一种产品的经济实力，那么，企业该决定开发哪种产品呢？又假如某企业生产的高科技产品在两个国家销售，其中一个国家销售量大且获利丰厚，但其政治不稳定，随时面临被迫退出市场的状况；另一个国家销售量比前一个国家小，但该国政治比前者稳定。那么，该如何确定企业的长期营销方针呢？

由上例可知，决策必须涵盖以下几个方面：

（一）决策的目标性

目标乃是组织在未来特定时期内完成任务程度的标志。若无目标或目标不明确，人们便难以拟定未来的活动方案，且对这些方案进行评价和比较也就缺乏标准，决策便失去了方向。

（二）决策的现实性

决策总是要付诸实践的，要切实可行，并且能取得预期的效果。

（三）决策的优选性

决策总是在若干有价值的方案中作出选择，仅有一个方案，便无从进行选择，没有选择，也就无从优化。

（四）决策还包括对决策方案执行结果的评价

这些步骤共同构成一项完整的决策，这是一个“全过程”的概念。

二、决策的类型

决策贯穿于整个组织活动的全过程，涉及各方面的内容。不同类型的决策，需要采用不同的决策方法。因此，根据不同的要求，从不同的角度对决策加以分类，将有助于决策者把握各类决策的特点，根据决策问题的特征采用相应的方法进行有效的决策。根据不同的划分标准，可以将决策分为以下几种类型，如表 5.1 所示。

表 5.1　决策划分的根据与类型

划分的根据	划分的类型
按决策所要解决的问题的重复性划分	程序化决策、非程序化决策
按决策涉及的范围划分	战略决策、战术决策、业务决策
按决策者的层次不同划分	高层管理者决策、中层管理者决策、基层管理者决策
按环境因素的可控程度划分	确定型决策、风险型决策、非确定型决策
按决策的主体不同划分	集体决策、个体决策
按决策影响的时间长短划分	长期决策、短期决策

（一）程序化决策和非程序化决策

程序化决策和非程序化决策又称常规决策和非常规决策。这是按照决策重复程序来划分的，且这种分类方法并没有绝对的划分标准。正如赫伯特·西蒙所说："它们并非真是截然不同的两类决策，而是像一个光谱一样的连续统一体。其一端为高度程序化的决策，而另一端却是高度非程序化的决策。"

1. 程序化决策

程序化决策是依照预先的程序、处理办法和标准来解决管理中经常重复出现的例行问题。正是由于问题重复出现，各种信息完整，所以决策能够程序化到重复和例行的程度，管理者不必遵循复杂的决策过程来进行决策，只需要按照事先制定好的系统化的程序、规则行事即可。例如，日常任务的安排、常用物资的采购等都属于此类。

2. 非程序化决策

非程序化决策是解决以往无先例可循的新问题，具有极大的偶然性、突发性和随机性，很少发生重复。这类问题的解决，没有事先准备好的规则和政策可遵循，其解决步骤和方法难以程序化，不能重复使用，如新生产方法的采用，企业的合并重组等。非程序化决策需要考虑内外部条件变化以及其他不可量化的因素，这类决策正确与否，决策效果如何，往往取决于决策者的气魄、首创精神和决策方法的科学性。

在现实生活中，极少的管理决策是完全程序化的或者非程序化的，这仅是两个极端，绝大多数决策处于两者之间。非程序化决策是可以转化为程序化决策的。例如，企业进行第一次对外投资时，进行的是非程序化决策，但由于还要不断地进行投资，就把投资决策程序化了，以后的投资决策就成为程序化决策了。程序化决策与非程序化决策的比较，如表 5.2 所示：

表 5.2　程序化决策与非程序化决策的比较

序号	程序化决策的特点	非程序化决策的特点
1	例行问题，重复出现的日常管理问题	偶然发生的，性质不明的管理问题
2	结构化问题	非结构化问题
3	有例可循，有政策法规可依	新问题，环境因素各异
4	标准化的例行做法	处理的方法需要创新
5	多由中基层管理人员做出	多由高层管理人员做出

（二）战略决策、战术决策与业务决策

1. 战略决策

战略决策是所有问题中最重要的决策，一般是指具有全局性、长期性、作用大且影响深远的决策，主要解决的是“干什么”的问题，如企业的长、中期经营方向和目标的制定，新产品的开发、技术革新的方案、企业的联合与改组、新市场的开拓等。制定战略决策必须重视企业的外部环境，如国家的有关政策、法令、长期规划、物质资源条件、销售条件与环境等。总体而言，战略决策的正确与否，直接决定经济活动系统的发展方向及成败。

2. 战术决策与业务决策

战术决策（又称管理决策）是战略决策执行过程中的具体决策，解决的是“如何干”的问题。它是指为了实现战略目标而作出的带有局部性、较短时期内的具体活动方式的决策，如产品开发方案的制定、更新设备的选择等。

战术决策是战略决策的重要组成部分，是实现战略决策的重大步骤。战略决策与战术决策密切联系、互为补充。战略决策为战术决策规划了远景，战术决策是战略决策的具体化，是实现战略决策的保证。

业务决策，是日常工作中为提高生产效率和效益、合理组织业务活动而作出的决策。属于业务决策范畴的主要有：工作任务的日常分配和检查、岗位职责的制定和执行、库存的控制以及材料的采购等。

（三）高层管理者决策、中层管理者决策和基层管理者决策

高层决策，是指企业最高层领导者作出的重大决策。这类决策大多是有关全局以及与外界有密切关系的重大问题，如确定企业的生产规模、营销市场的扩大、技术革新、增加盈利、职工培训等经营目标问题。企业的中、长期经营计划的编制是企业高层决策的一项重要内容。

中层决策，是指企业中层管理者所作出的决策。

基层决策，是指组织中基层管理人员所作出的决策。这类决策一般是解决日常工作中的问题。基层决策包括两方面内容：一是经常性作业安排；二是生产过程中如何解决非正常偶发事件，如设备故障，原材料及配件供应短缺等。

一般来说，越往高层的决策越具有战略性、非常规、非确定性的特点；而越往低层的决策，就越具有战术性、常规性、确定性、技术性的

特点。

制定企业的战略决策或者经营决策主要是少数高层领导者的职责。战术决策可分为管理决策和业务决策，其中制定管理决策主要是中层领导者的职责，业务决策则是大多数基层领导者作出的决策。

（四）确定型决策、风险型决策和非确定型决策

从环境因素的可控程度看，决策可分为确定型决策、风险型决策与非确定型决策。

1. 确定型决策

在对决策问题的未来情况已有完整信息、没有不确定因素时，这类问题的决策称为确定型决策。确定型决策指在稳定可控的条件下进行的决策。在确定型决策中，决策者确切知道自然状态的发生。每个方案只有一个确定的结果，最终选择哪一个方案取决于各个方案结果的直接比较。例如，某个决策者有笔余款，他有几个备选方案：购买一年期国债，年利率为7%；存一年期银行存款，利率为4.5%；存银行活期存款，利率为1.5%。显然，决策者的目标是想多获得利息。在此情况下，他的决策就是一种确定型决策。通过比较利率，他应该选择购买国债。

确定型决策可以采用微分法、线性规划、非线性规划、排队论等数学方法，并借助计算机按既定程序进行操作，对备选方案进行优化选择。

2. 风险型决策

风险型决策，是指影响决策的主要因素在客观上存在几种可能的情况（一般为自然状态），这些可能的情况事先虽可知道，但决策后会出现什么样的结果，决策者事先却不能完全知道。因此，风险型决策又叫随机决策。例如，天气的好坏对企业生产经营的影响。如果天气好，企业产品的销售量就大；而天气不好，产品的销售量很小。在这两种未来的可能性中（天气好或者不好），如何进行分析判断，以选择最佳生产量，就属于一种风险型决策。对于这种决策，决策者应该在计量化基础上进行辨别和筛选。

3. 非确定型决策

非确定型决策，是指决策方案面临多种自然状态，而决策者难以确定其出现的概率，需要进行综合分析，作出决策。在非确定型决策中，决策者可能不知道有多少种自然状态，即使知道，也不可能确定每种自然状态发生的概率。实际上，大多数工商企业的决策，都属于非确定型决策。例如，某公司欲发展海外业务，想选择下列其中一种适合进入海外市场的方

式：间接出口、直接出口或者直接投资。由于环境的高度不稳定性，目标国可能存在的政治风险（如国有化、政变、法律条件的改变等），国际金融市场货币汇率波动造成的外汇风险，当地文化习惯不同造成的可能对产品的消费倾向不同等风险。

因此，每个备选方案都有成功的机会也有失败的可能，但都无从衡量其可能性到底有多大。在不稳定的条件下决策，关键在于尽量掌握有关信息资料，依据决策者的直觉、经验和判断来果断行动。

（五）个体决策与集体决策

从决策的主体看，可把决策分为个体决策与集体决策。

个体决策是单个人做出的决策。例如，总经理签署一项权限内的销售合同就是个体决策。

集体决策指的是多个人一起做出的决策。组织中的许多决策，尤其是那些对组织有重大影响的决策往往是由集体来决定的。例如，股东大会、董事会等做出的决策就是集体决策。

相对于个体决策，集体决策有一些优点：①能更大范围地汇总信息；② 能拟定更多的备选方案；③能得到更多的认同；④能更好地沟通；⑤能做出更好的决策。但集体决策也有一些缺点，如花费较多的时间、产生“从众现象”以及责任不明等。

总体来讲，集体决策与个体决策相比，在决策的创造性、减少失误、提高质量、增加可接受性程度方面更具优越性，但在决策效率、成员责任感方面却逊色于个体决策。因此，只要决策效果的提高足以抵消效率的损失，就应更多地采用集体决策。

（六）长期决策与短期决策

长期决策是指关系组织今后发展的长远性、全局性的重大决策，又称为长期战略决策。如战略方向选择、业务重组、组织结构调整等决策。

短期决策则是为实现长期战略目标所采取的短期策略手段，又称短期战术决策，如企业的日常营销决策等。

三、决策的过程

决策的过程不能简单地理解为管理者“拍板”做决定的片刻行为。因为决策是一个动态的过程，特别是在现代管理中，一些关系到组织存在与发展的重大决策活动往往表现为一个复杂的过程。关于决策的过程，国内外管理理论家、管理者、企业家有着不同的意见，但一般来说，决策过程应包含以下内容：

（一）发现问题，确定根因——运用诊断理论，弄清问题的来龙去脉，然后对症下药

问题是决策的起点，任何管理组织的进步、管理活动的发展都是从发现问题开始，然后做出变革而实现的。为确保决策目标正确合理，需要深入分析存在的问题为什么会产生，包括横向分析和纵向分析。横向分析，是从许多错综复杂的原因中找出主要原因；纵向分析，是从各层次原因中找到根本原因。比如，公司产品质量较差是目前主要存在的问题。产生这个问题的原因是多方面的，经过横向分析，发现员工业务素质不高和技术水平低下是主要原因；再通过纵向分析，进一步发现其根本原因在于缺乏系统的业务培训。这样，加强员工业务培训就可以明确为决策的目标。

（二）确定明确具体的目标——运用目标理论，澄清问题的最后目的，以扫除含混不清之类的障碍

在明确问题以后，还要研究为解决这些问题将要采取的措施应符合哪些要求，必须达到哪些效果，也就是说要确立决策目标。目标是指管理者在特定条件下所要达到的特定结果。能否正确地确定目标，是关系到决策成败的关键。确定决策目标，不仅为方案的制订和选择提供了标准，还应评估是否有条件实现这个目标。为此，需要对实现决策目标的各方面做全面、细致的分析。

（三）拟出备选方案——交替方案理论

为解决某一问题而设计出多个可行的供决策者抉择的方案，就称为备选方案。备选方案至少需要有两个，决策者才可能从中进行比较，然后选出最理想的方案。一旦问题被正确地识别出来，管理者就要提出达到目标和解决问题的各种方案。然后，按照“相对性”与“有效性”的原则淘汰那些现有条件下很难做到的方案，剩下来的才是可行的方案，才能供备选之

用。在制定备选方案时，要依靠专家或专门机构推进，广泛地运用智囊团技术，如“头脑风暴法”“对演法”[1]等。

（四）评估备选方案——建立各种方案的数学模型，将各备选方案的优劣数字化或明朗化

对方案进行综合评价和全面比较时，尽可能使用定量分析方法。

评价每个可选方案达到的满意程度可用下列符号表示：H 表示很满意，有很大的收益或没有风险；M 表示较满意，有一般收益或有风险；L 表示较不满意，没有收益或有重大风险；N 表示不满意，没有收益或有很大风险；X 表示排除方案，没有任何收益且可能亏损或有不正常的极大风险。

采用统一的客观量化标准衡量，提高评估过程的科学性，防止主观判断偏差。主要的评估技术包括数量模式、系统分析、决策矩阵、决策树。目前，越来越多的决策者采用定量分析权衡利弊得失，人们称之为“定量分析开路”。

（五）选择最优或次优方案——最优或次优理论，从各有利弊的备选方案中，选定一个较能达到目标的方案

在决策过程中，管理者通常要做最后的选择。尽管选择一个方案看起来很简单——只需要考虑全部可行方案，并从中挑出一个解决问题的最好方案，但实际上要做出选择是很困难的。由于最好的选择往往建立在仔细判断的基础上，所以管理者要想做出一个好的决定，必须仔细核查全部事实，并确信自己获取了足够的信息，从而选择出最好的方案。

方案选择在充分考虑各种限制因素和条件的同时，还要特别重视各种方案可能带来的后果。所以，方案选择时必须做到以下几点：

① 任何方案都有风险；

② 不要一味追求最佳方案；

③ 在最终选择时，允许不做任何选择。不选择也是一种方案。

为了防止和避免决策失误，选择方案时必须遵守如下程序，如图 5.1 所示。

---

[1] “对演法”通常是指在思维论证、方案设计或问题分析中，通过设置对立的观点、方案或推演视角，进行双向或多向辩论与推演的一种方法。它可以帮助我们更清晰地理解问题，暴露对立视角下的矛盾点、漏洞或潜在问题，完善思考逻辑，从而得出正确的结论。

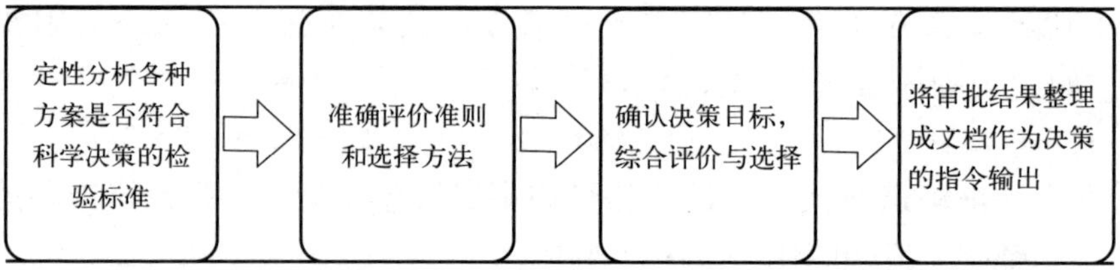

图 5.1　方案选择程序图

（六）执行方案前的鉴定和控制——在正式大规模执行决策前，先做小规模鉴定，对决策执行结果跟踪、控制，以观其效

这是决策的最终阶段。在对选定方案的贯彻实施时，还需要考虑在实施过程中可能出现的问题，采取措施，加以控制。如果主观条件发生重大变化，以致必须重新确定目标时，就必须进行“追踪决策”。所谓追踪决策，是指原有决策的实施将出现危及决策目标的实现时，对目标或决策方案所进行的一种根本性的修订。

决策的正确与否及其效果如何，要以执行结果来验证。决策的执行结果，不仅取决于决策方案的选择，而且取决于执行过程中的工作质量。因此，方案的实施是决策过程中至关重要的一步。在方案选定以后，管理者就要制订实施方案的具体措施和步骤。如明确责任、制定考核标准、建立有关机制等。

（七）评估执行结果

决策实施以后，应检查和评价实施的结果，检查是否达到了预期目的，并为今后的决策提供信息。这个步骤也就是西蒙所说的审查活动。完善执行的考评、监督机制，应该坚持以责任和效果论功过，采用科学的方法对部门及其人员的执行力、执行结果以及综合素质进行全面监测、考核、分析和评价，并以此作为他们的薪酬等级、培训机会、奖惩、晋升的客观依据，激发他们的积极性、主动性和创造性。此外，还应该不断研究和完善对执行力进行监督的渠道和手段，让自我监督和相互监督成为一种制度。

在实际工作中，由于决策种类性质不同，决策程序中的工作重点和时间安排以及具体过程也会有所不同。如果在信息提供、决策条件确定的情况下进行决策，就可以相对简化决策程序，如图 5.2 所示。

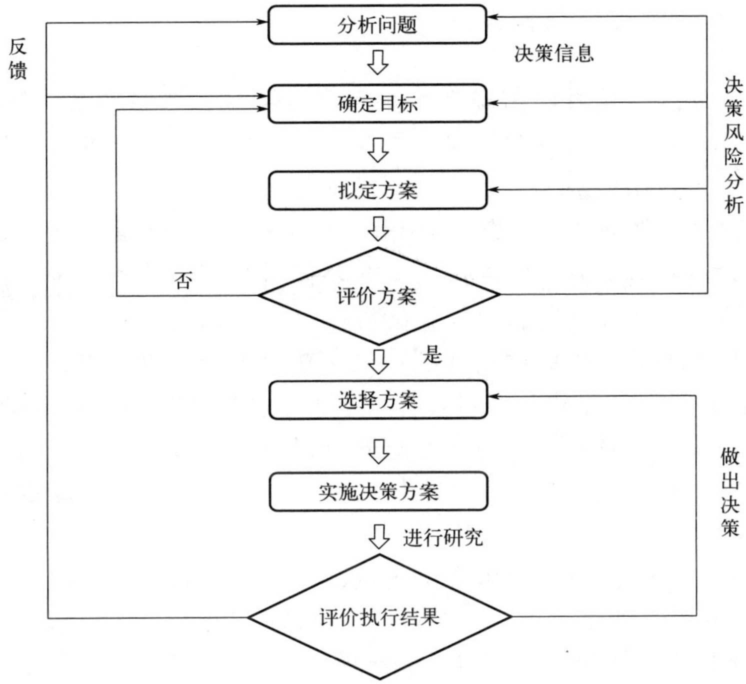

图 5.2　简化决策程序

第二节 管理决策的方法

科学的决策方法是保证组织决策科学、有效的前提条件。伴随决策理论和实践的不断发展，人们在决策中采取的方法也不断得到充实和完善。当前经常使用的决策方法一般可以分为两大类，即定性决策方法和定量决策方法。把决策方法分成两大类只是相对而言，在具体使用中，两者不能截然分开；两者相辅相成、密切配合，已成为现代决策的一个发展趋势。

一、定性决策方法

定性决策方法是指决策者依靠熟悉业务知识、具有丰富经验和综合分析能力的人员与专家，根据已掌握的历史资料和直观材料，运用个人的经验和分析判断能力，从对决策对象的本质特征的研究入手，掌握事物的内在联系及其运行规律；对企业经营管理决策目标的设定、决策方案的拟定，以及方案的选择和实施做出决断。

（一）专家会议法（哥顿法）

专家会议法，是根据市场竞争的目的和要求，邀请有关方面的专家，通过会议的形式，提出有关问题，展开讨论分析，作出判断，最后综合专家们的意见，作出决定。

具体做法和要求是：召集一个由 6 ～ 10 人组成的专家会议，通过会议形式让与会专家提出方案。主持人一开始仅对要解决的问题进行抽象化介绍，但具体研究什么问题、会议目的等，只有会议主持者知道，参加会议的其他人都不知道，以免思路受到约束。在整个会议过程中，会议主持者采用“抽象台阶”的方式，将与会者对方案的思考逐步由抽象引向具体。当会议进行到适当的时机，在与会专家充分讨论和发表意见的基础上，会议主持者再把研究的问题和会议的具体目的告诉大家，综合大家的意见和设想，形成若干方案。

以一个有名的稻谷脱粒机案例为例，主持人首先提出如何使物体“分离”，与会者可以提出“切断”“锯断”“剪断”“烧断”等方法，会议主持人再进一步提出“如何使稻谷与稻草分离”的问题，会议最后形成了一种高效率圆筒式稻谷脱粒机的方案。

这种方法的优点是：通过座谈讨论，能够相互启发，集思广益，取长补短，能较全面集中各方面的意见得出决策结论。但也有缺点：由于参与人数有限，代表性往往很不充分，容易受到技术权威的影响；与会者不能真正地畅所欲言，往往形成“一边倒”，即使权威者的意见不正确，仍能左右其他人的意见；专家由于受到个人自尊心的影响，往往不能及时修正最初的意见。因此，专家会议的方法，有时也会做出错误的市场竞争决策。

（二）德尔菲法

德尔菲法是由美国著名的兰德公司首创，是用于预测和决策的方法。该法由预测小组以匿名方式通过几轮函询征求专家的意见，对每一轮意见进行汇总整理后作为参考再发给各专家，供他们分析判断，以提供新的论证。几轮反复后，专家意见渐趋一致，最后供决策者进行决策。这种决策方法的过程是：

第一步，拟定决策提纲。首先确认决策目标，如设计专家们应回答问题的调查表，对答案的要求是：标明概率大小，对问题做出肯定回答“是”或“否”，对判断的依据和判断的影响程度做出估计。

第二步，专家的选择。这是德尔菲决策的关键。所选择的专家一般是指有名望的或者从事该工作数十年的有关方面的专家。选择专家的人数，一般以 10 ～ 50 人为宜。但一些重大的决策可选择 100 人以上。

第三步，提出预测和决策。发函或请个别访谈，要求每个专家提出自己的决策意见和依据，并说明是否需要补充资料。

第四步，修改决策。决策的组织者对每一次决策的结果及资料进行综合整理、归纳、使其条理化，再反馈给有关专家，据此提出修改意见和提供新的要求。这一决策的修改，一般进行 3 ～ 5 轮，通常以 3 轮为宜。

德尔菲法是个反复的反馈过程，每一轮都把上轮的回答做统计综合整理，计算所有回答的平均数和离差，在下一轮告诉大家。平均数一般为中位数，离差一般为全距或百分位数间距。例如，若问题为“某种新技术多少年可能出现？”，10 位专家的回答是：7、7、8、9、10、10、11、12、12、13，则中位数是 10 年，离差为全距 6 年（13−7）。

第五步，确定决策结果。经过专家几次反复修改的结果，根据全部资料，确定出专家趋于一致的决策意见。

德尔菲法具备以下三个特点：

① 匿名性　采用匿名函询征求意见的方式，克服专家之间因名望、权力、尊重等心理影响，保证各成员能独立地做出自己的判断。

② 有价值性　不同领域的专家参与决策时，各有专长，考虑问题的出发点不同，会提出很多事先没有考虑到的问题和有价值的意见。

③ 决策结果的统计性　为了对决策进行定量估价，采用统计方法对决策结果进行处理，最后得到的是综合的统计的评价结果。

（三）风暴式思考（头脑风暴法）

头脑风暴法也叫思维共振法，即通过有关专家的信息交流引起思维共振，产生组合效应，从而引发创造性思维。风暴式思考是通过专家观点的不断集中和思路精化来实现的。在进行风暴式思考的过程中，所追求的是各种创造性思考。

采用头脑风暴法组织群体决策时，要集中有关专家召开专题会议，由主持者以明确的方式向所有参与者阐明问题，说明会议的规则，在融洽轻松的会议气氛中，让专家们“自由”地提出尽可能多的方案。

为便于营造一个良好的创造性思维环境，应该确定专家会议的最佳人数和会议进行的时间。经验证明，专家小组规模以 10 ～ 15 人为宜，会议时间一般以 20 ～ 60 分钟效果最佳。

头脑风暴法专家小组应由下列人员组成：

① 方法论学者——专家会议的主持者；

② 设想产生者——专业领域的专家；

③ 分析者——专业领域的高级专家；

④ 演绎者——具有较高逻辑思维能力的专家。

头脑风暴法应遵守如下原则：

① 自由思考　即要求与会者尽可能地解放思想，无拘无束地思考问题并畅所欲言，不必顾虑自己的想法或说法是否“离经叛道”或“荒唐可笑”。

② 庭外判决　即要求与会者在会上不要对他人的设想评头论足，不要发表“这主意好极了！”“这种想法太离谱了！”之类的“捧杀句”或“扼杀句”。至于对设想的评判，留在会后组织专人考虑。

③ 以量求质　即鼓励与会者尽可能多而广地提出设想，以大量的设想来保证质量较高设想的存在。

④ 结合改善　即鼓励与会者积极进行智力互补，注意思考如何把两个或更多的设想结合成另一个更完善的设想。

实践表明，头脑风暴法可以排除折中方案。对所讨论的问题通过客观、连续的分析，找到一组切实可行的方案，因而头脑风暴法得到了较广泛的应用。下面是运用“头脑风暴法”解决难题的一个有趣的事例。

有一年，美国北方格外严寒，大雪纷飞，电线上积满冰雪，大跨度的电线常被积雪压断，严重影响通信。过去，许多人试图解决这一问题，但都未能如愿以偿。后来，电信公司经理应用奥斯本发明的头脑风暴法，尝试解决这一难题。他召集不同专业的技术人员参加座谈会，要求他们必须遵守头脑风暴法的四条原则。

大家七嘴八舌地议论开来。有人提出设计一种专用的电线清雪机，有人想到用电热来化解冰雪，也有人建议用振荡技术来清除积雪，还有人提出能否带上几把大扫帚，乘坐直升机去扫电线上的积雪。对于这种“坐飞机扫雪”的设想，大家心里尽管觉得滑稽可笑，但是按照会议的规则，会上无人提出批评。相反，有个工程师在听到用飞机扫雪的想法后，灵机一动，一种巧妙的清雪方法冒了出来。他想，每当大雪过后，出动直升机沿积雪严重的电线飞行，依靠高速旋转的螺旋桨即可将电线上的积雪迅速扇落。他马上提出“用直升机扇雪”的新设想，顿时又引起其他与会者的联想，有关用飞机除雪的主意一下子又多了七八条。不到一小时，与会的 10 名技术人员共提出 90 多条新设想。

会后，公司组织专家对设想进行分类论证。专家们认为：设计专用清雪机，采用电热或电磁振荡等方法清除电线上的积雪，在技术上虽然可行，但研制费用高、周期长，一时难以见效。那种因“坐飞机扫雪”激发出来的几种设想，倒是一种大胆的新方案，如果可行，将是一种既简单又高效的好办法。经过现场试验，发现用直升机扇雪真能奏效。一个久悬未决的难题，终于在头脑风暴会中得到了巧妙解决。

（四）电子会议法

最新的定性决策方法，是将专家会议法与尖端的计算机技术相结合的电子会议。多达 50 人围坐在一张马蹄形的桌子旁，这张桌子上只有计算机终端。问题会通过电脑显示给决策参与者，他们将自己的回答打在计算机屏幕上。

电子会议的优点是匿名、诚实和快速。决策参与者可不透露姓名地打出自己所要表达的任何信息，一敲键盘即显示在屏幕上，使所有人都能看到。它使人们能充分地表达他们的想法而不会感到有压力，它消除了闲聊，避免了讨论偏题，且不必担心打断别人的“讲话”。专家们认为，电子会议比传统的面对面会议快一半以上。例如，菲尔普斯·道奇矿业公司采用此方法，将原来需要几天的年计划会议缩短到 12 小时。

但是，电子会议也有缺点，那些打字快的人会让那些口才好、但打字慢的人不再有表达上的优势；再者，这一过程也缺乏面对面的口头交流所能传达的丰富信息。

（五）情景规划法

情景规划是理清扑朔迷离的未来的一种重要方法。情景规划要求组织先构想几种未来可能发生的情景，接着再去想象会有哪些出人意料的事发生。这种分析方法使你可以进行充分客观的讨论，使得战略更具弹性。

相比传统的规划思路，情景规划的主要优点，是增加了决策的科学化和民主化。首先，情景规划在规划人员和决策者之间架起了一座沟通的桥梁。规划人员面临的任务，不再是简单地制订一个终极方案，并设法说服决策者自己的判断，而是利用自身的知识、专业、洞察力和协调能力，系统地提出未来可能发生的几种情景，拓宽决策者的视野。而后者根据自身的实践经历，判断和验证情景与现实世界的匹配程度，将信息反馈到规划人员，不断对情景进行校对和改进。另一方面，情景规划又为多方利益主体提供了共同参与、相互沟通的平台。在对未来情景的构建中，规划人员必须充分关注不同利益主体的利益诉求，将不同的价值观、预期观点反映到不同的情景中，并且多种情景展示给不同利益主体，听取他们对情景的理解与意见，并通过协商达成共识，增加了决策的民主化，成为达成共识、协作行动、解决问题的一种有效手段。

（六）SWOT 分析法（又称道斯矩阵分析法、态势分析法）

战略决策在于“知己知彼”，才能“百战不殆”。也就是要关注目标、外部环境和内部条件三个变量。环境中存在的机会，只有在与本组织自身的实际情况和特点相匹配的情况下，才有可能成为组织的机会。决策者必须能够结合本组织的经营目标、实际条件和特点来识别适合本组织的机会。如果存在于环境之中的机会并不与组织的实际相适应，那么组织就必须首先着眼于改善和提高自身内部的条件。

SWOT 分析法（又称道斯矩阵分析法、态势分析法），20 世纪 80 年代初由美国旧金山大学的管理学教授韦里克提出，经常被用于企业战略制定、竞争对手分析等场合。SWOT，是 Strength（优势）、Weaknesses（劣势）、Opportunities（机会）、Threats（威胁）的缩写。因此，SWOT 分析实际上是将对企业内、外部条件各方面内容进行综合和概括，进而分析组织的优、劣势，以及面临的机会和威胁的一种方法。其中，优劣势分析主要是着眼于企业自身的资源与能力，及其与竞争对手的差距比较；而机会和威胁分析，则将注意力放在外部环境的变化及对企业可能的影响上。

从图 5.3 可知，指导企业生存发展方向的战略方案有四种。

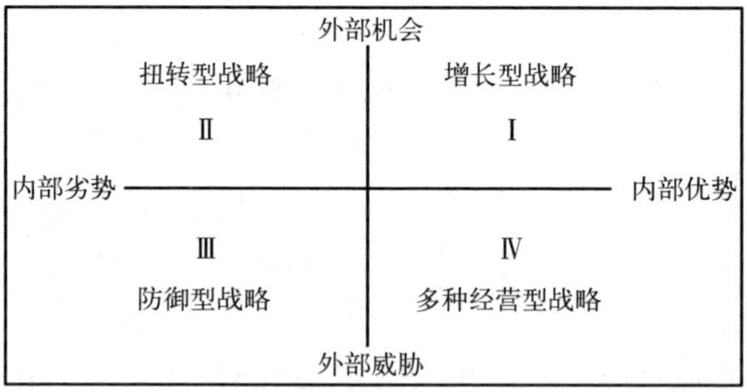

图 5.3　指导企业生存发展方向的四种战略方案

Ⅰ：**增长型战略**。企业具有良好的外部发展机会和内部优势条件，这时企业应充分利用内部优势并把握良机，采用增长型战略。例如，采取开发市场、增加产量、收购重组等扩张措施。

Ⅱ：**扭转型战略**。虽然企业面临着外部条件很好的发展机遇，但处于内部劣势地位，这时企业应采用扭转型战略，设法清除内部的不利因素，并尽快形成利用外部环境机会的能力。例如，进行机构调整、人员调整等。

Ⅲ：**防御型战略**。企业面临内部劣势和外部威胁，这时企业应采用防御型战略，设法避开威胁和消除劣势。例如，巩固市场等。

Ⅳ：**多种经营型战略**。企业面临巨大的外部威胁，但内部具有十分有利的条件。这时企业应采用多种经营型战略，一方面使自己的优势得到充分利用；另一方面也使经营的风险得以分散。例如，开发新产品、新市场等。

（七）经营单位组合分析法

经营单位组合分析法（如图 5.4 所示），又被称为波士顿矩阵（BCG）。它是由美国波士顿咨询集团为大企业确定各项业务发展方向和平衡资源分配而提出的战略方法。BCG 分析法假定大部分企业都经营有两项以上的业务，而这些业务无论是拓展、维持还是收缩，都应该立足于企业全局的角度加以确定，以便使企业各项经营业务，能在现金需要和来源方面相互补充、相互促进，形成良好的局面。

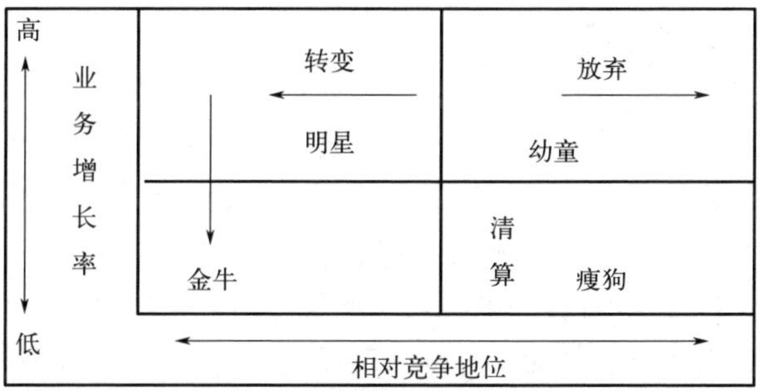

图 5.4 经营单位组合分析法图

这种决策方法强调，在确定各项经营业务发展方向的时候，企业应综合考虑这项业务的市场增长情况及企业在市场上的相对竞争地位。这项业务的市场增长情况反映该项业务所属市场的吸引力，它主要用该市场领域最近两年的平均销售增长率来表示。相对竞争地位是以企业在该项业务中所拥有的市场占有率，与该市场上最大竞争对手的市场占有率的比值来表示的，它决定了企业在该项业务经营中获得现金回笼的能力和速度。我们可以把企业经营单位分成以下四大类。

①“金牛”经营单位：特征是市场占有率较高，而业务增长率较低。较高的市场占有率为企业带来了较多的利润和现金，而较低的业务增长率需

要较少的投资。“金牛”经营单位所产生的大量现金可以满足企业经营需要。

②“明星”经营单位：市场占有率和业务增长率都较高，因此所需要的和所产生的现金都很多。“明星”经营单位代表着最高利润增长率和最佳投资机会，因此企业应投入必要的资金，增加它的生产规模。

③“幼童”经营单位：业务增长率较高，而目前的市场占有率较低，这可能是企业新开发的潜在高增长领域。由于高增长速度需要大量投资，而较低的市场占有率又只能提供少量的现金，企业面临的选择是投入必要的资金，以提高市场份额，扩大销售量，使其转变为“明星”；或者是如果开发的领域不能转成“明星”，则应及时放弃该领域。

④“瘦狗”经营单位：特征是市场份额和业务增长率都较低。由于市场份额和销售量都较低，甚至出现负增长，“瘦狗”经营单位只能够带来较少的现金，从而可能成为资金的陷阱。因此，对这种不景气的经营单位，企业应采取收缩或放弃的战略。

经营单位组合分析法对公司的业务分类，其重要意义在于指导公司出售“瘦狗”业务，将从“金牛”业务上得到的现金投资于“明星”业务，使公司业务处于良性组合状态。

二、定量决策方法

定量决策技术，又称“硬”方法，就是运用数学方法进行决策的技术。其核心是把同决策有关的变量与变量、变量与目标之间的关系，用数学关系来表示，即建立数学模型，然后通过计算求出答案，供决策者参考使用。近几年，计算机的发展为数学模型的运用开辟了更广阔的前景。现代企业决策中越来越重视决策的“硬”方法运用。因此，学会运用数学方法进行企业决策非常重要。

（一）确定型决策

确定型决策所处理的未来事件有一个最显著的特性，就是对未来的情况有十分明确的把握，事情的各种自然状态是完全稳定且明确的。对此，可采取的方法一般有以下几种。

1. 价值分析法

在企业管理中，任何决策都是通过一定的耗费达到特定的目标。能用最少的资源耗费使决策目标得到最大满足的方案就是最优方案。针对单一目标决策和多目标决策，价值分析法存在两个公式。

（1）单一目标决策

其计算公式为

$$V=F/C$$

式中，V为价值系数；F为功能（可用货币单位、实物单位计量）；C为费用（或成本）。计算的目标，就是给决策者提出一个不同方案之间进行定量分析的数值结构；方案的值越大，说明该方案的价值就越大。因此，比较不同方案的值就可以决定方案的优劣。

（2）多目标决策

其计算公式为：

$$F = F_1a_1 + F_2a_2 + F_3a_3 + \cdots + F_na_n$$

$$F = \sum_{i=1}^{n} F_i a_i \quad V = \frac{E}{C} \quad V = \frac{\sum_{i=1}^{n} F_i a_i}{C}$$

式中，a为权数，且$0 < a < 1$；n为子功能（可用货币单位，实物单位计量）；C为总费用（或总成本）。

2. 线性规划

线性规划是运筹学的一个重要分支，是进行科学管理的一种数学方法。在现代决策中，线性规划的理论和方法已经广泛应用于工农业生产、国防建设的计划安排、组织管理和决策分析等方面。在实际的决策当中经常会遇到这样的问题：一是在人力、物力、资金等资源一定（有限）的条件下，如何使用它们来完成最多的任务（或使企业取得最好的经济效益）；二是给定一项任务，看如何合理安排和规划，能以最少的人力、物力、资金等资源来完成此任务。这实际上就是数学中的线性规划问题。运用线性规划解决工作实际的决策问题，归结一点就是一个最佳值的求解问题，即在线性等式和线性不等式的约束条件下，求线性函数最大值或最小值（最佳值）的问题。用线性规划方法进行实际决策时，首先要把实际问题转化为一个线性规划的数学模型，再根据线性规划模型，进行问题的求解得出最优方案并展开讨论。

（二）不确定性决策

不确定型决策就是决策者对未来事件虽有一定程度的了解，知道可能发生的各种状态（客观情况），但又无法确认各种自然状态可能发生的概率。这种决策，由于有些因素难以确定，因此主要取决于决策者的经验、智力及其承受风险的态度。这时的选择将受到决策者心理导向的影响，其决策准则具有很大程度的主观随意性。常用的不确定性决策方法有乐观法、悲观法、折中法、后悔值法、莱普勒斯法等。

1. 乐观法

乐观法又称为大中取大法，是指决策者在承担风险的前提下进行方案取舍时，以各方案在各种状态下的最大损益值为标准（即假定各方案最有利状态发生），在各方案的最大损益值中取最大者对应的方案。

例如，某企业拟开发新产品，有三种设计方案可供选择。因不同方案的制造成本、产品性能各不相同，在不同的市场状态下的损益值也各异。有关资料如表 5.3 所示（损益值数据只能说明不同问题，不考虑单位）。

表 5.3　乐观法决策（举例）

设计方案 / 损益值 / 市场状态	畅销	一般	滞销	Max
Ⅰ	50	40	20	50
Ⅱ	70	50	0	70
Ⅲ	100	30	−20	100

在不知道各状态的概率时，用大中取大选择方案的过程如下：

（1）在各方案的损益值中找出最大者，即 {50,70,100}。

（2）在所有方案的最大损益值中找出最大值，即 max{50,70,100}=100，它所对应的方案Ⅲ就是用该法选出的方案。

2. 悲观法

悲观法又称小中取大法，是指决策者在进行方案取舍时，以每个方案在各种状态下的最小损益值为标准（即假定每个方案最不利的状态发生），再从各方案的最小值中取最大值对应的方案。仍以上例数据资料为例，计算出各方案在不同状态下的最小损益值，如表 5.4 所示。

表 5.4　悲观法决策（举例）

设计方案 / 损益值 / 市场状态	畅销	一般	滞销	Min
Ⅰ	50	40	20	20
Ⅱ	70	50	0	0
Ⅲ	100	30	−20	−20

用悲观法决策时先找出各方案在各种状态下的最小值，即 {20,0,−20}，然后再从中选取最大值：max{20,0,−20}=20，对应方案Ⅰ即为悲观法选取的决策方案。该方案能保证在最坏的情况下获得不低于 20 单位的收益，而其他方案则无法保证。

3. 折中法

乐观法和悲观法都是以各方案不同状态下最大或最小极端值为标准的。但多数情况下决策者既非完全的保守者，亦非极端冒险者，而是介于两个极端的某一位置寻找决策方案，即折中法，又称乐观系数法。其决策步骤如下：

① 找出各方案在所有状态下的最小值和最大值；

② 决策者根据自己的风险偏好程度给定最大值系数 α（$0 < \alpha < 1$），最小值的系数随之被确定为 $1-\alpha$，α 也叫乐观系数，是决策者冒险（或保守）程度的度量；

③ 用给定的乐观系数 α 和对应的各方案最大值、最小值计算各方案的加权平均值；

④ 取加权平均最大的损益值对应方案为优选方案。

仍以上述所给数据资料为例，计算各方案的最小值和最大值如表 5.5 所示。

表 5.5　折中法决策（举例）

方案	Min	Max	加权平均值（α=0.75）
Ⅰ	20	50	42.5
Ⅱ	0	70	52.5
Ⅲ	−20	100	70

设决策者给定最大值系数 α=0.75，最小值系数即为 0.25，各方案加权平均如下。

Ⅰ：20 × 0.25+50 × 0.75=42.5

Ⅱ：0 × 0.25+70 × 0.75=52.5

Ⅲ：（−20） × 0.25+100 × 0.75=70

取加权平均值最大值：max{42.5,52.5,70}，对应的方案Ⅲ即为最大值系数 α=0.75 时的折中方案。

用折中法选择方案的结果，取决于反映决策者风险偏好程度的乐观系数的确定。上例中，如 α 取 0.2，1−0.2=0.8，方案的选择结果是Ⅰ而非Ⅲ；而当 α=0 时，结果与悲观法相同；当 α=1 时，结果与乐观法相同。这样，悲观法与乐观法就成了折中法的两个特例。

4. 后悔值法

后悔值法又称大中取小，是用后悔值标准选择方案的方法。所谓后悔值，是指在某种状态下因选择方案未选取该状态下的最佳方案而少得收益。例如，在某种状态下某方案的损益值为100，而该状态下的方案中最大损益值为150，则因选择该方案要比最佳方案少收益50，即后悔值为50。用后悔值法进行方案选择的步骤如下：

① 计算损益值的后悔值矩阵（又称遗憾值矩阵）。方法是用各状态下的最大损益值分别减去该状态下所有方案的损益值，从而得到对应的后悔值。

② 从各方案中选取最大后悔值。

③ 在已选出的最大后悔值中选取最小值，那么对应的方案即为用最小后悔值法选取的方案。

仍以前例所给资料为例，计算出的后悔值矩阵如表5.6所示。

表5.6　后悔值法决策（举例）

设计方案 / 市场状态 / 后悔值	畅销	一般	滞销	Max
Ⅰ	50	10	0	50
Ⅱ	30	0	20	30
Ⅲ	0	20	40	40

各方案的最大后悔值为{50,30,40}，取其最小值min{50,30,40}=30；所对应的方案Ⅱ即为用最小后悔值原则选取的方案。

5. 莱普勒斯法

当无法确定自然状态下发生可能性的大小及其顺序时，可以假定每一自然状态具有相等的概率，并以此计算各方案的期望值，进行方案选择。这种方法就是莱普勒斯法，又称等概率法。由于假定各状态的概率相等，莱普勒斯法实质上就是简单算术平均法。

以前例所给资料为例，各方案有三种状态，因此每种状态的概率为1/3，各方案的平均值为：

方案Ⅰ：$50 \times 1/3+40 \times 1/3+20 \times 1/3=110/3 \approx 36.67$

方案Ⅱ：$70 \times 1/3+50 \times 1/3+0 \times 1/3=40$

方案Ⅲ：$100 \times 1/3+30 \times 1/3+(-20) \times 1/3=110/3 \approx 36.67$

max{110/3，40，110/3}=40，所以应选方案Ⅱ。

（三）风险型决策

风险型决策的最大特点，是对问题的未来情况不能事先确定，但对未发生情况的可能性（即概率）是可以知道的。这样，根据已知的概率就可以计算出期望值。但决策者在决策时无论采用哪个方案，都要承担一定的风险。

一般来说，风险型决策应具备这样的条件：①有明确的目标，如利润最大、成本最小、风险度最小等；② 有两个以上的可选方案；③自然状态无法控制；④不同行动方案在不同自然状态下的损益可以计算出来；⑤对自然状态的出现不确定，但概率是可以知道的。

该类决策问题的处理一般采用以下两种方法。

1. 期望收益决策法

期望收益决策法，是通过计算不同备选方案在各自然状态下收益期望值的综合值——期望收益值，选择期望收益值最大的方案为最佳决策方案。该方法一般有这样两步：

第一步，确定概率。即对未来各种自然状态的情况或者自然状态出现的可能性大小做出估计。一般是根据以往的历史资料分析、预测得出的，有时也可根据决策者的经验来估计。

第二步，确定风险函数，求出期望值。

示例：某雪糕厂，天气的好坏对其利润的影响很大。现在的两种方案中，它们在天气好和天气坏的年利润，以及天气好和天气坏出现的可能性即概率值如下表所示，试问该厂应做何决策？期望收益决策法如表 5.7 所示。

表 5.7　期望收益决策法（举例）

行动方案 损益值（万元）／概率值 自然状态	天气好	天气坏
	0.8	0.2
方案（S_1）	15	−5
方案（S_2）	5	2

根据上表可求出期望值 V_1（方案 S_1），V_2（方案 S_2）如下：

$V_1=0.8\times15+0.2\times(-5)=12-1=11$（万元）

$V_2=0.8\times5+0.2\times2=4+0.4=4.4$（万元）

显然，方案 S_1 的期望值比方案 S_2 的期望值要大。因为这里的决策标准是最大收益值，所以，方案 S_1 比较好。

2. 树状决策法

树状决策法又称决策树法，因用树状图形来分析和选择决策方案而得名。决策树是进行风险决策的重要工具之一，具有层次清晰、一目了然、计算简便等特点。因此，在决策活动中被广泛运用。应用此法一般要经过三个步骤。

第一步：绘制决策树。绘制决策树，实际上是拟订各种抉择方案的过程，也是对未来可能发生的各种状况进行思考和预测的过程。

第二步：计算期望损益值。根据图 5.5 中有关数据，计算不同备选方案在不同自然状态概率值下的损益值及其综合值，将综合值（期望损益综合值）填写在相应方案最末端的机会点上方，表示该方案的经济效果。

第三步：剪枝决策。比较各方案的期望收益值，从中选择收益最大的方案作为最佳方案；其余选择方案枝一律剪掉，最终剩下一根贯穿始终的方案枝，即决策方案。

示例，某工程公司要对下月是否开工做出决策。已掌握的资料如下：如果开工后天气好，可以按期获得 4 万元；如果开工后天气不好，会造成损失 2 万元；如果不开工，不论天气好坏都要支出费用 0.2 万元。下个月天气好的概率是 0.4，天气不好的概率是 0.6。

第一步：绘制决策树图，如图 5.5 所示。

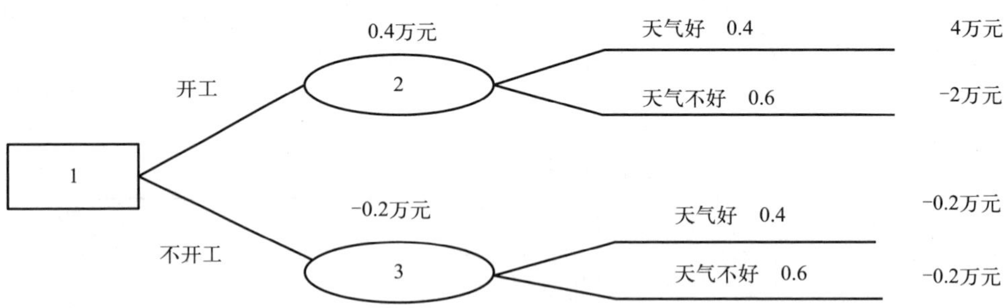

图 5.5 树状决策法（举例）

第二步：计算期望损益值。

方案 1（开工方案）期望损益值：4 × 0.4+（−2）× 0.6=0.4（万元）

方案 2（不开工方案）期望损益值：（−0.2）× 0.4+（−0.2）× 0.6=−0.2（万元）

第三步：剪枝决策。比较两个方案计算结果，开工方案的期望损益值为 0.4 万元，大于不开工方案，是最佳决策方案。将未选择的方案枝剪去，这样，决策点只留下一根决策枝，即所选择的最佳方案。

第三节
策划概述

一、策划的目的

策划是一种具有建设性和逻辑性的思维过程。总的目的就是要把所有可能影响行动的各种因素进行全面分析，提前思考并制定出各项措施，从而对未来的行动起到指导和控制的作用，使其最终达到方案目标。因此，策划的最终目的是达成目标。

二、策划的四项基本原则

（一）客观原则

是指项目策划运作过程中，策划人员通过各种努力，使创新和创意自觉、能动地符合策划对象的客观实际。准确界定目标的方法有很多种，以销售目标为例，就是要做好市场调研，了解竞争对手，了解消费者需求，了解自身的实力，在充分掌握事实数据的基础上，进行项目的分析、预测，提高策划目标的可达成性、可实现性。

（二）整合原则

明确性质，整合资源。策划须对项目所涉及的各类资源进行整理和分类，明确各类资源的性质以及它们对于项目实现的重要程度。另外，策划还必须懂得各种资源的组合使用，要懂得抓住重点，让资源组合后的合力最大化，实现 1+1 ＞ 2 的协同效应。例如，一个生产项目是对人、机、料、法、环等资源的综合运用。

（三）信息原则

策划的关键流程就是从信息收集、加工与整理开始的。信息是指导策划行为的基础性情报。原始信息要全面，信息加工要准确及时。若用陈旧的历史数据预测现在和将来，可能会存在各种问题。对策划人员来说，掌握信息的时空界限，及时地对信息加以分析，用最新数据指导最近的行动，才能使策划效果更加完善。信息采集要系统连续，因策划是针对项目发展各个阶段实施设计的前瞻性判断，在实施过程中，可能会出现一定的偏差，因此，要对项目实施过程中各阶段的信息进行连续的收集，才能保证策划更具有弹性和动态管理能力。

（四）可行性原则

是指策划方案经实施后，能够达到并符合项目的预期目标和效果。可行性原则要求策划时时刻刻为方案的科学性、可行性着想，避免出现不必要的差错，防范执行失败。确定最优方案是贯彻可行性原则的第一步。策划应懂得如何从多种方案中选择最佳的方案。方案选定后，策划人员还要对该方案实施的可行性做进一步分析。经济技术分析是策划中的核心环节，其中的经济指标是策划成功的判断标准，而技术标准则是策划实施的前提和保障。首先，策划方案的经济性是指以最小的经济投入达到最佳的策划目标；其次，策划方案的技术可行性分析也是一个不可忽视的重要环节。策划能否实现，需要特定的技术来保证。策划人员应对策划中涉及的关键技术进行分析和论证，确保能获得并完善关键技术。

三、策划的关键

如果说时间管理是帮助我们厘清什么样的事情才是重要的事情，什么样的事情应该优先去做，解决的是工作管理“做什么”的管理方法，那么方案策划就是解决“怎么做”的问题。我们面对复杂困难的任务时，经常不知道如何开展工作，尝试着去做，又经常失败，这都是由于在任务执行前没有做好系统性的策划。策划的目的就是让目标的实现成为必然。策划既然如此重要，那到底应该策划些什么东西呢？策划的关键又是什么呢？下面来看一个案例。

有两支部队，同时接到上级的指令，在某天之前必须赶到一个重要的军事据点。第一支部队接到指令后没有耽误任何时间，马上出发。而第二支部队接到指令后并没有马上出发，干部们聚在一起进行了详细的研究策划。他们打开地图，看看行军过程中有没有可能遇到河流，遇到河流该怎么办？有没有可能遇到高山，遇到高山该怎么办？路上有没有可能下雨，遇到暴雨怎么办？这些都策划完之后才出发。毫无疑问，做过研究策划的部队先到达据点。

点评：从上述案例中我们看到了策划的重要性。不难发现策划就是针对执行过程中可能遇到的问题，提前做好应对性措施，这就是策划的关键。

第四节
策划之轮

接下来我们学习一个策划的工具，叫做“策划之轮”。策划之轮一共有八个步骤（如图 5.6 所示）。

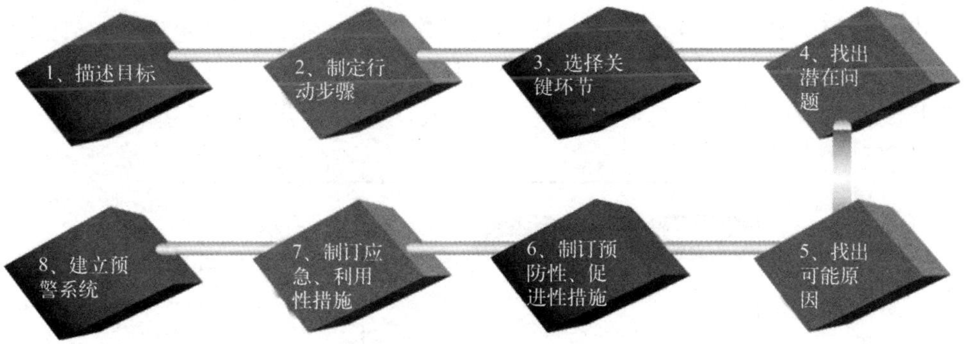

图 5.6　策划之轮

一家酿造香槟的酿酒厂，接到公司分配的任务，需要酿造一批顶级香槟酒。酒厂认为这是一项比较复杂的工作任务，执行之前必须做好详细的策划。

下面运用策划之轮来策划这项任务，具体步骤如下。

一、描述目标

这里首先要搞清楚任务目标到底是什么？即在描述目标的时候要重点讲清楚任务的三个维度：

① 什么时候完成（明确时间节点）；

② 在哪里完成（明确地点要求）；

③ 完成的标准、要求（需可量化、可检查）。

根据案例：第三季度在洛德酒厂完成顶级香槟酒生产。

① 时间：第三季度；

② 地点：洛德酒厂；

③ 标准和要求：生产“顶级香槟”（“顶级”是香槟的标准）。

二、制定行动步骤

举个例子，把大象装进冰箱需要几步？大家都知道需要三步：第一步打开冰箱门，第二步把大象装进去，第三步关上冰箱门。所以行动步骤就是分为三步，此外每个步骤还需要有完成的时间节点和责任人。

把生产顶级香槟酒这项任务分解为九个步骤（见图 5.7），每个步骤有完成的时间节点和责任人。制定行动步骤往往按照时间顺序，如果任务涉及多个部门的协作配合，为避免时间上发生冲突，在策划阶段应邀请相关部门人员共同参与。如果任务很简单，比如说一次卫生大扫除，确定好每一步的时间节点和责任人就足够了，因为简单的任务不会有太大的变数，大家只要按要求执行就可以了。但如果是一项有难度的任务，就要继续细化步骤。

行动计划

行动步骤/关键环节	时间	职责
1.购买法国瓶塞器	2/28～3/30	KM
2.设计商标	3/15～5/1	AL
3.购买波尔多葡萄	3/15～9/25	BC
4.捣碎葡萄	9/25～10/1	KM
5.酿造白酒	10/1～10/15	AL
6.初次瓶装	10/15～10/31	KM
7.在瓶中发酵	11/1～12/15	BC
8.最后加瓶塞	12/15～12/31	BC
9.销售	1/1	PS

图 5.7　生产顶级香槟酒步骤

三、选择关键环节

遇到一项有难度的任务，并不是任务的每一个步骤都有难度，而是每个步骤的难易程度不一样。例如案例里面购买瓶塞器和购买葡萄这两项工作虽然都是采购，但难易程度是完全不一样的，购买葡萄的难度和重要程度比购买瓶塞器都要大得多。所以，第三步就要从这些步骤里面把关键步骤选出来。那么什么是关键步骤，有没有标准呢？我们总结了选择关键步骤的四个标准：

（1）对于目标实现有重大影响的步骤　如原材料的采购、生产设备工艺流程等都会对产品质量有重大影响；

（2）时限很紧的步骤　有些步骤因时间限制，可能没有重复尝试的机会，要求一次成功；

（3）复杂的 / 困难的步骤　涉及产品研发、工艺流程改造、设备更新等高难度的步骤；

（4）新的和不熟悉的步骤　即过去从来不曾做过的步骤。

回到案例，我们从这几个标准来选择关键步骤，并把关键步骤圈出来（如图 5.8 所示）：

行动计划

行动步骤/关键环节	时间	职责
1.购买法国瓶塞器	2/28～3/30	KM
2.设计商标	3/15～5/1	AL
③购买波尔多葡萄	3/15～9/25	BC
4.捣碎葡萄	9/25～10/1	KM
5.酿造白酒	10/1～10/15	AL
6.初次瓶装	10/15～10/31	KM
⑦在瓶中发酵	11/1～12/15	BC
8.最后加瓶塞	12/15～12/31	BC
⑨销售	1/1	PS

图 5.8　生产顶级香槟酒的关键步骤

③ 购买波尔多葡萄（对于目标有重大影响的步骤）

⑦ 在瓶中发酵（复杂的 / 困难的步骤）

⑨ 销售（复杂的 / 困难的步骤）

假设选择这三个步骤为关键步骤，实际上只需要针对这三个步骤进行后面的策划就可以了，非关键步骤不需要策划。通过策划能够确保关键步骤不出问题，那目标达成的可能性就会提升。

四、找出潜在问题和机会

针对每一个关键步骤，找出这个步骤执行过程中潜在的问题和机会。那么阻碍目标达成的就是问题，促进目标达成的则是机会。

接下来以“图 5.9 中③ 购买波尔多葡萄”为例，在这一步执行的过程中会遇到哪些问题和机会呢？

行动计划

行动步骤/关键环节	时间	职责
1.购买法国瓶塞器	2/28～3/30	KM
2.设计商标	3/15～5/1	AL
③购买波尔多葡萄	3/15～9/25	BC
4.捣碎葡萄	9/25～10/1	KM
5.酿造白酒	10/1～10/15	AL
6.初次瓶装	10/15～10/31	KM
7.在瓶中发酵	11/1～12/15	BC
8.最后加瓶塞	12/15～12/31	BC
9.销售	1/1	PS

潜在问题/机会	P	I
潜在问题：		
购买到质量差的葡萄		
葡萄价格太高		
潜在机会：		
获得高质量的葡萄		

图 5.9　产顶级香槟酒的潜在问题和机会

通过分析可以看到，这一步的潜在问题有两个：一是购买的葡萄质量差，二是葡萄价格太高；潜在机会有一个：获得高质量的葡萄。

问题找到了，那是不是可以直接针对问题采取措施呢？比方说找到了一个设备问题“漏油”，那能不能直接针对“漏油”这个问题采取措施呢？结果你发现没办法直接采取措施，因为你并不知道是什么原因导致的“漏油”。所以分析出问题之后，首先是要找到原因。

五、找出问题和机会产生的可能原因

针对问题和机会必须先把原因找出来，只有找准了原因才能够采取措施。原因分两类：导致问题发生的可能性原因；促进机会发生的可能性原因。

回到案例，针对购买波尔多葡萄的两个问题和一个机会，一起分析原因：

通过分析可以看到，如图 5.10 所示，有三个原因会导致购买的葡萄质量差，有一个原因会导致葡萄价格太高，有两个原因会导致机会的出现。

不同问题和机会有可能是一个原因导致的，也可能是多个原因导致的。所以分析原因时一定要分析得越细越好，尽可能把所有原因都分析出来，这样后面的措施才会更具体，更有针对性。原因找到后，便可针对原因采取措施。

潜在问题/机会	P	I	可能原因
购买到质量差的葡萄	L	H	1. 员工修剪不当，种植技术不达标 2. 运输过程中的损坏 3. 收获季节下雨
葡萄价格太高	M	H	葡萄供应不足导致种植方提高价格
获得高质量葡萄	M	H	1. 出色的“种植技术” 2. 天气原因

图 5.10 潜在问题和机会的可能原因

六、制订预防性、促进性措施

预防性措施是通过防止或消除一些原因，降低潜在问题出现概率的行为；促进性措施是通过促进或加强一些原因，增加潜在机会出现概率的行为。

不管是预防性还是促进性的措施都是针对原因的，每一种原因制定对应的措施，目的是通过预防性措施让原因不发生。原因不发生，问题发生的概率就降低了。促进性措施则旨在促成原因发生，以增加机会出现的可能性。

回到案例，针对这些原因分析一下预防性和促进性措施，如图 5.11 所示。

潜在问题/机会	P	I	可能原因	预防性/促进性行动
购买到质量差的葡萄	L	H	1. 员工修剪不当，种植技术不达标 2. 运输过程中的损坏 3. 收获季节下雨	1. 检查员工修剪工作挑选技能最好的员工加大培训力度 2. 派专人跟车押运
葡萄价格太高	M	H	葡萄供应不足导致种植方提高价格	同种植方签订合同以保证价格
获得高质量葡萄	M	H	1. 出色的“种植技术” 2. 天气原因	寻找并挑选优秀技术人员

图 5.11 制定预防性和促进性措施

通过分析发现，有的原因能够预防，有的原因却不能预防。比方说收获季节下雨这个原因，天要下雨这个是没有办法预防的。也就是说即使你做了很多预防性措施，由于一些原因是没办法预防的，所以问题还是有可能发生的。那怎么办呢？问题发生了，任务就可以不完成了吗？很明显任务必须完成，接下来进入到第七步。

七、制订应急性、利用性措施

应急性措施，是指将问题的影响降低到最小的行为；而利用性措施，是指将机会的益处最大化的行为。

不管是问题发生还是机会出现，都要有应对的措施。回到案例，即使做了很多预防性措施，但问题还是发生了，怎么应对？机会来临，怎么抓住？

分析应急性和利用性措施的时候要注意，这两类措施直接针对问题和机会：就是问题发生了，或是机会来临了，应该怎么办。

供应商的葡萄质量差，就得找后备供应商；波尔多地区葡萄价格高，那就得尝试换一个采购区进口葡萄；今年葡萄质量特别好，那就要想办法生产更高等级的香槟。

很多时候都有应急措施。但往往什么时候采用应急措施，是一件让管理者非常头疼的问题。所以还需要有第八个步骤。

八、建立预警系统

预警系统会告诉你在什么时间和情况下，采取应急措施。预警系统包括预警信号（问题警告）和过程检查（定期检查计划的执行情况）两个方面。

一所小学开运动会，运动会有个开幕式。如果天气好，开幕式在室外操场上举行；如果下雨，开幕式就改到室内体育馆举行。自从确定了开幕式日期，校长每天都会看天气预报，了解开幕式当天的天气情况。校长还告诉组委会，如果开幕式前一天下午5点天气预报明天有雨，那就将开幕式搬到室内举行。

点评：我们来看这个案例，开幕式在室内举行很明显就是一个应急措施。什么时候决定在室内举行就是预警系统。可以看到这个校长是懂预警系统的，每天看天气预报就是过程检查，前一天下午5点预报有雨，就是预警信号。如果没有预警系统，那就只能等到开幕式当天早上发现下雨，再急急忙忙地往室内搬，这样就会导致开幕式延迟，没办法正常举行。

所以很多时候不是没有应急措施，而是没有预警系统，导致错过了应急措施的最佳实施时间。来看看图 5.12 中这几个步骤之间的逻辑关系：

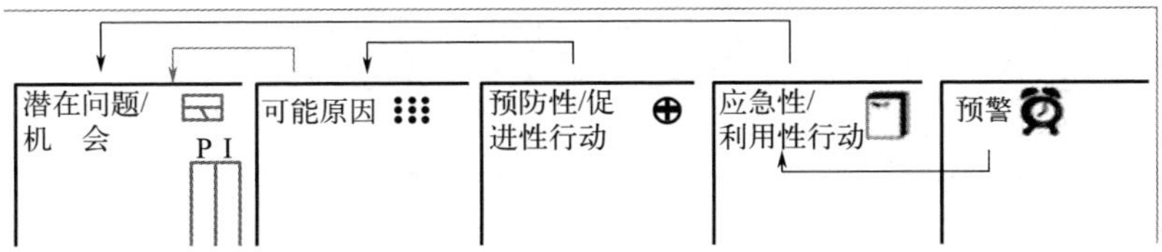

图 5.12　建立预警系统

原因是针对问题和机会的，预防性和促进性措施是针对原因的，应急性和利用性措施是针对问题的，预警系统是针对应急措施的。这个逻辑关系一定要清楚，策划的时候不要搞错了。人们常常因为逻辑关系的错误，把预防性措施和应急性措施搞混。我经常会问学员一个问题，一栋大厦有哪些防火措施？很多人张口就来：消防栓、灭火器、安全通道、烟雾报警器……说完之后大家才反应过来，原来这些都是应急措施，不是预防措施。所以预防性措施必须针对原因，只有把导致火灾的原因一条一条分析清楚，才能制定好预防措施。

附：策划工作表

策划工作表

<table>
<tr><td colspan="9">目标：</td></tr>
<tr><td colspan="4">行动计划</td><td rowspan="2">潜在问题、机会</td><td rowspan="2">可能原因</td><td rowspan="2">预防性 / 促进性行动</td><td rowspan="2">应急性 / 利用性行动</td><td rowspan="2">预警</td></tr>
<tr><td colspan="2">行动步骤、关键步骤</td><td>时限</td><td>职责</td></tr>
<tr><td>1</td><td></td><td></td><td></td><td></td><td></td><td></td><td></td><td></td></tr>
<tr><td>2</td><td></td><td></td><td></td><td></td><td></td><td></td><td></td><td></td></tr>
<tr><td>3</td><td></td><td></td><td></td><td></td><td></td><td></td><td></td><td></td></tr>
</table>

第六章
高效会议管理

一名普通员工晋升为管理者后要完成的一个重要转变是：从一名会议参与者变成会议组织者。会议是管理者实施管理的重要手段——工作计划需要通过会议下达，工作要求需要通过会议强调，工作问题需要通过会议总结……而要组织好各种会议，需要管理者具备各种能力：计划能力、组织能力、问题解决能力、资源整合与协调能力、语言表达能力等等。因此，能够组织高效会议是管理者的基本功。人们经常讲，不会开会的管理者不是优秀的管理者，会议管理能力就是一个管理者管理能力的具体体现。在这个章节，我们将学会如何搭建高效的会议体系，三段式会议如何开，以及高效会议组织的各种方法和技巧。

第一节
高效会议体系

要做好会议管理，首先要建立会议体系：明确开哪些会，不开哪些会，每个会的目的是什么，每个会的时间如何安排。然后才是怎么把每个会开好。开好一个单独会议在会议管理中的权重最多为 15%，而建立高效的会议体系则是 85%。

单一会议 : 会议体系 = 15% : 85%

在工作中经常会碰到以下情况：

• 管理者刚从外地回来，立刻被会议包围起来，从早上到晚上要参加四五个会议。

• 公司里重要事情都需要领导决策。奇怪的是，重要的事情往往会出现时间上的冲突；负责安排总裁会议的同事，往往不知所措，只好见缝插针。于是在一个高层参会人数较多的会议上，就会塞进去很多议题。结果一会儿讨论战略，一会儿讨论生产、销售额等等迫在眉睫的事。高层领导对几件事情轮番展开讨论，思维来回切换，会议决策效率并不是很高。

• 管理者天天在开会，几乎没有时间用来思考和行动。包括自己牵头的会议、需要出席的会议、战略会议、经营管理会议等，管理者觉得自己分身乏术。

• 会议已经很多了，但是临时的会议数量仍然比较多，管理无序。

企业管理是一项有规律的活动。战略、组织、流程、绩效、研发、生产、物流、销售等很多领域的议题，年年月月都会重复思考、讨论并召开会议。那么，能不能形成一个有规律的会议体系？即年初就明确全年的会议时间，待讨论决定的议题、决策人和参考人的角色等。哪怕会议要变更，也是在一个达成共识的框架下调整议题。

如何快速构建高效的会议体系？可学习一种方法，叫做会议地图。制作会议地图可分为七个步骤。

第一步：建立会议坐标——时间 + 会议类型

首先需为会议坐标（如图 6.1 所示）建立两个思考的维度：时间和会议类型。

一是时间维度，可表示为：年度、月度、周、日。

二是会议类型维度，按照时间触发、流程触发进行梳理。一般按照企业经营管理活动，可以分为以下几类：

时间触发类：公司级、事业部级、部门级的经营管理例会。

流程触发类：战略类会议、产品审核会议、人力资源管理会议、重大投资审核会议等。

时间：年、季、月、周、日

会议类型

	1月	2月	3月	4月	5月	6月	7月	8月	9月	10月	11月	12月
管理例会												
战略会议												
产品会议												
……												

图 6.1　会议坐标

第二步：优先安排固定时间、不可变更的关键事件

企业里有一些重大事件，在年初的时候就可以固定下来。比如在图书行业，一年几次的图书订货会，对出版社来说可能是全年的订单来源。对书店发行渠道来说，可能是全年采购的来源。

再如在服装鞋业，一年 4 ～ 5 次的订货会非常关键，90% 的订单来源于订货会。这是决定企业生死存亡的事件，企业会集中一切力量打好这几场战斗，所以时间和相关资源的优先级都非常高。

而对于上市公司来说，年报、半年报的公布是比较关键的事项，而且时间一般由交易所提前规定。企业可以在此基础上倒排年报的几个审核节点，包括董事会会议、执行委员会会议、审核委员会会议等。

第三步：按照每一类会议自身的逻辑确定时间安排

每一类会议有自身的业务或管理逻辑。例如，周期性的年度、季度、月度管理例会，就写明固定的时间、固定的议题，定期召开，甚至报告的模板都是固定的，每月更新里面的数据和分析。这样有助于参会者按照一个统一的框架进行思考，也有助于参会者将精力放在异常情况上面，抓住关键问题。

再如，战略制定和战略调整的会议，时间是根据议题来决定的。战略制定的过程要回答一系列的问题，为了方便集中思考和讨论，需将相关的议题划分成一个个主题。例如“内外部环境分析”是个主题，“事业部定位和营销策略”是个主题，“各部门行动计划”也是个主题。

一次集中召开的会议可以讨论当中的两个主题，也可能只讨论一个主题。每次会议，都要就规定的主题达成共识。以阶段性会议成果为标志，把战略制定分为几个阶段，比如业务战略阶段、计划阶段、预算审核阶段等。再比如，服装行业产品季是一个大运作流程，这个流程被分成策划、设计、开发、订货四大阶段，对应 9 次重要会议。将预先固定时间的阶段审核会议，变成一个个小的节点；不断跟踪和审核项目开展的过程，从制度层面保证一款产品的命中率。

第四步：充分考虑关键参会者的时间，对会议时间安排进行再修订

企业的经营管理会议是管理者发挥管理职能的重要场合，所以要充分考虑关键参会者的时间，尽量让关键参会者能够出席。

例如，销售总监每年需参与几场对于销售管理非常重要的大会。这些会议，如果不是销售总监亲自主持、深度参与，几乎没有效果。像这样的会议，有每年的经销商会议（3 天，年度结束前 1 ～ 2 周）、全体销售人员培训（2 天，每季度 1 次）、大区子公司经理会议（半天，每两个月 1 次）、部门经理会议（每月 10 日）。再如，若公司总裁是全国人大代表，出席政府会议需要一个月的时间。因此所有重大决策、会议，需要安排在政府会议的前后。

第五步：考虑涉及全员的固定事件，对会议地图进行再优化

企业有一些涉及全员的重大事件，总裁和高管层会到场，各级管理者等待检阅，员工也盛装以待。这样的全员活动，公司每年都会举办，不过时间不一定固定在哪一天。比如，年度全员总结和表彰大会、新员工培训、公司周年庆祝、全员运动会等。一定要让各层管理者在工作日历上把这些日子预留出来。

第六步：合并会议

按照每类会议、关键事件展开后，会议变得很多，而管理者的时间是有限的，所以可以进行会议的合并。可以将主要参加人一致、内容相近、时间相近的会议合并在一起。比如，某集团有两个事业部，A 事业部规模很大，占集团业务的 80%。事业部的管理者基本上也是集团的管理者。集团要开季度经营会议，事业部 A 也要开季度经营会议，就可以把这两个会议合并，建立企业的季度会议。

会议的地点也可以统筹利用。例如，行业订货会期间，高层和业务部门经理都会到场。高层集中的地方，有很多议题都可以拿到这个会议上讨论。

第七步：合理安排突发性会议

通过以上六个步骤，能够建立起企业固定决策的会议框架。当有突发事件发生时，首先应判断是否通过会议解决。如果需要通过会议解决，再确定决策的议题、参会者、决策的时间，然后再安排这样的突发会议。安排突发会议时应当谨慎，否则管理者容易整体疲于应付各种突发事件，哪里还有时间来完成自己的业绩。

根据具体的七个步骤，可以制定出类似图 6.2 的会议地图：

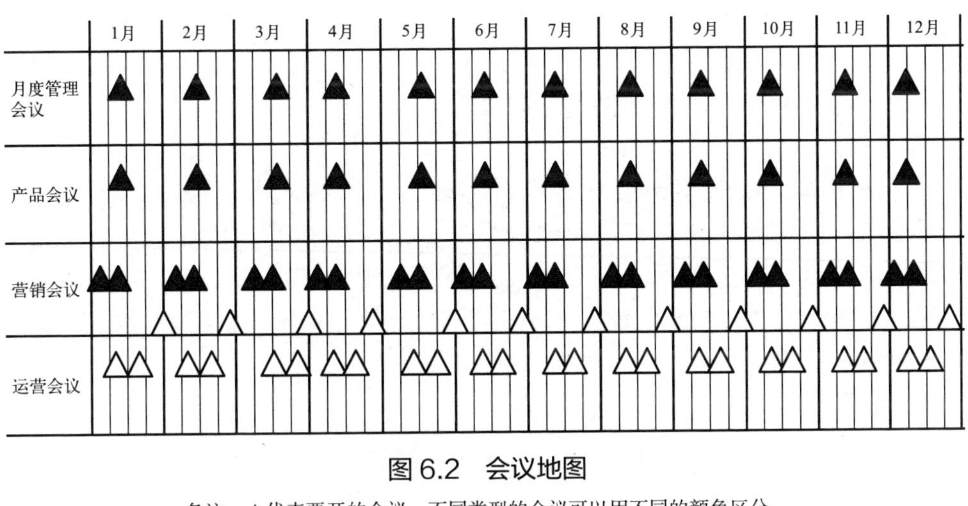

图 6.2　会议地图

备注：▲代表要开的会议，不同类型的会议可以用不同的颜色区分。
如果两个三角紧贴，代表两个连着的会，相邻两周开。

当会议时间出现冲突时，一般按以下原则来调整 / 合并 / 取消：

- 紧急非例会优先级高于例会；
- 集团层例会应优先考虑业务运营高峰时段的要求，如订货会；
- 总裁要参加的集团会议优先级高于总裁主持的业务单元例会；
- 核心业务季度回顾会议早于集团层面季度回顾会议；
- 核心业务月度经营会议早于集团层面月度办公例会。

第二节 高效会议三阶段

一、高效会议的六个原则

（一）要按对象分类

召开会议的次数，总体来说要少而精，但不能一刀切。具体召开会议的次数，要根据不同的情况、不同的岗位、不同的层级来定。

1. 不同的情况

有些工作问题比较多，需要沟通比较多，那就需要多开会。比如项目型的工作，衔接性比较强，涉及的部门也比较多，既要对内沟通，又要对外沟通，且很容易出现问题——这种情况，必须开会才能解决问题。

另外，对于工作需要延续性的员工，尽量少开会。如研发岗位，他们可能需要长时间去思考，如果你早上开一个会，然后隔两个小时又叫他们去开会，这无异于在扼杀他们的研发生命。

2. 不同岗位

一般来说，职能型岗位开会次数不要太多，如人力资源岗位，可以每周开 1 次。像销售、操作、易出错的岗位，以及如普工、品质工、服务员等这类一出错就容易出问题，则应加大开会的频率，可以每天开 1 次。如果你管理一家餐厅，那你每天不开会是很不正常的，不开会就很难控制员工的工作质量。

3. 不同层级

总的来说，管理层岗位要多开会，而执行层岗位要少开会。层级越高，开会次数要越多。因为开会是一种沟通，而中高层平时就是要多沟通，才能让公司发展得越来越好。

（二）要短而高效

有句话这样说：开会就像赛车换轮胎的时间，时间越短越好。总之，别把时间耗费在那些无意义的开会上，能用一句话说完的，就别用两句话。所以，公司会议时间的设置，要尽量设置得短一点。

很多人通知开会时间，基本上只说 9 点开始，如果没有结束时间，这次会议肯定是长而臭了，浪费了大家的时间。

如何做到高效呢？最重要的是要有议题。开会要有一个目的，目的就是要解决什么问题。然后围绕要解决的问题谈建议、谈看法、谈解决方法，其他的废话少说。

（三）要有人拍板

没有人拍板的会议不要开。因为没有人拍板的会议，很可能是无效的。比如，公司的产品出了品质问题，然后你要组织各部门负责人开会，结果老板不在，开会的都是平级的部门负责人，那这个会议基本是无效的。因为大家都只会推脱责任，相信开一个下午，该解决的问题没有解决，散会后，该有的解决方案也不会有。所以，你们老板经常叫你组织的会议，有很大可能是无效的会议。

（四）不要期望靠会议来解决问题

研究表明，会议是组织中常见的沟通和管理方式，但在实际运用中存在效率差异。部分管理者倾向于通过会议形式处理各类事务，包括信息传达、任务布置和问题解决等。然而，管理学研究指出，高效的管理者会根据具体情况选择沟通方式，对于简单明确的事务，更倾向于采用直接沟通或非正式交流等更高效的途径。数据显示，过度依赖正式会议可能导致时间成本增加和决策效率降低。因此，现代管理理论强调要根据任务性质和沟通需求，合理选择会议或其他沟通方式。

对高效管理者而言，开会永远是最后的选择。他们更擅长识别那些具有规律性的问题，并据此制定相应的制度与政策，用以应对反复出现的情况。一旦建立起完善的机制，今后便可依靠这些制度来处理绝大多数类似问题。

相反，如果一家企业总是频繁召开临时会议来应对各种突发状况，那就说明其管理者长期处于“救火”状态。而这类应急性质的会议开得越多，越容易暴露管理上的短板，企业的运行效率也会随之下降，甚至可能走向失控。在很多人的观念里，出问题，开会！要沟通，开会！要布置任务，开会！明明一两句话就能解决的问题，明明走到员工身边就能交代的事情，非要开会！优秀的管理实践强调需根据实际需求选择适合的沟通方式，而非过度依赖会议。过度使用会议可能导致时间浪费、决策延迟，甚至影响团队工作效率。

数据显示，当企业需要频繁召开应急性会议时，往往伴随着决策效率下降和运营成本上升的现象。因此，建议企业重视制度建设，通过完善规则体系降低对临时会议的依赖，这被认为是提升管理效能的重要途径。

（五）要有跟踪

对于必须召开的会议，应确保产生实际成果；若要达成成果，需建立完善的跟踪机制，缺乏跟踪的会议往往难以实现预期价值。

具体而言，会议过程中应形成会议纪要；会后需及时向相关参会人员分发纪要；针对会议中确定的待办事项，需明确责任人及完成时限；在规定时限到期后，还应组织验收并进行结果通报。

（六）要有时间观念

会议时间的安排，要么在上班后，要么下班前，不要安排在中间。例如，公司上班时间是 8:30 ～ 12:00、13:30 ～ 17:30，会议可以选择在 8:40 ～ 9:40、11:00 ～ 12:00、13:40 ～ 14:40、16:30 ～ 17:30。开会前要预估好结束的时间，尽量在规定的时间内结束，避免耽误大家的工作。

二、高效会议的三个阶段

高效会议分为三个阶段：会前准备、会中控制、会后检查。很多管理者只重视会中，而忽略了会前准备和会后跟进。

（一）会前准备到位

会前准备总结为“三明确两到位”。

1. 明确会议的目的目标

会议的目标越明确越具体越好，比如说，会议目标“探讨如何在 10 月底之前将产品不良率由目前的5%降低至3%”，就比“探讨如何降低产品的不良率”更加具体、明确，这样的会议讨论的效果会更好。除了专题会议需要明确目标外，日常的例会同样需要明确核心目标。

【示例】

班前会的目标：让当班员工清楚自己当天的工作任务、目标以及注意事项，提醒所有人进入工作状态，保持工作激情。

班后会的目标：传承经验、规避教训；树立典型、引领风气。

2. 明确参会对象

确定与会人员的人数和结构。对于专题性会议，为了保持成员之间良好的互动，会议成员一般不超过10人。一般应该邀请下列几类人员参加会议：对会议主题有深入研究或对情况较为熟悉的人，对会议目标达成起关键性作用的人，客观理性、踊跃发表自己见解的人。

3. 明确会议议题与议程

会议议题是指根据会议目的确定的要讨论的话题或决策的对象。确定会议议题应遵循以下几个原则：一是议题必须紧扣会议目标；二是议题数量要适中，不能太多，也不能太少；三是各项议题之间保持有机联系，并按议题解决的逻辑顺序排列；四是明确讨论各项议题的预计时长。

会议议程是指会议的基本程序，就是明确会议先做什么，后做什么，再做什么。一般在安排会议议题顺序时需要注意的是：主要的议题往前排，相对次要的议题往后排；时间紧迫的议题往前排，时间余地大的议题往后排；需要与会者高度集中讨论的议题往前排，与会者兴趣较大、已经掌握相关知识的议题往后排。

4. 提前通知到位

会议时间要提前通知与会人员，不能搞突然袭击。在没有准备的情况下，突然通知开会，开会的效率和效果肯定不好。如果开会讨论的议题相对比较复杂，需要大量的讨论，应该提前3～5天通知与会人员。即使会议议题相对比较简单，也需要提前1天通知与会人员，这样可以让大家安排好其他工作的时间。

5. 发言准备到位

在开会发言时，即使是有实力的人，若缺乏周全的准备，也无法进行有条理、有吸引力的发言。但很多人不懂这一点，会前不做好发言准备，一旦轮到自己发言时，便思维混乱，言之无物，甚至丑态百出。

古人讲：“凡事预则立，不预则废。”只有预先做好了安排，有了准备，有了计划，才能把事情办好。同样的道理，开会发言也要遵循正确的方法，做好周全的准备。反之，不论年纪及经验多么老到，若没有适当的准备，仍会在发言中出错。那么，开会发言如何准备呢？

（1）如果你需要当众进行主题发言，或者作为消息源在某个以传递信息为目的的会议上讲话，那么你首先需要做到的就是有备而来。具体来说，有准备表现在：在进入会场之前，弄清楚参加会议的都有谁？自己为什么来开这个会？会议内容大致是什么？会议要解决什么问题？针对这些，提前查阅相关数据、材料、历史记录，并且事先思考一下会议中可能遇到的问题。

（2）在会议上发言时，切忌套话、空话，尽量做到提纲挈领，先讲主张再说理由，按照一定的逻辑把自己想说的内容列成条目，每个条目都能用几个词或者一句话概括重点。如果时间充裕，则可以在相关条目下用事先准备好的数据、材料展开论述。

（3）如果别人发言时，谈到的几点内容，与你准备发言的内容中有几条是不谋而合的。这时候，即便你针对这几条建议做了充分的发言准备，论点论据也更为有力，也没必要展开来再重复一遍，否则只能是浪费大家的时间，并且对之前发言者也表现得不尊重。

（4）认真聆听他人发言，适时做好记录，并在会议过程中不断调整、理清自己的思路，这些都会很大程度地帮助你完成一个得体的发言。

（5）在别人发言时曾提到过的内容，如果你也想提及，尽可能地用两三句话概括核心观点，并且加上一些“正如刚才 ×× 谈到的那样，我还想补充一点”，或者“在这个问题上，我特别赞同 ×× 的意见”。这种对他人发言的承接，不仅能强化自己的观点，更重要的是，能充分体现出你在会议上有准备、专注、尊重他人、思路清晰和富有创见的良好职场形象。

（二）会中控制到位

1. 控制主题

当与会者发言与会议主题不相符时，主持人应及时引导其发言回归主题；对那些喋喋不休者，主持人应礼貌中断其发言，将发言的机会交给其他人；对那些不善言辞、性格内向的人，主持人应鼓励和引导他们积极发言，阐明自己的观点；而对那些对会议怀有敌意的人，主持人则应引导其客观、理性地表达看法。

2. 控制时间

会议应该按时开始，准时结束。控制每个人的发言时间，规定讲几分钟就只能讲几分钟，超时一定要将其打断，不能任由发挥。控制时间是开好高效会议的基础。

3. 控制结论

每一议题讨论结束后，主持人应就已经达成一致的内容进行清晰、简短的概括。如果该决议需要某人采取行动，主持人还应要求他确认在该行动中应当承担的责任，有时还可以用书面的形式让其确认，如表 6.1 所示：

表 6.1　会议指令督办表

<table>
<tr><th>序号</th><th>会议名称</th><th>会议时间</th><th>指令内容</th><th>完成标准</th><th>完成时间</th><th>责任人</th><th>检查人</th><th>检查进度</th><th>评价</th></tr>
<tr><td rowspan="4">1</td><td rowspan="4">月度工作总结及计划会议</td><td rowspan="4">12 月 1 日</td><td rowspan="4">完成营销团队负责人的招聘</td><td rowspan="4">销售总监和经理各 1 名到岗上班</td><td rowspan="4">12 月 30 日</td><td rowspan="4">张三</td><td rowspan="4">李四</td><td></td><td></td></tr>
<tr><td></td><td></td></tr>
<tr><td></td><td></td></tr>
<tr><td></td><td></td></tr>
</table>

（三）会后检考到位

1. 会后检查到位

会议结束后，应将会议内容整理成《指令督办表》，其中应包括相关部门应承担的责任（指令）、完成标准，完成时间及责任人和检查人等内容。会议的关键在于落实，应根据督办表的内容检查会议指令的落实情况，使会议做到议而有决、决而有行、行必有果。

2. 会后考评到位

对于会议指令的落实情况，检查人应该给予相应的评价。过程中的评价会给到执行者一定的压力，以防到了完成的时间节点才发现任务完不成，如表 6.2 所示：

表 6.2　会议指令督办表会后检查考评

<table>
<tr><th colspan="10">会议指令督办表</th></tr>
<tr><th>序号</th><th>会议名称</th><th>会议时间</th><th>指令内容</th><th>完成标准</th><th>完成时间</th><th>责任人</th><th>检查人</th><th>检查进度</th><th>评价</th></tr>
<tr><td rowspan="4">1</td><td rowspan="4">月度工作总结及计划会议</td><td rowspan="4">12 月 1 日</td><td rowspan="4">完成营销团队负责人的招聘</td><td rowspan="4">销售总监和经理各 1 名到岗上班</td><td rowspan="4">12 月 30 日</td><td rowspan="4">张三</td><td rowspan="4">李四</td><td>本周面试两人，无合适人选</td><td>差</td></tr>
<tr><td>猎头推荐候选人 3 人，1 人满意，再谈加盟条件</td><td>中</td></tr>
<tr><td>猎头推荐候选人 5 人，2 人满意，条件基本谈妥</td><td>中</td></tr>
<tr><td>总监经理均已到岗开展工作</td><td>良</td></tr>
</table>

第三节 高效会议技巧

一、如何处理争议

开会时，与同事意见有分歧，完全可以讨论，但不要争吵。只要出于善意，讨论最终是对事不对人，双方会像谈心一样有所收获。相反，如果是毫无分寸和理智的争吵，一方激烈地攻击另一方，同时拼命地维护自己，不但效果不好，还容易导致双方关系紧张。

【案例】

小林和小刘同在一家广告公司做方案，两个年轻人有很多大胆新奇的想法，两人的想法一碰撞，往往能擦出绝妙的火花来。加上年龄相仿，意气相投，又互相欣赏，两人工作时是好搭档，工作外是好朋友。搭档一年半，他们做出的不少方案都得到了公司经理的称赞，大家都说他们俩是珠联璧合的搭档。

有一次，两人接到一个任务：为一家化妆品公司做推广方案。领命后，两人分头行动，首先将各自的想法列出来，然后讨论出一个最佳的点子，这也是两人一贯的做法。

谁知，这次在开会商讨方案的时候，没像平时那样擦出思想的火花，反倒擦出了另一种火。小林的方案这次比较“写实”，小刘认为“噱头”还是要足一点，为此两人各不相让，都力陈自己方案的可行性。争论中小刘渐渐“占了上风”，小林还没说几句，小刘就多次打断，陈述自己的看法。

被打断几次，小林急了，声音提高八度，问小刘，“你还听不听我说了？”小刘谈兴正浓，被小林劈头这么一问，嗓门也大起来，“你说你的嘛，谁没让你说了？”两人火药味越来越浓，讨论完全变成了吵架。

两人在会议上争论不休，僵持了半个小时，也没有结果。最后，经理不得不出面进行调解，终止了两个人的争论。

点评：会场上，很多人会遇到这样的情形。因为某一个观点或提议相互争论甚至是争吵到不可开交，那么，面对双方意见冲突，我们应该怎样应对呢？

（一）先听取对方的意见

人都有一种欲望，就是想把心中的观点倾吐出来，当这种欲望未得到满足时就难以倾听别人的意见。否则，对方容易感觉自己没有受到尊重，就会产生抵触情绪。因此，当你要对方接受自己的意见时，不妨先听一听对方的意见。

（二）不要急于反驳

在会议中，当你受到对方质问时，你不妨先注视对方，隔一会儿再答复。这样能够给对方一种心理满足感，使其认为他所说的话，引起了你的思考。即使你不得不反驳对方的意见，也不必立即进行反驳。否则对方会以为你主观武断，根本没有考虑过他的意见。

（三）适当地做出让步

双方发生争论时，每一个人往往都认为自己的想法是正确的，对方的想法是错误的。其实不管是何种争论，每个人的意见都可能有合理的成分。因此当你与别人开会争论时，不妨对对方的某一项意见表示让步，这样有利于找出双方的共同点。你对对方的某些意见做出让步，对方也会对你的某些意见做出让步。

（四）心平气和地表达意见

人们对别人在争论中居高临下的态度，往往会产生反感，自然就不想改变自己的想法了。所以开会与人争论时，切勿感情用事，言辞不要过于激烈。换句话说，当对方反对你的意见时，切勿急于让对方接受你的意见，因而引起激烈的争论。如果你心平气和地说出自己的想法，对方会更愿意倾听，有可能不知不觉地接受你的意见。

（五）借他人之口说出自己的观点

每一个人都有一种心理倾向：不信服过度自我推销的人。所以当你与别人展开争论时，最好让其他人替你说出自己的意见。在这种场合，即使你的主张与对方不同，起码不至于伤害对方的自尊心。

（六）保全对方的情面

当你与别人发生争论时，要注意维护对方的尊严。人在发表了自己的看法之后，即使察觉到观点有偏差，也不会轻易改变。因为人都有自尊心，一旦承认了自己的意见不正确，生怕因此而被他人看低。所以为了保全对方的面子，你最好给对方一个下台阶的机会，这样既利于弥合彼此的分歧，也有助于双方关系的融洽。

二、主持会议是一门技术

有些人认为，会议只不过是一种形式而已，主持会议很容易。其实，这是一种误解。要真正主持好会议，充分调动与会者的积极性，达到预期效果，需要把握好会议的每一个细节和环节。所以，对任何一名主持者来讲，不断研究和提高主持会议的语言艺术，树立一个特定的语言形象都是十分必要的。

（一）整理好会议的主题

无论开什么样的会议，都必须事先拟定好一项或几项议题，这是会议的目的、核心和灵魂。会议主持人是会议的“舵手”，要随时把握、驾驭好会议之舟；层次要清晰，逻辑要严密，表达要准确，中心要突出，切不可主次不分、轻重不分、内容庞杂，使听者不知所云，无所遵循。

（二）会议讲话应准确生动

会议主持者置身于一个同与会者面对面的语言表达环境，通常除传达文件外，不宜用书面文稿照本宣科。因此，如果说得不分场合、不合身份，或政策精神把握不准，就会言不达意。应该恰如其分地反映客观事物的实际情况，用简洁精炼的语言给人以启迪，给人以鼓舞。

（三）会议讲话要通俗易懂

参加会议的人员，不可能是一个知识层次，会议主持人不能不看对象、不管效果，讲话中大谈艰深难懂的东西，即使是政策性、专业性、学术性较强的会议，主持人也要用朴实无华、浅显易懂的语言来表达深刻的内容，把深奥道理浅显化。通俗易懂的语言不但让人听得不吃力，还会给人一种亲切朴实、平易近人的感觉，能缩小主持者同与会者的距离。

（四）经常进行简短概括

简短概括如同在比赛场上翻动记分牌，能让与会者感受到会议的节奏，同时也有助于澄清分歧点，引起与会者的注意。主持人的简短概括应限制在半分钟内。及时地概括、评论会占一些时间，但不会影响会议进程；相反，通过简短概括，你为与会者树立一个珍惜时间的榜样，表示你在直接推动讨论向制定正确的解决方案挺进。

（五）不强调分歧，强调合作

与会者大都有自己的态度和观点，这很正常。他们甚至也知道有人持反对态度，这并没有关系。主持人要领导与会者共同合作，要讲明解决问题需要与会者共同的智慧和决策。会场不是发泄个人恩怨的地方，也不是进行生死搏斗的战场，谁也不应当一意孤行。与会者应当把个人当作决策机构中的普通一员，主持人应利用各种机会指出集体智慧大于个人智慧，方案的产生离不开合作。

（六）控制会议的气氛

召开一个会议，会议主持人应认真地肩负起最大的责任。他应能很好地掌控全局，有效地观察到所有参会者及其反应，以及决定整个会议气氛的基调。会议主持人也许有一些个人的偏好，但是无论如何不能把所有的会议都开成个人风格的会议。会议主持者应当按照会议的性质、传达的内容来定位会议的风格，需要适时地区分参会者的不同风格，控制会议的气氛。

（七）善于打破会议上的冷场

在主持会议的时候，主持人能顺利打开局面，打破会场上的沉默，引导会议朝预想的方向发展，这是与主持人认识水平和良好的思维能力密不可分的。在会议上，主持人要善于提问、积极引导，使会场呈现出一种生动活泼、轻松活跃的局面，才有可能从各种不同角度发现问题、提出问题、分析问题、解决问题。

（八）制止无谓的争辩

在对某个问题进行讨论时，由于与会者的学识、素养、社会经验不同，看问题的角度也就不同，因而解决问题的方案也不同。与会者往往会各持己见，据理力争，这是会议深入讨论的现象，是会议开得好的表现。但在观点已经趋向集中、明确时，主持人就应及时终止论辩。如果争辩双方都已偏离议题，主持人就应该伺机加以阻止，或说“时间有限，暂不深入讨论”或“先谈到这里”而加以间接的制止。在遇到较为激烈的争辩时，主持人要随时注意有的争辩者会感情用事，进行影射、讥讽、旧事重提。在这时主持人应及时正面加以提醒、规劝，以免矛盾激化，引起争吵、冲突。如果已经发生争吵，主持者应从会议的组织性、纪律性出发，直接加以制止，对恶语伤人者，必要时进行严肃的批评，以平衡与会者的公正心理。

（九）控制会议节奏

开会时，应利用事先准备的议程控制其节奏。将议程的议题分类，避免重复，接着分配每个议题的讨论时间并严格执行。要求会前做好准备以节约时间，高效地推进会议，并保持会议进行的速度。议程时间在 75 分钟以内为宜，超过这个时间与会者注意力就会分散。鼓励每个人都发言，发言要简洁有力并与会议主题相关。会议开得越活泼，产生的意见就越有创意。

（十）做好会议的总结工作

会议总结是主持人对会议情况的归纳性陈述，是主持人对会议的画龙点睛之笔，关系到会议能否开得成功，关系到会议质量的高低。管理者作会议总结发言，应尊重事实，一分为二，既充分肯定成绩，又指出不足之处，尤其要对今后的努力方向和奋斗目标予以强调。总结应力求客观、符合实际，不要言过其实，随意夸大。会议总结，在看到成绩的同时，也要及时、客观地指出存在的问题，提出今后需要努力的方向。会议总结往往能起到提醒下属、强化下属意识的积极作用，所以管理者一定要加以重视。

三、不可思议的提问会议

“在今天的会议中，禁止自由发言。”如果听到上司这么说，你会怎么想呢？既然是会议，还禁止自由发言？听到这么奇怪的话，你一定会不知所措吧。到底要干什么呢？在会议中不能发表自己的意见，这是怎么回事呢？为什么要这样呢？参会人员都会有诸如此类的疑问。这时候可能会有人提出问题：“那么，会议要如何进行呢？”接下来，上司的回答便是：“就按照你刚才提问的方式进行。”“在今天的会议中，采取一问一答的形式来讨论问题。也就是说，所说的内容必须是‘提问’或‘回答’，换句话说就是禁止自由发言。都明白了吗？”就这样，不可思议的提问会议开始了。

你可能觉得这一幕很不可思议，但这却是很多企业里真实发生的事情。但是，只靠“提问”与“回答”，会议真的可以顺利进行吗？在一般情况下，会议都是以这种方式来进行的：参会人员积极地阐述自己的意见，最后得出结论。而且一般都认为，会议上优秀人员聚集在一起，从各个角度提出的意见越多，会议取得的成果也就越大。

但是，在提问会议上，禁止自由发言。当这样的规则摆在面前，有人可能会想：“这个构思确实不错，但是有现实可行性吗？”或者，有人可能会担心：“在会议进行中，可能会有讨论中断，进行不下去的危险。”这些担心也都是可以理解的。

但是，现在已经有很多的企业采用了这种方法，而且取得了很好的效果。接下来就学习一下如何开“提问会议”。

（一）提问会议的 12 个步骤

会议开始前，首先需要明确会议主持人及其职责。主持人的职责主要是提高会议的效率。这一工作通常由该会议中的领导或者相关管理者来做，现在介绍一下提问会议的流程。为帮助主持人更好地履行职责，现将提问式会议的标准流程说明如下。表 6.3 中列出了提问会议的 12 个步骤，接下来我们将对这些步骤进行详细解读和说明。

表 6.3　提问会议的 12 个步骤

1	两个基本点：提示与确认 = 以提出问题为中心 + 对会议的总结
2	标准的设定
3	问题的提出
4	用提问的方式来明确问题
5	中途总结 = 引导出新观点的方法
6	对问题的再定义
7	“不同意”的内涵
8	把问题放到全体成员中间
9	目标的确定
10	行动计划的制订
11	全体成员的行动 = 诱导大家的支持
12	总结

1. 两个基本点

“提示 · 确认” = “以提出问题为中心” · “对会议的总结”。提问会议有两个基本点，以提出问题为中心是其中的一个基本点，会议通过“发问”和“回答”这样的方式进行；另一个基本点就是“对会议的总结”——管理者可以随时参与到会议之中。在提问会议的过程中，管理者要设定对会议进行总结的时间，并且按设定实施总结，从而起到一种训练的作用。通过这一过程，参加人员不仅能提高自己的学习速度，还能够提高应对新问题的能力。

2. 标准的设定

在确定了两个基本点以后，就要开始会议标准的设定了。所谓会议的标准，指的就是成员的态度与行为要求等。基本的标准如下：

（1）会议内容的保密工作　（2）会议的参与　（3）共有和支持

（4）平等与尊重　（5）倾听与总结　（6）重视课题

比如，会议内容的保密工作，指的就是“会议内容不向外泄露”；平等与尊重这一项，指的是“放下上下级的关系，尊重对方的意见，平等地讨论”。以上罗列的几条只是一些基本的内容，也可以根据实际情况添加或者删减，最终的标准由会议的成员来确定。

3. 问题的提出

负责引导提问的人员需提前明确，并在提问前用 2 ～ 3 分钟对问题进行简单的说明。

你可能觉得在 2 ～ 3 分钟不可能把问题讲透彻，但这无需顾虑——随着后续讨论的逐步深入，问题的核心与细节会自然清晰起来。

4. 用提问的方式来明确问题

当提出问题者的讲解结束以后，管理者可以说“如果有不明白的地方，现在请进行提问”，进入提问的环节。

这样，即便原本提问者对问题的说明很不完整，但通过回答提出的疑问，就把原来没有提到的信息补充上来了，从而使问题更加明确。

但并不是所有的成员都能充分地理解问题。在这种不能充分理解问题的前提下，是不可能解决问题的。所以，参加人员要多提问题，这样才有可能更好地理解问题。

在提问题的时候，参加人员要明白，提问的目的是了解现有情况，而不是去追究谁的责任。了解了这一点，以提问为核心的会议才能有序推进。

需要注意的是，避免将提问异化为责问或者是质问。参会人员在提问时应时刻警醒：问题的提出并非为了个人诉求，而是为了厘清问题本质 —— 最终是为解决问题而服务的。

5. 中途总结 = 引导出新观点的方法

在明确问题的过程中，管理者可以隔一会儿就提出这样的问题，比如“会议气氛怎么样”“大家都提出问题了吗”，通过这一总结过程，进一步推进问题的明确化。

进行总结的时候，会议也会暂时地安静下来。出现这种安静的时刻，有以下三种效果：

第一，可能会出现解决问题的新方法。

第二，成员会考虑在下面的会议中要注意哪些问题，这样达到了统一意识的目的。这个时候，如果有参与不积极的人，管理者也可以通过提问来激发他们的热情。

第三，此时参加人员都已经说出了自己想要说的内容，通过主持人的提问可以促进进一步的交流。

6. 对问题的再定义

当参加人员对问题有了明确的认识之后，就可以开始对问题进行再定义了。参加人员把“真正的问题是什么”写在纸上，这样就可以把各自认为的问题所在确定下来。

接着，要把每个人所写的内容告诉大家。最后，提出问题者也要作为普通的一员发表自己的意见。在讨论过程中，并不存在谁对谁错，只是从多个视角看问题，从而找到问题的本质。

经过上述环节以后，提出问题者要再次发表重新定义过的问题。

这个时候，管理者要问一下参加人员，是否能够认同提出问题者对问题的新定义。像这样总结问题，其实是为了让大家知道“真正的问题是什么”，这是一个很重要的环节。

7. “不同意”的内涵

即便只有一个人对提出问题者的再定义有疑问，也不能结束讨论，而是要继续进行提问环节，以便更加明确问题之所在。

有人不同意并不是什么坏事，反而是那些不轻易同意的人，更能为问题的讨论做出更大的贡献。这是因为，让人无法赞同的问题点，可能会给解决问题提供更好的突破口。

对于提问会议不熟悉的人，可能会很轻易地就同意了提出问题者的再定义。因为他们会认为，“如果大家都这么认为的话，那一定不会有什么错的。”

这一步骤在会议中十分重要。在一般的会议中，即使有人出现疑问，会议还是会继续进行，这样就会使一些人对整个会议的信任度降低。

但是在提问会议中，提出的问题是“所有参加者共同面对的问题”。所以如果有谁存在疑问的话，可以直接说出来。在问题没有解决、存在分歧的情况下继续进行会议是没有意义的。

8. 把问题放到全体成员中间

当全体成员都同意提出问题者的再定义时，就把问题放到了全体成员的中间。

在第 7 个环节中，虽然有的人不同意提出问题者的观点，但同时也说明大家意识到了问题不是提出者自己的，而是大家共有的，这样也可以诱发全体成员的问题共有意识。

9. 目标的确定

经过对问题的再定义，参加人员对问题的本质已经很清楚了，接下来要做的就是确定目标了。提出问题者可以提出这样的问题，如："要达到什么样的状态才好呢？""什么样的形式才是目标呢？"通过这些问题让大家共同讨论。会议前半部分的中心是"问题是什么"，从这个环节开始进入会议的下半部分，讨论"目标是什么"以及"怎样达到目标"。

10. 行动计划的制订

当目标确定了以后，在共同讨论的前提下，就该考虑"如何才能解决问题""怎样达到目标"等问题了，这样就开始了新的提问环节。最终制订的计划要包括"何事、何时、何地"这三个部分。不管这是一个多么小的环节，一定要设定下一次会议的行动计划。如果行动计划缺乏具体性，而且没有明确规定开始的时间，就会让参加人员对行动计划充满疑问。

而且在同一组织之中，是很少由提出问题者一人来实施行动计划的，一般都是由这一组织中多名成员一起完成的。

这样，在下次的提问会议中，其他的成员也就都能够实施这一行动计划了。

11. 全体成员的行动 = 引导大家的支持

提出问题者提出解决问题所要采取的行动方案，然后得到全体成员的同意。当然，如果觉得有疑问，成员也可以提出来。当不同意时，可以提出问题，在这一过程中，共同制订出行动计划。

其他成员发表自己能够为提出问题者提供的支持和协助（发表的不是意见，而是自己作为一个当事人所能做的贡献）。

12. 总结

最后用 5 ～ 10 分钟的时间对会议进行总结。这时候管理者要起主要作用，可以问一下参加人员感觉这次提问会议有没有收获等，也可以提出这样的问题，如："你认为好的问题是什么？""进行顺利的地方是哪里？"

回顾是让学习成为一种习惯的助推力。通过总结，在这次会议中学到的经验、教训、知识等可以继续应用到下一次会议中。

通过提问会议不仅解决了问题，还可以提高参加人员的思考能力、提问能力，帮助其认识到参加会议的重要性。

提问会议是为了“解决问题”“个人和团队的成长”这两个目的而开展的。要想成为生产性高的团队，就不能只关注解决问题本身，还要经常关注个人和团队的成长。

在一般的会议中，基本不会留出一定的时间对会议进行回顾，但是，这段时间不仅有助于提升团队活动效果，对提升解决问题的能力也是很重要的。所以这一个步骤绝对不能省略。

（二）在提问会议中培养团队的五大能力

在提问会议中，可以同时提高解决问题的能力、个人的能力以及团队的整体能力。就像“一粒食物尝出三种美味”一样，提问会议在这三个方面都有成果。如果个人能力提高了，那么团队的整体能力也必然会提高。

个人能力是团队能力的基础，具体来说，在提问会议中，提高个人能力表现在以下五个方面：

1. 提问的能力

懂得怎样提问的人，也就可以说他与人交流的能力也很强。虽说擅长表达的人也可能擅长倾听，但是真正懂得沟通的人，其实是让对方说出心里所想的人。

提问会议召开的次数越多，领导者与成员提问的能力提高得就越快。根据以往的经验，参加过三次提问会议的人，即使自己没有意识到，提问题的能力也已经得到了提升。

2. 倾听的能力

提问和倾听紧密相连。只是听别人提问却不思考，和边听别人的问题边思考，这两者哪个才是认真听别人的问题呢？一般是后者在认真听讲。

若是以提问为前提，人在听的同时就会整理自己能够理解与不太理解的部分，以及能够接受和留有疑问的部分。当然这既需要开动脑筋，也需要认真倾听。

在提问会议中，参会人员即使在听的时候，也会被问到“你对刚才的问题有什么想法吗？”所以在这种情况下，谁都会认真听的。当“听他人阐述问题→提出疑问”这一过程已经成为习惯时，参加人员就自然会认真听别人讲话了。

3. 共同感受的能力

通过提问和总结，可以锻炼与人产生共鸣的能力。如果不能被对方的表达引发共鸣或者产生同感，是无法真正做到“听对方讲话”的。可以说，能和别人产生同感的人，是“不被自己的思维局限、能认真倾听他人讲话的人”。擅长倾听他人谈话的人，会站在他人的立场考虑问题，这样不仅会增强思考问题的能力，还会培养出色的共同感受能力。

4. 思考的能力

提问会议还可以培养从多个角度看问题的能力。个人从中学到的东西不会局限于所讨论的问题，可以通过成员之间的讨论，将他人从不同的角度解决问题的方法，化为己有。这样，不仅可以加深对问题的理解，还可以通过总结进一步培养更深度的思考能力。

5. 打破局限的能力

参加过提问会议的人，思考的范围会扩大，会从以往从未想过的角度思考问题。而且在提问会议中，大家会共享各自的思考方式，这样在彼此的相互影响下，就会因为思考能力提高而产生连锁反应。在自身的思考能力得到提升后，打破局限的能力也会一并得到提升，而且，以后还可以验证自己的假设是否正确。

参考文献

[1] 弗雷德里克 · 泰勒 . 科学管理原理 [M]. 机械工业出版社, 2023.
[2] 彼得 · 德鲁克 . 公司的概念 [M]. 机械工业出版社, 2018.
[3] 彼得 · 德鲁克 . 管理的实践 [M]. 机械工业出版社, 2024.
[4] 彼得 · 德鲁克 . 创新与企业家精神 [M]. 机械工业出版社, 2021.
[5] 克莱顿 · 克里斯坦森 . 创新者的窘境 [M]. 中信出版集团, 2020.
[6] 亚当 · 斯密 . 国富论 [M]. 中国文联出版社, 2020.
[7] 罗珊珊, 王洲 . 全民网购, 实体店的未来在哪里? [J]. 人民周刊, 2025(04).
[8] 埃尔温 · 薛定谔 . 生命是什么 [M]. 天津人民出版社, 2020.
[9] 华为大学 . 熵减—华为活力之源 [M]. 中信出版集团, 2019.
[10] 彼得 · 赫尔 . 彼得原理 [M]. 机械工业出版社, 2013.
[11] 范鹏, 于杰 . 企业的护城河 [M]. 中国人民大学出版社, 2020.
[12] 克里斯蒂娜 · 沃特克 . OKR 工作法 [M]. 中信出版社, 2017.
[13] 赫尔曼 · 阿吉斯 . 绩效管理 [M]. 中国人民大学出版社, 2012.
[14] 罗伯特 · B · 西奥迪尼 . 影响力 [M]. 北京联合出版公司, 2021.
[15] 卡诺特伯格 . 番茄工作法图解 [M]. 人民邮电出版社, 2011.
[16] 诺斯古德 · 帕金森 . 帕金森定律 [M]. 中国轻工业出版社, 2007.
[17] 威廉 · 安肯三世 . 别让猴子跳回背上 [M]. 浙江人民出版社, 2013.
[18] 陈春花 . 管理的常识 : 让管理发挥绩效的 8 个基本概念 [M]. 中华工商联合出版社, 2011.
[19] 姜岚昕 . 领导解放 企业重生 [M]. 机械工业出版社, 2016.
[20] 马克斯 · 巴泽曼 . 管理决策中的判断 [M]. 人民邮电出版社, 2007.
[21] 吴粲 . 策划学 [M]. 中国人民大学出版社, 2012.
[22] 亨利 · 罗伯特 . 罗伯特议事规则 [M]. 格致出版社, 2015.
[23] 斯科特 · 斯奈尔 . 会议革命 : 一对一沟通的高效管理方法 [M]. 汕头大学出版社, 2005.
[24] 圣铎 . 获得成功的世界顶级心理学定律 [M]. 四川人民出版社, 2020.
[25] 王兴旺 . 卓越中层管理 : 从基层到总经理的高效进阶法 [M]. 中华工商联合出版社, 2021.
[26] 张继辰 . 华为的时间管理 [M]. 海天出版社, 2017.
[27] 杨剑, 水藏玺 . “中国制造 2025” 班组长基础管理培训教程 [M]. 化学工业出版社, 2017.
[28] 三谷宏治 . 商业模式全史 [M]. 江苏凤凰文艺出版社, 2019.

[29] 汉克 · 沃尔伯达，弗兰斯 · 范登博斯，凯文 · 凯伊. 重塑商业模式 企业如何应对颠覆式革命[M]. 中信出版社，2020.
[30] 罗伯特 · 卡普兰，大卫 · 诺顿. 平衡计分卡：化战略为行动[M]. 广东经济出版社，2019.
[31] 叶坪鑫，何建湘，冷元红. 企业文化建设实务[M]. 中国人民大学出版社，2017.
[32] 华为企业构架与变革管理部. 华为数字化转型之道[M]. 机械工业出版社，2024.
[33] 林佑刚，张聚勤，黄水荣. 管理转型：成长型企业管理困境突破[M]. 电子工业出版社，2014.
[33] 石泽杰. 逆势增长的商业模式[M]. 电子工业出版社，2020.
[35] 韩连胜. 企业项目化管理范式[M]. 机械工业出版社，2022.